삶은 왜 의미 있는가

삶은 왜 의미 있는가

속물 사회를 살아가는 자유인의 나침반

이한 지음

미지북스

차례

서문 _7

1장 · 속물 근성의 사회 _13

경멸하는 인간, 속물 | 속물이 속물의 세계를 만든다 | 도덕 속물과 교양 속물 | 인생의 우위 | 인생의 의미와 가치를 찾다

2장 · 인생이 무의미하다는 느낌 _29

마음의 침몰 | 무의미의 논증

3장 · 잘못된 탐구 방법 _37

단어의 뜻을 정해서 해결하기 | 독단에서 시작하고 독단으로 끝내기 | 생물학적 요소에서 결론 내리기 | 전제를 검토하지 않은 채 허무주의와 비관에 빠지기

4장 · 우리는 인생의 관찰자가 아니다 _49

참여자의 관점 | 실천자의 관점 | 나아갈 방향

5장 · 인생의 가치들 I – 삶의 내용적 의미 _61

고통의 감소 | 쾌락의 증대 | 고통이나 쾌락과 독립적으로 좋은 것 | 지향적 가치 | 추가로 살 만한 시간 | 존중과 자기 가치감

6장 · 인생의 가치들 II – 삶의 배경적 의미 _79

모두가 지켜야 하는 조건

7장 · 인생의 의미를 찾는 데 방해가 되는 것들 _87

허공의 충동과 의무감 | 강박과 이용 행동 | 만연해 있는 관점 | 생활의 리듬에 잠입한 충동 | 허공의 의무감 | 허공의 의무감은 누군가에게 이익이 된다 | 행복은 인생의 목적이 아니다 | 행복 공식

8장 · 기꺼운 삶 _117

'자신의 기질과 능력, 여건에 비추어' | 제약이자 자원으로서 시간 | 기꺼운 방식 | 과정으로서 인생 | 최선을 다한다는 것 | 진정한 최선이란 무엇인가

9장 · 인간적 선이 되는 상호작용 _137

접촉과 소통 | 속물 근성의 세계관과 접촉 | 속물 근성의 세계관과 소통 | 인품을 보는 눈 | 의미 없는 상호작용, 접속 | 타인의 시간을 훔치다

10장 · 사람들과 어떻게 교류할 것인가 _171

교류의 대상을 고르는 일 | 이상한 사람 | 인간 혐오

11장 · 자기 계발의 관점 _195

자기 탐닉 | 자기 계발서의 함정 | 통제의 환상

12장 · 철이 든다는 것 _213

'철 좀 들어라' | 투명한 노동 | 책임, 특히 정치적 책임 | 실존의 부담을 직시하는 것

13장 · 정치적 책임을 이행하는 일이 즐거울 수 있을까 _239

우리가 주저하는 세 가지 이유 | 윤리주의의 세 가지 오류 | 분업이 주는 기꺼움 | 무엇을 하건 반드시 해야 하는 일─탐구하기, 말하기, 후원하기 | 부조리와 함께 사는 일

14장 · 지성적 태도에 대하여 _275

중2병 | 반지성주의와 바보들의 행진 | 교양─삶의 지침을 검토하는 이성

15장 · 가치를 경험하는 방법 _297

행복보다 쾌락 | 에피쿠로스와 에픽테토스의 통찰 | 삶의 방향과 일상의 목표 | 가치를 경험하는 감각 | 마음이 배회하지 않도록 하는 요령

16장 · 속물 세계관의 파산 _337

독미나리 사고 실험 | 속물 근성을 거부하면 실패자일까

17장 · 자유인을 위한 나침반 _351

자기 자신에 대한 이해와 감각 | 자신감 | 자존심 | 자부심 | 자존감 | 왜 자존감이 중요한가 | 불완전한 시대의 자존감과 존엄

주석 _370

찾아보기 _379

이 책은 오래전 한 친우의 질문에서부터 시작했다.

"인생이 의미 있으려면 어떻게 살아야 한다고 이야기해 주는 사람들은 많아요. 그러나 그런 이야기를 하는 사람들은 모두 일정한 사회적 지위에 올라선 사람들이란 말이에요. 세속적으로 성공하거나, 공공의 일에 헌신한다고 인정받거나. 그래서 그 사람들이 반복하는 메시지 속에는, 사회가 인정하는 위계에서 상당한 위치를 차지하지 않으면 인생이란 의미가 없다는 전제가 깔린 것처럼 보여요. 예를 들어 이런 말들이죠. '직업적으로 성공을 거두지 않으면 안 된다.', '사회의 대의를 위해 헌신하지 않으면 안 된다.', '자기만의 스타일을 구축해서 일가를 이루지 않으면 안 된다.' 이런 인생에 대한 조언을 계속 듣다 보면 오히려 내 인생이 무의미해 보이기 시작해요. 과연 평범한 사람들이 자신의 삶의 의미에 관해 확신을 가질 수 있는 이야기는 없는 걸까요?"

나는 이 질문에 충격을 받았다. 그 뒤로 우리 사회에서 통용되는 이야기들을 다시 뜯어보기 시작했다. 그 이야기들은 '속물 근성'의 세계관을 바탕으로 하고 있거나, 그 세계관에 자극받아 생긴 반성 없는 반응의 결과물이었다. 사람들은 오히려 의미 있는 삶에 대한 분명한 이해에서 멀어지고 있었다.

그 결과 오늘날 우리 사회에서는 '개인의 삶'과 '사회'라는 주제에 관해서 양극단의 이야기만이 오가고 있다. 우리 자신의 삶을 두고, 한쪽 극단에는 공공의 문제만을 돌보는 삶이 있고 다른 쪽 극단에는 자신의 문제만을 돌보는 삶이 있다. 전자의 삶은 자기 부정self-negation의 관점을 따른다. 이 관점에서 올바른 삶이란, 자기를 희생하여 공공의 문제에 기여하는 삶이다. 기본적으로 이 관점은 독립적인 자아가 가지고 있는 관심사들을 지워 버린다. 설사 자아나 행복 같은 주제가 언급되더라도, '자기를 희생하는 것이 곧 인생의 행복'이라고 개념을 조작하고 자신을 속이려 할 뿐이다.

후자의 삶은 자기 매몰self-indulgence의 관점을 따른다. 이 관점에서 올바른 삶이란, 좌고우면하지 않고 사회의 주류적인 위계에서 자신을 드높이는 삶이다. 이 관점은 앞의 관점과 반대로 공공의 문제에 관한 관심을 지워 버린다. 설사 정의나 공익 같은 주제가 언급되더라도, '자기를 발전시키는 것이 곧 공공의 발전'이라고 개념을 조작하고 자신을 속이려 할 뿐이다.

삶의 방식에 관해서 양극단의 모델만 통용되는 현실은 여러 가지 문제를 만들어 낸다. 우선 자기 매몰의 삶을 따르는 사람들은, 스스로를 이기적인 사람으로 여기고 싶어 하지 않는다. 그렇기 때문에 그들은 공공의 문제에 적극적으로 참여하는 일의 가치를 부정하려는 성향을 갖게 된다. 공공의 문제에 참여하는 사람들이 도덕적으로 문제가 많다면, 참여하지 않는 사람들은 제대로 살아가고 있는 셈이다. 그래서 그들은 공공의 문제에 참여하는 사람들에게 높은 기준을 들이대고 그 기준을 충족하지 못하면 위선자라고 비난한다.

이것은 논리적 오류이다. 공공의 문제에 참여하고 당위를 주장하는 사람의 삶이 도덕적인 기준에 미치지 못하는 상황은, 개인적인 불완전함을 드러낼 뿐이다. 하지만 논리적인 오류는 관심에서 사라지고, 사람들은 공공의 문제를 개선하기 위해 노력하는 사람들이 잘못을 저질렀다는 이야기를 즐기고 그들을 낙인찍고 배제함으로써 만족감을 느낀다. 자신이 잘 살고 있다고 생각할 수 있기 때문이다.

다른 한편 자기 부정의 삶을 따르는 사람들 역시, 다른 극단적인 반응으로 인생을 이끌어 나간다. 그들은 공공의 문제에 참여하는 사람이 높은 사회적 비난과 요구에 노출되는 일을 기꺼이 받아들인다. 그들이 생각하기에 이 정도의 고통을 받아들이지 않으면 제대로 희생하는 것이 아니기 때문이다. 그 결과 공공의 문제에 참여하는 일의 문턱은 매우 높아진다. 높아진 문턱 때문에 참여자는 줄어든다. 따라서 일단 참여하기 시작한 사람에게는 과도한 부담을 지우고, 그 부담을 받아들이도록 설득한다. 자기 부정의 삶을 재생산하는 악순환이 계속되는 것이다.

자기 부정의 삶은 사람을 억울하게 만든다. 자신은 희생하고 있는데 남들이 자신을 적절하게 존중해 주지 않는다는 생각에 사로잡힌다. 그들은 이 억울함을 더 높은 기준을 서로에게 요구하고 기준에 미치지 못하는 사람을 비난하고 독설을 퍼부음으로써 해소한다. 또한 억울함은 자기 주장에 충분히 근거를 대지 않아도 괜찮다는 인식론적 오류로 이어지기도 한다. 이런 문화는 사람들을 공공의 문제 바깥으로 쫓아내는 효과를 불러온다. 자기 부정의 삶을 따르는 사람들은 명예를 통해 자기를 입증하는 것 외에는 가치를 경험할 수 없다.

삶의 방식에 대한 양극화된 모델은 사회를 바라보는 관점에도 영향을 미친다. 한쪽 극단에서는 우리 사회가 좋은 사회라고 말하고, 다른 쪽 극단에서는 우리 사회가 나쁜 사회라고 말한다. 전자의 주장은 현재 기득권 계층이 사회를 계속해서 운영하는 것이 모두에게 이득이 된다는 주장으로 연결된다. 지금의 사회는 최선에 가까운데, 최선에 미치지 못하는 이유는 다만 현재의 기득권 계층에 반항하는 집단이 있기 때문이다. 이 집단만 몰아내면 미래는 밝을 것이다. 그러므로 사회에 대한 불만을 재빠르게 진압해야 하고, 다양한 관점의 비판적인 목소리는 사회 통합을 위해 '부정적인 것'으로 여기고 억눌러야 한다.

후자의 주장은 반대로 우리 사회가 가망이 없다는 주장으로 이어진다. 이 사회는 한마디로 '지옥이다'. 왜냐하면 기득권 계층이 권력을 점점 더 키우고, 사회가 이 과정을 제대로 제어하지 못하고 있기 때문이다. 그러므로 사회에 대한 절망만 남아 더 이상 어떤 실천도 무의미하다는 좌절에 이른다.

사회에 관한 양극단의 주장에는 사회 안에서 자신이 어떤 역할을 할 것인가에 관한 진지한 성찰이 없다. 우리 사회가 충분히 좋다는 주장은 사회의 부조리를 모두 조리 있는 것으로 수용하고, 우리 사회가 나쁜 사회라는 주장은 사회가 부조리하기 때문에 어떻게 살든 상관이 없으며 살 의미도 별로 없다는 결론에 이른다. 이런 현상은 일종의 정신적 증후이다. 즉, 이런 현상은 부조리한 사회에서 부조리를 직시하면서도 어떻게 의미 있게 살아갈 것인가를 알려 주는 지침이 없다는 사실을 보여 준다. 그 결과 부조리를 부정하고 세속적인 성공에 골몰하거나, 부조리에 짓눌려 인생이 무의미하다는 결론에 이르는 것 이외에 다른 삶의 방식을 이야기하지 않는 것이다.

이런 극단적인 이야기들 속에서 사람들은 인생이 무의미한 것일지도 모른다는 생각에 시달린다. 이 이야기들이 잃어버린 인생의 가치를 찾아내는 일은, 그러므로 인생이 무의미하지 않다는 사실을 증명하기 위한 시도이다. 그리고 이 작업은 자기 삶의 기획을 다른 사람들의 지시에 내맡기지 않으려는 사람들, 즉 자유인으로 살고자 하는 사람들에게 필요한 삶의 나침반이다.

이 나침반은 자기에 매몰되어 사회의 위계에서 높은 위치를 차지하는 데 몰두하는 삶도, 자기를 부정하고 희생을 감수한다는 생각에 억울해하는 삶도 아닌, 개인의 관심과 공공의 문제를 동시에 돌볼 수 있는 삶을 가리켜야 한다. 또한 현재의 질서와 자신을 동일시하여 공공의 문제를 은폐하는 삶도, 현재의 질서에 실망해서 행동하지 않는 상태를 정당화하는 삶도 아닌, 자신의 역할을 수행함으로써 가치를 경험하는 삶을 제시해야 한다.

이 책은 평범한 사람들이 자기 삶의 의미를 확인할 수 있는 철학적 기반을 증명하고자 한다. 삶은 의미 있다. 외부의 강요 없이 기꺼이 의미를 따라 살아갈 때, 우리는 자존감으로 충만한 자유인으로서 삶을 경험한다.

이한

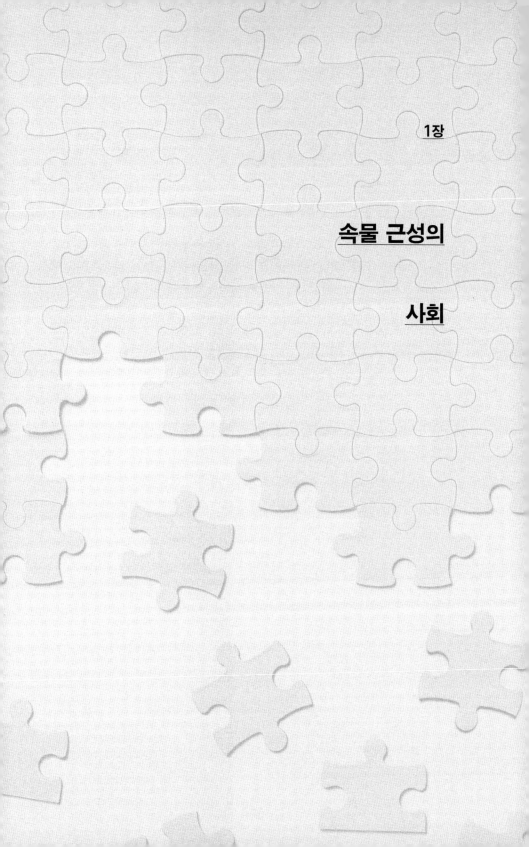

1장

속물 근성의

사회

경멸하는 인간, 속물

사람들은 충동과 의무감으로 이런저런 일을 한다. 그런데 충동과 의무감이 매우 생생하고 강렬함에도 불구하고, 인생의 가치와 무관할 때가 있다. 이 경우 그 충동과 의무감은 허공에 서 있다.

이 시대의 대표적인 허공의 충동과 의무감은 단연 '속물 근성'에서 생긴다. 속물의 세계에서는 충동과 의무감이 선명하게 구별되지 않는다. 속물들은 속물 근성을 만족시키는 것이 곧 인생의 의미를 구현하는 일이라고 착각한다. 이것은 속물 근성이 하나의 세계관이며, 매우 특수한 구조로 되어 있기 때문이다. 이 구조는 매우 강력하여 단순히 사람들의 삶을 결정하는 데 그치는 것이 아니라 틀을 형성한다. 삶의 경로를 좌우하고, 선택지를 좁히고, 자기 평가의 기준이 되며, 스스로를 몰아붙이는 불안감을 만들어 낸다.

속물이란 무엇인가? 속물이란 세상을 이렇게 바라보는 사람이다.

모든 사람은 여러 종류의 위계 속에 등급별로 놓인다. 위계에서 차지하는 위치가 그 사람의 본질적 가치를 결정한다.

돈이 많다면, 외모가 뛰어나다면, 사회적 지위가 높다면, 권력이 강하다면 그 사람은 그만큼 더 나은 사람이다. 반대로 돈이 적다면, 외모가 못나다면, 사회적 지위가 낮다면, 권력이 약하다면 그 사람은 그만큼 볼품없는 사람이다.

위계에는 위와 아래가 있기 마련이다. 그리하여 속물은 필연적으로 타인을 경멸하며 자신도 경멸에 노출된다. 그 결과 속물의 삶은 두 가지 방향으로 나아간다. 한 가지 방향은 타인을 틈만 나면 경멸하며 자신이 확보한 위치를 자랑스럽게 뽐내는 것이다. 다른 방향은 자신보다 높은 위치에 있는 사람으로부터 경멸당하지 않을 수 있도록 추가적인 지위를 획득하고자 부산하게 움직이는 것이다. "그는 죽을 때까지 일을 하고, 때때로 살아 있는 상태에 놓여 있기 위해 죽음으로 내달리며, 불멸을 찾아 생을 포기하기도 한다. 그는 자신이 증오하는 세력가와 자신이 경멸하는 부자들에게 아부하며, 그들에게 봉사하는 영예를 얻기 위해서라면 아무것도 아끼지 않는다. 그는 자신의 비굴과 그들의 보호를 거만하게 자랑한다. 자신의 노예 상태에 자부심을 느끼는 그는 그 노예 상태를 공유하지 않는 사람들에 대해 경멸감을 가지고 얘기한다."[1]

속물에게 중요한 것은 위계에서 위치이지 활동이나 속성 자체의 가치가 아니다. 이 점에서 속물에게는 가치가 뒤바뀐다. 맛있는 음식을 만드는 게 중요한 것이 아니라 일등 요리사가 되는 것이 중요하다. 즉 자신이 그려 낸 위계에서 보다 많은 사람들이 자기 아래에 놓이는 것이 꿈이요 포부가 된다. 타인의 권리와 복지가 중요한 것이 아니라, 자신이 이타적인 인간이라고 인정받고 그렇지 못한 사람을 깎아내리는 일이 주된 충동이 된다.

그리하여 쇼펜하우어는 속물은 진정으로 향유할 능력이 없는 사람이라고 했으며, 속물이 유일하게 향유할 수 있는 것은 허영심뿐이라고 말했다. 속물은 이상적인 것과 탁월한 것에서는 아무런 즐거움을 누리지 못하며, 특히 정신적인 것을 음미할 능력이 결여되어 있다. 그러므로 속물은 자신의 허영심을 만족하는 상황이 아니라면 무료함에서 벗어나기 위해 언제나 발버둥 치고, 의지를 간질이는 사소한 놀이에 몰두한다.[2]

속물의 포부는 양립 가능한 것이 아니다. 자신이 사람들 위에 서려면 자신 아래 있어서 자신을 우러러볼 사람들이 필요하다. 덜 경멸받고자 하는 욕구는 오로지 타인을 더 경멸받는 지위로 몰아넣음으로써만 충족할 수 있다. 만일 다른 사람들이 그들 각자의 속물의 포부를 성공적으로 실현한다면, 그들 자신의 삶은 시궁창에 처박히는 것과 마찬가지가 된다. 칸트는 "서로 동등하게 존경하는 이들에게도 필수적인 예의와는 전적으로 다른" "전하, 존하, 좌하, 각하"와 같은 말들은 "인간들 가운데 넓게 퍼져 있는 비굴로의 성벽의 증거들이 아닌가?"라고 질문하면서, "자신을 벌레로 만드는 자는 나중에 그가 짓밟힌다고 불평할 수가 없다."고 했다.[3]

속물이 속물의 세계를 만든다

외모, 재력, 권력, 명예는 우리 사회에서 지배적 속성이지만, 속물은 보통 자신의 자존심을 어루만져 줄 속성을 의도적으로 고른다. 자신이 괜찮은 위치를 확보할 수 있을 법한 속성을 골라 위계를 만드는 것이다. 그리하여 다양한 속물들이 탄생한다. 외모, 돈, 권력, 명예뿐만 아니라 학력, 교양, 도덕까지도 속물의 척도가 된다. "어떤 사람은 자신의 높은 지위가 그에 합당한 존경을 받느냐에 민감하고, 어떤 사람은 자신의 빼어난 외모가 인정받느냐에 신경을 곤두세운다. 남들이 자신을 교양 있는 신사로 생각해 주기를 바라는 사람이 있고, 학식이 뛰어난 사람으로 평가받고자 하는 사람이 있다."[4] 이 다양성 자체가 속물들의 상호작용으로 생겨난 것이다. 어떤 속성으로 누군가가 위계를 만들고 경멸의 감정을 표현하기 시작한다면 그 속성을 덜 갖추었다는 이유로 무시당한 사람은 크게 마음 상하고 반발심을 품을 것이다. 그는 반작용으로 그 밖의 다른 속성으로 타인을 경멸할 수 있는 세계관을 정립한다. 누군가가 돈이 많은 사람은 가치 있는 사람이고 그렇지 못한 사람은 패자라고 경멸한다면, 다른 누군가는 돈이 많아도 머리가 빈 교양 없는 족속은 가치 없는 자라고 경멸할 것이다.

그러나 아무래도 지배적 속성의 힘은 부인할 수 없다. 돈이 많고, 권력이 강하고, 인기가 많으며, 사회적 지위가 높고, 외모가 뛰어난 사람이 위계의 정점에 오른다. 위계에서 낮은 위치에 있는 사람들에게는 오직 겉치레로 위로하는 말만 주어지고, 실은 끊임없이 '당신의 삶은 가치 없고 존중받을 자격이 없다.'는 메시지가 보내진다. 지배적 속성 이외의 영역에서 활동하는 속물들은 다분히 지배적 속물 근성에 대한 반작용으로 생겼다고 할 수 있다.

일반적으로 사람들은 두드러지게 속물적인 행동을 하지 않는다. 평범한 사람이라면 경멸할 일도 뽐낼 일도 자주 없기 때문이다. 그러나 자신이 속물 근성에 젖어 있지 않더라도, 이따금씩 속물들을 만나기만 해도 인생의 의미에 대해 뒤틀린 시야를 갖게 된다. 왜냐하면 속물들이 자의식을 자극하기 때문이다. 속물들은 사람이라면 가지기 마련인 자연스러운 인정 욕구를 자신들이 그려 낸 위계에 우겨넣어 좌절시킨다. 그렇게 해서 자의식은 자동적으로 위계를 인지한다. 자발적으로 속물 근성의 세계관을 선택하지 않더라도, 속물들에게 자극받으면 '주위 사람들보다 내가 더 낫다.', '저 사람은 이런 점에서 참 한심하다.'는 점을 끊임없이 검색하고 감지하고 확인하는 습성에 빠진다. "탐욕스러운 자는 이웃에게 독을 전파한다."[5]

자의식에 대한 이런 자극은 정형화된 삶의 흐름을 따르는 경우가 많다. 속물들은 시험을 치르고, 대학을 가고, 취업을 하고, 배우자를 만나고, 집을 사고, 자녀를 기르는 인생의 흐름을 무난히 따르는가, 따른다면 얼마나 잘 따르는가를 항상 따진다. 이런 삶의 흐름을 인생에서 당연히 거쳐야 한다고 생각하므로 특별히 속물적이라고 생각하지도 않은 채, 정형화된 삶을 무난히 따르지 않는 자들을 경멸하고 다른 한편으로는 자신도 경멸당할지 모른다고 불안해한다. 한 가지 드물지 않은 상황을 상상해 보자.

어떤 사람이 정규적인 직장 생활을 하며 하루하루 노력해서 살아가고 있다. 그는 열심히 살아왔지만 여전히 삶의 여러 부분이 불안하다. 우선 주택담보 대출금 상환에 허덕이고 있고, 아이들은 공부에는 관심이 없고 매일 게임만 한다. 배우자와는 서로 데면데면 사무적인 이야기만 나눈 지 오래되었다. 이 사람이 대학교 동창을 오랜만에 만났다. 오랫동안 얼굴을 보지 못했기에 서로 사는 이야기도 나누려 만난 것이다. 반가운 마음이 크다. 그런데 이런저런 이야기를 하다가 동창의 결혼 이야기가 나왔다. 그는 동창의 일상을 전해 듣다가 "너도 이제 결혼해야지."라고 운을 띄운다. 물론 이 말은 동창의 입장에서 오랫동안 생각한 끝에 나온 진중한 조언이 아니다. 단지 때가 되었으니 처리해야 할 일이 있다는 말을 기계적으로 꺼낸 것이나 다름 없다. 그런데 대화가 생각했던 대로 흘러가지 않는다. 동창은 자신은 지금 결혼할 생각이 없다고 주저하면서 말한다. 동창의 말에 이 사람은 격앙한다. 이야기는 점점 열기가 더해져, 결국 동창으로부터 '배우자로 매력을 느끼면서도 내가 지금 이루고 싶은 일을 마음껏 하도록 내버려두는 사람이 없다.'는 진술을 받아 낸다. 이 진술에 이 사람은 집중포화를 가한다. 그가 보기에 동창은 자신보다 외모가 나은 것도 아니요, 직장이 좋은 것도 아니므로 더욱 한심해 보인다. 요지는 "지금 시기를 놓치면 더 힘들어진다. 눈을 낮춰서 결혼해서 살 생각을 해야 한다."는 것이다. 그리고 동창이 배우자감으로 내세운 조건이 허황되다고 본다. 물론 동창은 그런 배우자를 찾기 힘들다는 사실을 알고 있다. 그렇기 때문에 지금은 결혼을 하지 않기로 결정한 것이다. 자신의 삶의 복지와 의미를 위해서 그렇게 선택한 것이다. 이 사람은 동창의 생각이 마음에 들지 않는다. 자신보다 위계에서 낮은 위치에 있는 사람이라면, 단지 변변찮은 소득만을 올리고 외모도 번듯하지 못한 사람과 결혼해야 하는데 그렇게 하지 않으니 크게 잘못된 것이다. 동창은 당연히 비난받을 만하다. 응당 위계에서 자기 자리에 찌그러져야 하는데 엉뚱하게 위계가 없는 것처럼 행동하기 때문이다.

대화가 끝난 뒤에 이 사람은 자신이 어떤 속물적인 언행도 보이지 않았다고 생각할 것이다. 삼키기에 쓴 진정한 조언을 친구에게 해주었다고 생각할 것이다. 속물의 세계관이 통상적인 삶의 흐름에 맞추어져 발현되었기 때문에, 자신이 자극하는 것이 위계의 구조에 부딪혀 상처가 나고 부풀어 오르는 속물 근성이라는 사실을 깨닫지 못한다. 물론 다른 곳에 가서는 자식의 성적, 자신과 배우자의 급여, 모아 놓은 재산을 두고 자신도 비슷한 공격을 받을 것이다. 그러면 자의식에 자극을 받는다. 그리하여 그런 공격을 받지 않는 상태, 즉 남들보다 조금이라도 더 높은 자리를 차지하는 것이야말로 하루하루 힘들게 살며 나아갈 가치가 있는 방향이라고 생각하게 된다.

도덕 속물과 교양 속물

지배적인 속성의 속물들에게 자극받은 다른 속물들도 인생의 의미에 관해 비슷한 구조의 세계관을 정립한다. '도덕 속물'이라는 말은 조금 독특하게 들린다. 왜냐하면 도덕적으로 생각하고 행위하는 것은 좋은 일이기 때문이다. 그러나 속물들에게는 도덕 자체가 중요한 것이 아니다. 타인에게 비도덕적이라고 경멸받지 않으면서 자신은 타인을 비도덕적이라고 경멸할 수 있는가가 중요하다. 즉 도덕 속물들은 타인을 도덕의 위계에 올려 놓고 평가하여 경멸하고 자신은 경멸당하지 않으려고 한다. 그들은 타인을 도덕적으로 만들 효과적이고 합당한 전략은 생각하지 않는다. 다른 사람을 낙인찍고 배척하면서 만족을 느끼고 자신의 만족을 대의명분으로 포장한다. 도덕 속물들의 주된 활동은 공공의 적을 설정하고 비판하거나, 특정 사안에 관해서 어떤 입장을 취하면 선도적이라고 인정받을지 눈치 보면서 입장을 정립하고 그 입장이 탄탄한 논증으로 뒷받침된 것처럼 치장하는 일이다. 그러는 동안 그들은 자신이 무언가 공익적인 활동을 하고 있다고 생각한다. 속물의 세계가 아니라면 도덕은 도덕 자체의 목적, 즉 타인을 얼마나 정당하게 대우하는가, 그리고 그런 세계를 만들려면 어떻게 해야 하는가가 초점이 되어야 한다. 물론 진실로 도덕적인 사람은 자연히 비도덕적인 사람을 경멸한다. 그러나 그것은 이따금 느끼는 감정일 뿐, 그 감정 자체가 삶의 방향을 설정하는 기준이나 목표가 될 수는 없다.

교양 속물들도 비슷한 방식으로 뒤틀려 있다. 만약 교양이 가치있는 것이라면, 자신의 머릿속에만 담아 두지 말고 유의미하게 활용하거나 타인과 효과적인 방식으로 나누어야 한다. 단지 그것을 과시하고 다른 이들이 갖추지 못했다고 경멸하는 일은 오히려 가치에 반한다. 교양 속물들은 지배적인 속성의 위계는 의미가 없다고 단호히 부인한다. 그러나 자신이 그나마 나은 위치를 차지할 수 있는 위계에서는 자극을 밑거름 삼아 자의식을 무럭무럭 키운다.

'도덕이나 교양이 그 자체로 가치 있다.'는 주장과 '남들보다 더 도덕적이거나 더 교양 있는 것이 가치 있다.'는 주장은 전혀 다르다. 후자에서는 본래의 초점이 어디론가 사라지고 남들과의 비교가 주된 관심사가 되기 때문이다. 애초에 속성의 위계는 삶의 한 가지 측면일 뿐이며, 위계에서 어디에 위치하는가는 인간의 가치와 무관하다. 사람들은 자신의 기질과 능력, 여건에 따라 어떤 속성에서는 두각을 나타내고 다른 속성에서는 상대적으로 처지기 마련이다. 사람들은 모두 다르게 태어나며, 한정된 시간과 정력을 조합해서 살아온 결과 어떤 속성을 어떤 수준으로 갖추게 되었나 하는 점 역시 각각 다를 수밖에 없다.

인생의 우위

그럼에도 불구하고 은연중에 자신이 만든 위계에 사람들을 집어넣고 근본적인 가치를 가늠하는 행위는, '스포츠 경기 모델'을 삶의 근본적인 부분까지 확장한 것이다. 스포츠 경기는 인위적인 행위다. 스포츠 경기에는 일등과 꼴찌가 있고 영광과 실패가 등수에 결부된다. 그러나 영광과 실패는 스포츠 경기에 제한될 뿐이다. 경기에서 패배했다고 해도 그 결과가 경기에 참여한 사람의 삶의 가치를 결정하지는 않는다.

시골 철물점 주인의 삶을 살펴보자. 그는 성실하고, 가게를 정직하게 운영하며, 자식들을 삶에 진지하고 유쾌한 사람으로 키우려고 노력한다. 그런데 어느 날 세계적인 양자물리학자가 그의 가게를 방문한다. 양자물리학자는 주인의 삶을 경멸한다. "당신은 양자물리학을 이해하지 못하므로, 아메바 같은 가치 없는 인생을 살고 있습니다." 이런 양자물리학자가 있다는 것이 조금 이상한 가정이지만, 실제로 사람들은 이런 일에 열을 올린다. 그의 주장이 이상한 이유는 무엇인가? 그의 주장은 마치 새가 두더쥐에게 가서 "날지 못하는 네 삶은 비루해."라고 말하는 것이나 다름없다. 양자물리학자는 양자물리학을 이해하고 양자물리학에 기여하는 정도가 인생의 가치를 규정한다고 전제하고 있다.

이것은 양자물리학 자체가 가치 있는가와는 차원이 다른 문제이다. 우주의 진리를 밝히고 이해하는 것은 가치 있는 일이다. 다른 사람들이 미처 음미하지 못한 좋은 것이 있다면 그것을 음미할 수 있게 도와주는 것도 가치 있는 일이다. 그러나 자신만큼 양자물리학을 이해하지 못한다고 타인을 경멸하고 삶에 점수를 매기는 것은 무의미하다. 이 가상의 이야기에서는 그 무의미함이 분명하게 드러난다. 그러나 현실에서 사람들은 삶의 지배적 속성에 스포츠 경기 모델을 도입하고, 위계에서 위치가 삶의 가치를 결정한다고 기계적으로 발화하고, 자신도 타인의 발화에 안절부절못한다. 여기에 짜증이 난 사람들은 지배적 속성이 아닌 것 중에 자신에게 맞는 속성을 골라 그 속성의 위계로 사람들을 줄 세우고, 뿌듯해하고, 안달한다.

인생의 의미와 가치를 찾다

이것이 바로 속물 근성의 사회이다. 속물 근성의 사회에서 사람들은 속물 근성의 세계관에서만 유효한 허공의 충동과 의무감에 지배당한다. 타인을 경멸하고 타인에게 경멸당하지 않으려고 분주하기 때문에 반성의 여유와 시간이 없다. 허공의 충동과 의무감도 욕구를 창출하므로, 그 결과 만족과 좌절감이 생겨난다. 만족과 좌절이 실재하기 때문에 사람들은 자신의 허공의 충동과 의무감이 타당한 세계관에 의해 만들어졌다고 착각한다. 다른 사람에게 경멸당하는 것은 고통스러운 일이다. 인정을 거부당하는 것은 큰 좌절감을 안겨 준다. 그러므로 그 고통을 완화하기 위해 위계에서 위로 올라가는 일은 의미 있다. 실제로 위계의 높은 곳에 올라섰을 때 타인의 존경을 얻고 그들을 경멸하면서 만족감을 느낄 수 있다.

그러나 만족과 좌절이 실재한다고 해서 그 전제가 되는 욕구가 가치 있는 것은 아니다. 손을 반복해서 씻으려는 충동과 의무감이 있는 사람은 손을 씻으면 일시적으로 만족하고 불안감이 해소된다. 그러나 일상생활에 지장이 있을 정도로 손을 반복해서 씻는 사람의 욕구가 가치 있지는 않다. 욕구가 좌절되었을 때의 고통과 일시적으로 만족되었을 때의 쾌락은 실재하지만, 그 욕구가 가치에 뿌리박고 있는 것은 아니다.

물론 우리는 유심론唯心論의 세계에 살고 있지 않다. 즉, 다른 사람이 나에 대해 내린 나쁜 평가가 부당한 기준에서 나온 것이라 해도 곧바로 그로 인한 고통스러운 감정이 사라지지는 않는다. 우리는 스토아적인 현자가 아니다. 우리는 사람들의 상호작용으로 구성된 세계와 부딪히면 자동적으로 스스로를 재평가하는 존재이다.

그러나 자동적인 반응을 아무 반성 없이 반복하는지 아닌지는 분명히 차이가 있다. 상호작용이 자극하는 대로 자의식을 키우는 것이 인생의 가치와 의미를 따르는 것이라고 한다면, 결국 우리는 전적으로 '눈치 보는 존재'에 불과할 것이다. 게다가 이 생각은 외부의 자극에서 곧장 인생의 가치와 의미를 도출하는 사고방식이다. 외부의 자극이 어떤 행위를 향한 충동과 의무감을 불러일으켰다는 이유로 그 행위가 가치 있다고 추론하는 것은 논리적 비약으로 '자연주의의 오류'에 해당한다. 누구도 논리적 오류 위에서 살아가고 싶지 않을 것이다.

그래서 우리에게 필요한 것은, 우리를 지배하는 충동과 의무감중 무엇이 가치와 의미에 기초를 두고 있으며 무엇이 그렇지 않은지를 구분하는 반성과 성찰이다. 반성과 성찰로 고통을 제거할 수는 없다. 그러나 자극이 자동적으로 우리의 삶을 지배하지 않도록 우리 자신의 삶의 방향을 조정할 수는 있다.

삶의 방향이 중심을 잡으면 작은 일에서부터 허공의 충동과 의무감을 털어 낼 수 있다. 더 나아가 삶에서 무의미한 자극은 되도록 피하는 것이 오히려 가치 있다고 생각할 수 있다. 자신을 의미를 경험하는 잠재적 존재로 보지 않고 단순히 위계에 짓눌려 있어야 할 대상으로 여기는 사람들과 접촉면을 줄이고, 함께 가치를 구현하고자 하는 사람들과 상호작용을 증대하는 방향으로 삶을 바꾸어 나갈 수 있다. 죄책감을 불러일으키는 윤리적 언어로 포장된 '기대'들이 실상은 속물 근성의 세계관에서 도출된 기계적인 자극에 불과하다는 것도 알 수 있다. 그 기대는 강력하고 폭발적일 수도 있지만, 내용이 없고 의미와 무관한 것임을 깨닫게 된다.

이제 질문을 하나 던져 보자. 지금까지 우리는 인생에서 가치와 의미를 찾을 수 있다고 전제했다. 그러나 인생의 가치와 의미가 모두 상대적인 것에 불과하다면 이 모든 논의는 무의미하다. 그렇다면 욕구를 기준으로 삼아 좌절을 줄이고 만족을 늘이는 삶이 잘못일 이유도 없다. 더군다나 그 욕구가 사회의 지배적인 세계관에 따른 것이라면 말이다. 인생에서 가치 있는 것을 가치 없는 것으로부터 가려 낼 수 없다면, 인생의 방향을 정한다는 말도 쓸모없을 것이다. 인생의 의미가 궁극적으로 가치를 구현하는 것이라고 했을 때, 가치가 존재하지 않는다면 인생의 의미도 존재하지 않을 것이다. 즉, 인생은 무의미한 것이 될 것이다.

과연 그러한가?

2장

인생이

무의미하다는

느낌

마음의 침몰

"삶은 무의미하다." 우리는 이 말을 언제 진심으로 떠올리는가? 이리저리 분투하면서 부지런히 살아가다가 우리의 마음이 내려앉을 때, 우리는 이 말의 무게를 느낀다. 사실 이 말은 우리 마음 한 켠에 언제나 자리 잡고 있다. 그것은 작은 크기로 구석에 있으면서 "녹이 쇠를 약화시키듯이 사람을 손상"시킨다. 때때로 그런 손상이 일어날 때, 한 발 삐끗하기만 하면 그 말의 심연 속으로 빠질 것 같아 애써 외면하기도 한다. 그러다 실제로 삐끗하게 되는, 그런 날이 온다. "전체 구조"가 "갑작스럽게 무너"진다. "녹"이 "끊임없이 철근을 공격하여 그것을 부식시키고 껍데기만 남긴다." 마음이 완전히 침몰했을 때는 존재의 뿌리조차 흔들린다. '나'라는 존재는 도대체 무슨 가치가 있는가. "모든 활동, 모든 감정, 더 나아가 인생 자체의 무의미함이 자명해진다. 이 사랑 없는 상태에 유일하게 남아 있는 감정은 무의미함이다."[1]

무의미함을 절대적으로 확신할 정도로 느낀 사람이 최후로 선택하는 것은 고의적인 죽음이다. "그것은 삶이 감당할 길이 없음을, 혹은 삶을 이해할 수 없음을 고백하는 것이다." 그것은 사람이 살아가는 데 필요한 행위를 계속하게 하는 "습관의 가소로운 면, 살아야 할 심각한 이유의 결여, 법석을 떨어가며 살아가는 일상의 어처구니없는 성격, 그리고 고통의 무용성을" 본능적으로 인정한 것이다.[2]

소설가 버지니아 울프의 남편 레너드 울프는, 정신의 구조가 붕괴한 아내의 모습을 일기에 기록했다. "아내는 혼자 두면 아무것도 먹지 않아서 서서히 굶어 죽게 될 것이다. 건강을 유지할 수 있을 정도만 먹이는 것도 무척이나 힘겨웠다. (…) 절망적으로 침울해져서 누가 무슨 말을 해도 아무 반응 없이 조용히 앉아 있었다. 식사 시간이 되어도 앞에 놓인 음식에 아무 관심이 없었고 간호사들이 뭘 좀 먹이려고 하면 화를 냈다. 나는 대개의 경우 그녀를 달래서 어느 정도 먹게 할 수는 있었지만 그 과정은 끔찍했다. 식사 때마다 한두 시간씩은 걸렸고 나는 그녀 옆에 앉아서 손에 수저나 포크를 쥐어 주고 간간이 아주 조용한 목소리로 어서 먹으라고 말하면서 그녀의 팔이나 손을 만져 주어야만 했다. 그녀는 5분마다 기계적으로 한 술씩 떴다."[3]

속물 근성의 세계관은 마음이 침몰하는 것을 예방하는 데도, 침몰한 마음이 다시 떠오르는 데도 아무런 도움을 주지 못한다. '위계에서 나는 이 정도의 위치를 차지한다.' 그래서 그것이 어떻다는 것인가? 그것이 무슨 의미란 말인가? 위계에서 아래로 떨어지지 않기 위해서는 계속해서 달려야 한다. 제자리에 있기 위해 계속해서 달리는 것이 무슨 의미가 있단 말인가? 엄청난 노력을 투입해 더 높은 곳으로 올라간다 해도, 도대체 무슨 의미가 있단 말인가?

속물 근성이 불러일으키는 자극은 마음의 침몰을 촉발할 뿐이다. '나'는 끊임없이 폄훼당하고, 거부당하고, 동등한 사람이 아닌 것처럼 대우받는다. 자극에 얻어맞고 강해진 자의식은 '내 존재는 쓸모없다.', 더 나아가 '이 쓸모없는 존재가 경험하는 삶은 무의미하다.'는 생각으로 나아간다. "굴욕감"과 "상실감", 그리고 "덫에 걸린 기분"은 삶이 객관적으로 무의미하다는 진리를 가리키는 것처럼 보인다.[4] 속물 근성이 지배하는 사회는 가만히 머물러 있기 위해서라도 끊임없이 달려야 한다는 의무감, 그리고 그 의무감대로 하지 못했다는 자기 비하를 통해 끝 모를 굴욕감과 중요한 것을 상실했다는 마음, 덫에 걸린 기분을 만들어 낸다.

무의미의 논증

인생이 무의미하다고 생각하는 사람은 다음과 같은 논리를 따를 것이다. 이 논리를 '무의미의 논증'이라고 이름 붙이자.

> 인생은 무의미하다.
> 그러므로 내가 지금 먹고, 자고, 느끼고, 계획하고, 노동하고, 사랑하고, 공부하고, 돌보고, 이야기하는 모든 활동은 무의미하다.

얼핏 보기에는 단순한 구조로 되어 있지만, 이 단순한 구조의 논증이 정신에 한번 아로새겨지면 그다음에는 다른 방향으로 생각하기 힘들다. 이 논증이 자명한 것으로 있는 한, 녹이 슬고 있는 쇠는 부식을 가속화할 것이며 이미 붕괴한 구조물은 재건하기가 어려워진다. 대규모로 침몰한 마음이 어느 정도 회복된다고 해도, 정신에 새겨진 상흔은 삶에 계속 영향을 미친다. 이 삶이 살아갈 가치가 없다는 것, 결국 어떻게 해도 상관이 없다는 것, 이런 생각을 배경으로 두고 살아간다는 것은 삶에서 활기를 앗고 사람을 냉소적으로 만든다.

카뮈는 말했다. "참으로 진지한 철학적 문제는 오직 하나뿐이다. 그것은 바로 자살이다. 인생이 살 만한 가치가 있느냐 없느냐를 판단하는 것이야말로 철학의 근본 문제에 답하는 것이다."[5] 그렇다면 이 물음에 해답을 제시한 '무의미의 논증'이 건전한 추론인지, 즉 타당한 전제에서 타당한 방식으로 결론을 이끌어 낸 것인지는 중대한 문제이다.

생활의 번잡함은 우리로 하여금 중대한 문제를 슬그머니 미루고 소홀히 하게 만든다. 그 결과 "광채 없는 삶의 하루하루에 있어서는 시간이 우리를 떠메고 간다. 그러나 언젠가는 우리가 이 시간을 떠메고 가야 할 때가 오게 마련이다. '내일', '나중에', '네가 출세를 하게 되면', '나이가 들면 너도 알게 돼'하며 우리는 미래를 내다보고 살고 있다. 이런 모순된 태도는 참 기가 찰 일이다. 미래란 결국 죽음에 이르는 것이니 말이다."[6]

커다란 침몰의 경험이 없는 사람, 즉 인생이 무의미하다는 생각의 심연을 이따금씩 느낄 뿐인 사람 역시, 무의미의 논증을 철저하게 검토하지 않는 경우 삶의 방향을 진지하게 설정하는 데 방해를 받기 마련이다. 그는 그때그때 생각해 보기는 하겠지만 깊이 숙고하지는 않는다. 깊이 들여다보았다간 인생이 정말로 무의미하다는 사실을 깨달을지 모른다는 그 서늘한 느낌, 인생에 의미가 없고 진지한 방향 설정이라는 것은 불가능할지 모른다는 불길한 예감, "인간과 그의 삶, 배우와 무대장치 사이의 절연"을 직시할 것 같은 불안감을 느끼기 때문이다.[7] 그 결과 우리는 방향을 설정할 기준을 찾지 못하고 침몰에 무방비로 노출된다.

침몰하고 맥 빠진 마음에 생기를 불어 넣는 방법으로, 지성적인 추론은 언제나 불충분한 조력자에 그친다. 그러나 지성적인 추론은 단순히 마음에 생기를 불어 넣는 전략적이고 도구적인 기능에 그치는 것이 아니다. 애초에 인생에 의미가 없다면 마음에 생기가 생긴들 무슨 의미가 있는가? 그러므로 인생에 의미가 과연 있는가, 있다면 그 의미는 어떻게 구성되는 것인가를 지성적으로 이해하는 것은 누구에게나 근본적으로 중요한 과업이다. 마음이 크게 가라앉을 위기에 처한 사람에게도, 이미 가라앉아 무의미함만 느낄 뿐인 사람에게도, 삐끗하면 심연으로 빠질지 모른다는 두려움을 느끼는 사람에게도, 겉으로는 회복했지만 어떻게 살든 상관이 없다는 상흔의 냉소를 지고 살아가는 사람에게도.

3장

잘못된

탐구 방법

인생의 의미란 무엇인가? 인생은 무의미한 것인가? 이 질문들은 얼핏 명료한 것처럼 보인다. 그러나 사실은 그렇지 않다. '의미'와 '무의미'라는 말 자체는 여러 가지 뜻을 연상시킬 수 있고, 그렇게 연상되는 해석에 따라 서로 다른 삶의 기준이 정립될 수 있다. 이 기준에 따르면 의미 있는 것이 저 기준에서 봤을 때는 무의미한 것이 될 수 있다. 그러므로 어느 기준을 따라 인생의 의미를 판정할 것인지가 중요해진다.

다음은 인생의 의미를 탐구할 때 흔히 저지르는 잘못들이다. 첫째, 단어의 뜻을 정해서 해결하기, 둘째, 독단에서 시작하고 독단으로 끝내기, 셋째, 생물학적 요소에서 결론 내리기, 넷째, 전제를 검토하지 않은 채 허무주의와 비관에 빠지기. 간단히 요약하면 낯선 것처럼 보이지만, 구체적으로 살펴보면 오히려 이 네 가지가 '인생의 의미'를 탐구할 때 흔히 쓰이는 사고방식임을 알게 된다.

잘못된 방법으로 문제를 해결하면 처음부터 정해진 결론에 도달할 뿐이다. 그것은 문제에 대한 지성적인 탐구라고 할 수 없다.

단어의 뜻을 정해서 해결하기

'인생의 의미란 무엇인가?'라는 질문은, '의미'라는 단어의 뜻이나 용례를 탐구함으로써 해결할 수 없다. 왜냐하면 애초에 의미라는 낱말은 맥락이 달라지면 다른 뜻으로 쓰이기 때문이다. 그래서 그중 하나의 뜻을 골라서 기계적으로 다른 맥락에 적용하면 엉터리 결론만을 얻을 뿐이다. 뜻이나 용례를 살펴보는 것은, 지성적인 탐구를 혼돈에 빠뜨리지 않기 위한 분석의 출발점이자 예비 작업일 뿐이다.

예를 들어 직장에서 회의를 하던 도중 직원이 "도대체 이 회의의 의미가 무엇입니까?"라고 묻는다. 이때 그가 사용한 '의미'는 쓸모의 뜻이다. 직장에서 하는 회의의 쓸모는, 회사의 이윤 추구라는 목적에 기여하는 것이다. 이 경우에는 목적에 의문이 생기지 않는다. 그런데 '인생의 의미란 무엇인가?'라는 질문을 던질 때는, 묻고 답하는 사람에게 미리 주어져 있고 아무도 의문을 제기하지 않는 궁극적인 목적 같은 것이 없다. 그렇다면 "이 회의의 의미가 무엇입니까?"를 용례로 삼는 것은 무익하다.

체계적으로 언어와 경험을 정돈하는 것은 제대로 된 질문에 도달하는 데 도움을 줄 수는 있지만, 문제를 해결하는 열쇠는 되지 못한다. 다른 맥락에서 쓰이는 '의미'의 뜻을 빌려와 '인생'에 적용하고, '의미'를 찾을 수 없으므로 인생은 무의미하다고 결론 내리는 것은 어리석은 짓이다. 오히려 언어에 관한 분석은, 인생의 의미는 기능적인 유용성에서 발견되지 않는다는 점을 확인해 준다.

독단에서 시작하고 독단으로 끝내기

사람들은 흔히 마음이 침몰하는 위기 상황에서 인생의 의미를 생각하기 때문에 부지불식간에 독단을 근거로 삼아 결론을 내리기 쉽다. 이를테면 "인생의 의미란 무엇인가?"라고 물을 때, "인생의 의미는 X를 하는 것이다."라고 독단적으로 정한다. 그러고 나서 자신의 삶을 돌아보면 X를 하고 있지 않다. 당연히 "X를 하지 않는 삶은 의미가 없다. 내 삶이 바로 그런 의미 없는 삶이다."라는 결론에 이른다. 그러나 그 전제는 어디서 왔는가? 갑자기, 근거 없이 튀어나왔다. 이것은 독단에서 시작하고 독단으로 끝내는 방식이다.

그러나 우리가 인생의 의미를 묻고 지성적으로 이해하고자 할 때는, 누군가 아무 독단이라도 제시해 주면 만족하겠다는 마음을 먹고 덤비는 것이 아니다. 우리가 독단에서 나온 결론에 승복할 이유는 전혀 없다. 왜냐하면 전제가 이성적으로 논증되지 않았기 때문이다. 독단에 승복하는 경우 인생을 헛살 위험이 매우 높아진다. 예를 들어 보자. 나는 내일 친구와 번화가에서 만나기로 약속한 적이 없다. 그런데 나는 내일 친구가 번화가에 나올 거라고 아무 근거 없이 확신한다. 그리고 다음 날이 되어 하루 종일 번화가에서 친구를 기다린다. 나는 명백하게 하루를 낭비한 것이다. 하루보다 더 긴 기간의 경우에도 마찬가지다. 나는 두 손을 다이아몬드 모양으로 만들어 하늘을 향해 기를 쏘아 보내면 아프리카에서 굶는 사람들이 저절로 배부르고 영양소를 공급받는다고 믿는다. 이성적인 근거는 없다. 다만 이를 절대적으로 확신할 뿐이다. 내가 이 믿음을 이성적으로 검토하지 않은 채 매일 세 시간 동안 기를 쏟아 보낸다면, 나는 나의 지적 나태 때문에 삶에서 매일 세 시간을 헛되게 보낸 것이다. 인생의 의미에 관한 독단 때문에 판단을 그르친다면 전 생애를 잘못된 방향으로 살아갈 수 있다.

세상에는 독단이 무수히 많다. 독단은 미신적이거나 초월적인 단언에 한정되지 않는다. 그럴듯한 말로 독단이면서 독단이 아닌 것처럼 위장한 세속적인 단언들이 많다. 예를 들어 이런 것이다. "남들과 다른 사람이 되어야 한다." "나만의 스타일대로 살아야 한다." "사람이 태어났으면 크게 한번 출세해야 한다." "남에게 업신여김을 당해서는 안 된다."

독단을 먼저 수용한 다음 자신의 인생이 의미 있는가를 평가하는 거꾸로 된 방법을 쓰는 경우, 타당한 답을 얻을 수 없다. 왜냐하면 이 방법으로 진행된 사유는 전적으로 자의적인 기초 위에 서 있기 때문이다. 예를 들어 도서관의 서가에 꽂힌 수많은 책 가운데 우연히 눈에 띈 책을 골라 책의 저자가 주장하는 인생관을 무조건 수용한다면 그는 단지 우연으로 결정된 독단을 되풀이하고 있을 뿐이다. 저자의 주장이 인생의 의미에 대한 제대로 된 답안이라고 보증하는 근거는 어디에도 없다. 저자의 주장은 지성적인 이해를 거쳐 이치에 닿을 때 좋은 참고 자료가 될 뿐이다.

결국 "인생이란 이럴 때만 의미가 있다."고 먼저 단언해 놓고 인생이 무의미하다고 실의에 빠지거나 의미 있다고 자신하는 것은 잘못된 사고방식이다.

생물학적 요소에서 결론 내리기

인간은 진화하는 존재이다. 진화는 늘 변화하는 폭넓은 유전자 풀에서 조합된 유전자들이 환경에 얼마나 적응하여 살아남는가에 따라 일어난다. 이 사실로부터 인간 삶의 목적은 유전자 풀을 전체적으로 더 좋게 만드는 것이라는 신념으로 비약한다면, 타당하지 않다. 왜냐하면 사실 명제에서 가치 명제로 비약했기 때문이다. "영희는 키가 170센티미터이다."에서 "영희는 키가 170센티미터여야 한다."를 도출할 수는 없다. 전자의 사실은 후자의 규범을 뒷받침해 주지 않는다.

어떤 존재를 관찰하고는 그 존재가 가장 빈번하게 드러내는 습성을 목적으로 규정하는 것도 엉터리다. 사람을 관찰해 보면 사람이 가장 자주 하는 행위는 숨을 쉬는 것이다. 그렇다고 인생의 목적은 호흡이라고 추론하는 것은 엉터리다. 이 논리에 따르면 가려움을 자주 느끼는 사람은 피부를 긁는 것이 호흡 다음으로 인생의 둘째가는 목적이자 이유가 된다.

이런 식의 자연주의의 오류는 알게 모르게 널리 퍼져 있다. 이 오류를 곧이곧대로 받아들인다면 터무니없는 해악을 낳게 된다. 인간, 특히 남성은 모욕을 당했을 때 공격적인 방향으로 행동하여, 이를테면 폭력을 행사해서 평판을 회복하려는 성향이 있다. 모욕 상황이 발생하면 곧바로 반응하는 생물학적인 스위치가 있다는 식으로 설명되기도 한다. 그렇다고 해서 모욕 상황에서 폭력을 행사하는 것이 바람직한 행동일 리는 없다. '모욕당했을 때는 폭력을 행사해야 의미 있는 인생을 사는 것이다.'라는 주장도 마찬가지로 터무니없다.

사실적인 사태를 아무리 조밀하게 구성하거나 사실의 인과관계를 아무리 세밀하게 따져도 그 자체로는 인생의 의미를 파악할 수 없다.

이와 유사한 오류가 인생의 한 가지 측면을 관찰하고 나서 갑자기 결론을 내리는 사고방식이다. 인간을 관찰한 사실에서 별다른 궁극적인 의미를 발견하지 못했으므로 인생에 의미가 없다는 결론에 이르는 것이다. 예를 들어 사람들은 소변을 본다. 이 행위 자체를 떼어 보면 어떤 궁극적인 가치가 내재해 있는 것은 아니다. 그것은 우리의 생물학적 조건 중 일부일 뿐이다. '인간이란 먹고 자고 배설하는 존재이다. 출생부터 쉼 없이 먹고 자고 배설한다. 그러므로 인생이란 무의미하다.'라는 식의 사고는, 가치를 기대할 수 없는 사실의 관찰에서 인생이 무의미하다는 결론을 이끌어 낸다. '인간이란 서로 뽐내려고 하는 존재이다. 그러므로 남보다 뛰어난 존재가 되어야만 인생에 의미가 있다.'라는 사고도 반대 방향으로 진행된 자연주의의 오류이다. 인간이란 모욕당하면 폭력을 행사하려는 성향이 있으므로, 모욕당하면 폭력을 행사해야 의미 있는 인생을 사는 것이라는 주장보다 나을 바가 없다.

전제를 검토하지 않은 채 허무주의와 비관에 빠지기

이것은 인생의 의미를 탐구할 때 가장 빠지기 쉬운 오류이다. 이 오류는 보통 앞서 말한 오류들이 여러 형태로 조합되어 있는 경우가 많다.

유물론적 허무주의도 그중 하나이다. 유물론적 허무주의는 다음과 같이 전개된다. '인간의 의식은 결국 뇌가 만들어 내는 현상이다. 뇌는 최종적으로는 입자 같은 물리적 구성물로 만들어진 물질이다. 그러므로 인간의 모든 행위와 사고, 감정은 입자 같은 기초적인 구성물의 상호작용이 우연히 거시 세계에서 구현된 것에 불과하다. 따라서 인간의 삶에 의미는 없다.' 이 추론에서 은폐된 전제는 '물리 세계에 기초를 두지 않는 독립적인 현상만이 의미가 있다.'라는 명제이다. 이 명제는 전혀 검토된 적 없다. 이것은 독단이다. 우리가 알고 싶은 것은, 물리적인 현실 세계에서 살아가는 삶을 가치의 측면에서 어떻게 평가할 수 있는가 하는 점이다. 인간은 물리적인 현실과 단절된 삶을 사실상 상상할 수 없다. 그렇다면 어떤 이유로 상상조차 하기 힘든 가상의 세계에서는 삶이 의미 있고, 물리적인 현실 세계에서는 삶이 의미 없다고 확신할 수 있을까.

유물론적 허무주의에 내재된 또 다른 오류는 세계를 물리적인 측면에서 더 기본적인 입자, 환경, 그것들의 상호작용으로 설명할 수 있다는 이유로 인생의 가치에 관한 모든 명제가 무의미하다고 믿는 데 있다. 어이없을 정도로 추한 낙서와 미켈란젤로의 명작 모두 다 물감을 구성하는 기본 입자의 배열에 불과하지만, 한쪽은 추한 그림이고 다른 한쪽은 아름다운 그림이다. 추함과 아름다움 같은 '가치'는 사태를 물리학의 가장 기초적인 단위로 묘사하는 것으로 포착할 수 없다. 아름답다는 것은 다른 차원의 평가, 즉 인간의 시각과 미감으로 전체 그림을 음미하는 실천적인 차원의 평가이기 때문이다.

다른 종류의 허무주의 역시 같은 오류를 범하고 있다. 이 허무주의들의 일반적 형식은 다음과 같다. '인생에 의미가 있으려면 인간의 삶이 X와 같아야 한다. 그런데 인간의 삶은 X가 아니므로 의미가 없다.' 검토되지 않은 것은 문장의 앞부분이다. 예를 들어 광활한 우주에 관한 다큐멘터리를 보다가 '인간의 삶은 의미가 없다.'는 생각이 든다. 왜냐하면 인간의 삶이 보잘것없이 작기 때문이다. 인간의 삶은 광활한 우주에 비추었을 때 잠깐 반짝이고 마는 작은 불빛에 지나지 않는다는 흔한 통찰처럼 말이다. 그러나 여기에도 전제가 숨어 있다. 인생의 의미는 천문학적 규모에 비례한다는 전제이다. 만일 지구와 태양이 지금보다 열 배 크다고 해 보자. 그리고 인간을 비롯한 모든 동식물과 광물이 지금보다 열 배 더 크다고 해 보자. 이 경우 인생의 의미가 그만큼 커지는가? 아니, 1.1배라도 커지는가? 그렇지 않다. 이것은 지구와 태양이 지금보다 0.7배만큼 작고 인간과 동식물, 광물이 0.7배만큼 작다고 해서 인생의 의미가 30퍼센트만큼 사라진다고 볼 수 없는 것과 마찬가지다. 또한 인간의 의식 속도와 신진대사 속도가 열 배로 느려지고 지구와 태양의 에너지 처리 속도도 지금보다 열 배로 느려져서 인간의 삶이 지금보다 열 배 더 길어진다고 가정해 보자. 이 경우 인생의 의미가 열 배 커지는가? 이 같은 가상 사례에서 인간 의식의 경험은 모두 동일하다. 인간의 삶이 시공간에서 차지하는 범위에 따라 인생의 의미가 결정된다는 전제는 아무 설득력이 없다. 시공간을 열 배 더 키울 수 있는 마술적인 장치가 우리 앞에 놓였을 때, 그 장치를 작동하는 것이 우리 삶에 의미 있는 변화를 가져오는지 질문해 보면 쉽게 알 수 있다. 장치를 작동하는 것은 삶의 의미에 아무런 변화를 가져오지 않는다. 의미는 인간의 의식과 관련되어 있다. 인간의 의식과 무관한 사정을 들어 허무주의에 빠지는 것은 아무런 근거가 없다.

비관은 허무주의와 조금 다르다. 비관은 보편적일 수 없는 원리를 전제로 받아들이고 자신의 삶을 비난하는 태도이다. 예를 들어 남들보다 인간관계에 서툰 탓에 사교성이 중요한 직업을 제대로 해내지 못하는 직장인이 있다. 그가 '나는 쓸모없는 인간이야. 나의 인생은 의미가 없어.'라고 생각하는 것은 얼핏 그럴듯한 추론처럼 보이지만, 실상은 논리적 고리가 결여되어 있다. 이 추론에 숨은 전제는 '인간관계에 능숙하고 그와 관련된 일을 잘하는 만큼 인생에 의미가 있다.'라는 명제이다. 이 명제는 인생의 의미를 확정하는 보편적인 원리로 내세울 수 없다. 이 명제를 받아들이는 경우, 유아의 삶은 의미가 없다. 자폐증 환자의 삶도 의미가 없다. 내향적인 사람은 외향적인 사람보다 의미 있는 삶을 살지 못한다. 어떤 속성이든 정규분포 곡선의 모양과 비슷하게 평균치에 가장 많은 사람들이 분포하고 양 끝으로 갈수록 그 수가 적어진다는 것은 주어진 사실이다. 사교성은 사람들이 유전적, 환경적 요인으로 정규분포 곡선의 어느 지점에 위치하게 되는 삶의 한 가지 속성이다. 속성의 분포 곡선의 어느 지점에 위치한다는 것은 단지 관찰되는 사실일 뿐이어서 의미를 규정할 아무런 논리적 기초를 제공하지 못한다. 논리적 기초가 된다고 착각하는 것은 앞서 살펴본 자연주의의 오류에 해당한다.

사실 비관의 전제에 더 깊숙이 자리 잡고 있는 것은, '남들보다 더 잘나거나, 자신보다 못한 사람이 있어야 인생에 의미가 있다.'는 이상한 명제이다. 즉, 타인의 인생이 보다 가치 없는 것, 의미 없는 것이 됨으로써 비로소 자신의 인생이 의미 있게 된다고 생각하는 것이다. 이 명제는 보편적인 원리가 될 수 없다. 따라서 이 명제는 타인에게서 주입받거나 우연히 가지게 된 욕망을 표현하는 것일 뿐 인생의 의미에 관한 명제라고 할 수 없다. 이것은 속물 근성에 자의식을 반복적으로 자극받아서 생긴 잘못된 사고방식이다.

4장

우리는

인생의 관찰자가

아니다

인생의 의미는 참여하는 인간의 관점에서 바라볼 수밖에 없다. 우리는 실천적인 맥락에서 인생의 의미를 묻는다. 우리가 무언가를 하는 동안 인생을 더 살 만한 것으로 받아들일 수밖에 없다면, 그때 경험하고 만들어 내는 무언가는 가치 있는 것이다. 가치 있는 무언가를 하는 시간은 의미 있다. 따라서 인생의 의미는 가치를 구현하는 데서 생긴다.

참여자의 관점

우주는 시간이 지날수록 더 빠른 속도로 팽창한다. 은하와 은하, 천체와 천체는 서로 보이지 않을 정도까지 멀어지고 고립되다가 나중에 블랙홀 외에는 어떤 거시적인 존재도 남지 않는다. 그러다 블랙홀마저 에너지를 모두 방출하고 소멸한다. 이 경우 블랙홀만이 남은 우주와 블랙홀조차 남지 않은 우주는 인간의 삶에서 의미의 차이가 있는가? 그것은 사실상 물리적으로 다른 우주일 뿐, 인간의 삶에서는 차이가 없다. 모든 인간은 한참 전에 소멸되고 없기 때문이다.

인생의 의미는 말 그대로 인간 삶의 의미다. 그리고 우리는 인생의 의미를 직접 삶을 살아 나가는 존재로서 묻고 있다. 단 하나의 의식도 존재하지 않는 블랙홀의 관점에서 묻는 것이 아니며, 멀리 떨어진 곳에서 인간을 관찰하는 초월적 존재의 관점에서 묻는 것이 아니다. 이 물음은 참여자의 관점에서 던진 것이다. 그러므로 그 대답도 무생물의 관점이나 관찰자의 관점에서 나올 수 없다. 인생에 참여하는 참여자의 관점에서 물음에 답해야, 질문에 맞는 대답이 된다.

관찰자 관점과 참여자 관점이 서로 다른 논의 지평에 있다는 점은 "법은 무엇을 의미하는가?"라는 질문에 두 관점에 따라 다른 답이 제시된다는 사실로도 알 수 있다. 헌법에 표현의 자유가 보장된 나라가 있다. 3년 전 이 나라에 새 정부가 들어선 뒤, 법원이 표현의 자유를 새롭게 정의하기 시작했다. 법원은 헌법이 보장하는 표현의 자유란 '진정한' 표현의 자유를 의미하고, '진정한' 표현의 자유는 사회의 통합성을 해치지 않는 행위라고 규정한다. 반면에 정부를 비판하는 행위는 사회의 통합성을 해치므로 '가짜' 표현의 자유이며, 따라서 이 행위를 금지하고 처벌하는 것은 정당하다고 판결한다. 그러자 많은 시민과 법률가들이 법원의 헌법 해석이 잘못되었다고 주장한다. 즉, 새 정부 이전의 법원이 해석한 내용이 '법'이며, 지금 법원이 해석한 내용은 '법'이 아니라고 주장한다. 그 근거로 표현의 자유의 주된 취지는 정부의 부패와 비합리성을 교정하는 데 있으며, 특정한 정책이나 신념에 찬성하지 않는다는 이유로 가짜 자유라고 배척하면

남는 것은 표현의 자유가 아니라 노예의 삶일 뿐이라고 말한다.

이 주장은 참여자의 관점이다. 법체계에서 무엇이 금지되고 무엇이 허용되는지, 명령과 권리의 대상이 무엇인지 논증에 참여하는 사람들은 참여자의 관점에 서 있다. 반면에 법체계에서 실제로 어떻게 판결이 내려지고 있는지를 궁금해하는 사람들은 관찰자의 관점에 서 있다.[1] 이 가상 사회의 법체계에 대한 관찰자는, 이제 이 나라에서는 정부를 비판하지 못하는 것이 법이라고 생각한다. 관찰자는 그 사회 외부의 목적, 이를테면 그 나라로 여행을 다녀온다든가 하는 목적을 갖고 있을 뿐이다. 그렇기 때문에 사회 안에서 가치와 관련하여 의견을 교환하며 타당성을 논의하는 관점과는 동떨어져 있다. 관찰자의 관점에서 제시된 결론은, 실천과 해석에 영향을 받으며 사회 안에서 살아가는 사람들에게 타당성을 가질 수 없다. 관찰자는 조직 폭력배의 규칙도 '법'이라는 이름을 붙여 관찰할 뿐이다.

우리는 세계의 외부에 있지 않다. 우리는 이 세계에서 꼼짝없이 살아가고 있다. 우리가 알고 싶은 것은 세계 안에 존재하는 참여자의 관점에서 본 인생의 의미이지, 세계 밖의 관찰자의 관점에서 서술된 물리적인 기능이 아니다.

실천자의 관점

우리가 애초에 "인생의 의미란 무엇인가?"를 질문하는 이유를 생각해 보자. 우리는 우리 존재의 가치를 의심케 하고 우리의 마음을 내려앉게 만드는 일을 경험할 때 주로 인생의 의미를 묻는다. 즉, 계속해서 살아가야 할 이유가 있는지를 묻는 것이다. 따라서 이 질문이

담고 있는 무게는 인생을 살아가는 실천자의 관점에서만 느낄 수 있다. 관찰자의 관점에서는 오로지 기능적인 의미만을 포착한다. '인간은 유전자를 전달하는 용기容器다.' '인간은 환경을 변형한다.' '인간은 다른 동물들의 서식에 영향을 미친다.' 인생을 실제로 살아가는 입장이 아닌 비실천자의 입장에서는 이런 답으로도 충분히 만족스러울지 모른다. 그러나 실제로 우리가 "인생의 의미란 무엇인가?"를 묻게 된다면, 기능적 사실이나 인과적 사실을 아무리 세세하게 열거한다고 해도 질문에 담긴 무게를 전혀 담지 못할 것이다.

우리는 우리 자신의 행동과 의지, 정서와 연결되지 않은 순수하게 과학적인 의도로 질문을 던지는 것이 아니다. 이 질문은 실천적이다. 우리는 인생이 살 만하지 않다고 실의에 빠질 때, 지금 내가 살 만한 방식으로 살고 있는가를 반성할 때, 더 나은 길로 삶의 경로를 바꾸고자 할 때, 삶의 방향과 방식에 납득할 만한 확신의 근거를 찾고 싶을 때 이 질문을 던진다. 사르트르는 "본질보다 존재가 앞선다는 것"은 "사람이 먼저 있어서 세상에 존재하고 세상에 나타난다는 것을 의미"하며 "사람은 존재 이후에 스스로를 원하는 것이기 때문에 스스로가 만들어가는 것 외엔 아무것도 아니다."라고 했다. 즉, 자기 자신이 누구인가, 어떤 인생을 살아가야 하는가는 돌이나 책상의 경우처럼 관찰 가능한 특성이나 기능으로 답할 수 있는 질문이 아니라는 것이다. 인간이 "돌이나 책상보다도 더 큰 존엄성"을 가진 존재이려면, 오로지 그것은 참여자이자 실천자라는 측면에서 그렇다.[2] 즉, "현실은 행동 속에 있을 뿐 아니라 (…) 사람은 자신의 창안 이외에는 아무것도 아니고, 자신을 실현하는 한도 내에서만 존재하며 따라서 인간은 그의 행위 전체와 그의 삶 외에 아무것도 아니"

며, 그런 점에서만 돌이나 책상과 차이가 있다.[3] 인생에 살 만한 가치가 있는가, 있다면 어떤 가치가 있는가 하는 "대답 다음에는 반드시 결정적인 행동이 뒤따르게 되어" 있다.[4] 그러므로 "인생의 의미란 무엇인가?"에 대한 대답은 그것이 무엇이든 나를 만들어 가는, 내 인생을 인도하는 실천적인 힘을 가져야 한다. 즉, A라는 답이 나왔을 때와 B라는 답이 나왔을 때 실천의 선택이 달라지는 이유의 힘을 가져야 한다.

그러나 아무 근거도 없는 상태에서 총체적으로 인생의 의미를 규정하는 것은 받아들일 수 없다. 그 규정을 따르면 따르지 않을 때와 비교하여 실천의 선택이 달라진다고 해도 그렇다. 왜냐하면 논증이 없는 상태에서 곧바로 답을 구하는 행위는 사실상 독단을 구걸하는 것이기 때문이다. 독단은 존재의 불안을 치유할 수 있다. 그러나 그것이 독단에 불과하다는 점에 눈감아야만 한다. 이것은 인생의 의미를 묻는 진지한 자세와는 양립할 수 없다. '나는 이것이 따를 만한 삶의 방향이라고 확신한다. 왜냐고 묻는다면 그냥 그렇다고 할 수밖에 없고, 자세히 알려고 하면 사실은 이 방향이 틀렸다는 것을 깨달을 수도 있으니 더 자세히 알려고 하지 않을 것이다.' 정당화되는 확신을 갖는 것과, 그 확신의 근거를 탐구하지 않는 자세는 수행적으로 모순된다. 그것은 판사가 '피고인은 유죄다. 그리고 이 판결은 법에 어긋난다.'라고 선고하는 것과 마찬가지다.

나아갈 방향

그렇다면 독단에 기대어 총체적으로 인생의 의미를 규정하는 방법외에, 우리에게 어떤 탐구의 방식이 남아 있는가? 우리가 참여하고 실천하는 관점에서 인생의 의미를 묻는다는 사실이 출발점이다. 이 관점에서 무의미의 논증을 다시 살펴보자.

A (전제) 인생은 무의미하다.
B (결론) 내가 지금 먹고, 자고, 느끼고, 계획하고, 노동하고, 사랑하고, 공부하고, 돌보고, 이야기하는 모든 활동은 무의미하다.

자세히 보면 이 논증에는 대전제가 생략되어 있다.

A라면 B다.

그래서 전체 논증은 다음과 같이 된다.

A라면 B다 (대전제) 인생이 무의미하다면, 나를 비롯한 인간 존재가 하는 모든 활동은 무의미하다.
A (소전제) 인생은 무의미하다.
B (결론) 그러므로 나를 비롯한 인간 존재가 하는 모든 활동은 무의미하다.

무의미 논증의 힘은 인생이 의미 있음을('A가 아니다.') 납득시켜 주는 논증을 찾기 힘들다는 점에 있다. 즉, 소전제 A가 틀렸다고 할 수 있는 설득력 있는 입증이 없는 것이다. 물론 그렇다고 해서 소전제 A가 옳음을 보여 주는 설득력 있는 입증도 없다. 그러나 우리는 보통 인생의 힘든 시기에 인생의 의미를 묻기 때문에 이 정도로도 충분하다. 즉, 기본적으로 무의미의 논증은 회의주의 논증이다. 회의주의 논증의 구조는 다음과 같다.

    1. A라면 B다.
    2. 그런데 A가 아니(~A)라고 할 수 없다.
    3. 그러므로 A라고 해도 무방하다.
    4. 그러므로 B라고 해도 무방하다.

즉, 인생이 의미 있다는 설득력 있는 입증은 존재하지 않는다. 따라서 인생이 의미 있다고 정당화할 수 없다. 그러므로 얼마든지 인생은 무의미하다고 생각할 수 있고, 이 생각이 틀렸다고 할 수 있는 근거도 없다. 인간 존재가 하는 모든 활동이 무의미할 수 있고, 지금 나에게는 인간이 하는 모든 활동이 무의미하게 느껴진다.

무의미 논증의 약점은 바로 이 논증이 힘을 발휘하는 지점에 숨어 있다. 무의미의 논증을 따르는 사람들은 추상적인 명제인 '인생은 의미 있다.'를 추상적인 수준에서 납득시켜 보라고 도전장을 던진다. 추상적인 수준에서 그 도전에 맞대응해 성공적으로 납득시키는 논변이 없으므로, 도전자들이 모두 패퇴했다고 생각한다. 그래서 그들은 인생이 무의미하다고 추상적으로 규정한 나음 인생의 모든 개별적인 활동이 무의미하다는 결론으로 나아간다.

그런데 참여자이자 실천자의 관점에서 우리가 확신을 갖고 확인할 수 있는 것은 추상적인 규정 '인생은 무의미하다.'(A)가 아니라, 구체적인 경험 '먹고, 자고, 느끼고, 계획하고, 노동하고, 사랑하고,

공부하고, 돌보고, 이야기하는 것'(B)이다. 따라서 다음과 같은 반대 논증이 가능하다.

1. ~B라면 ~A이다. (무의미 논증의 대전제의 대우 명제)

2. 그런데 ~B이다.

3. 따라서 ~A이다.

이 논증을 말로 풀어 보면 다음과 같다.

1. 인생의 구체적인 경험이 삶에 참여하고 실천하는 관점에서 가치 가 있고, 그 사람의 선택을 변경하는 이유의 힘이 되어 그 개별적인 경험들이 의미가 있다면, 인생이 무의미하다는 명제는 거짓이다.

2. 선택을 변경하는 이유의 힘이 되는 구체적인 경험이 존재한다.

3. 그러므로 인생이 무의미하다는 명제는 거짓이다.[5]

이 논증을 유의미 논증이라고 부르자. 유의미의 논증은 무의미 논증보다 탄탄하다. 왜냐하면 논증은 더 확실한 것을 전제로 삼아 덜 확실한 것으로, 더 쉽게 접근할 수 있는 자료를 발판으로 삼아 접근 하기 힘든 결론으로 나아갈 때 더 탄탄하기 때문이다. 무의미 논증 은 방향이 거꾸로 되어 있다. 덜 확실한 것, 즉 총체적이고 추상적인 수준에서 인생에 대한 판단으로부터 시작하여 부분적이고 구체적인 수준에서 삶의 개별적인 활동에 대한 판단으로 나아간다. 탄탄한 논 증은 거꾸로 진행된다. 우리가 참여자이자 실천자로서 구체적으로 경험하는, 도저히 부인할 수 없는 판단을 발판으로 인생 전체의 유의

미성에 대한 결론을 이끌어 내는 것이다.

그렇다면 더 확실하고 접근 가능한 자료란 무엇인가? 그것은 바로 '어떤 활동에 내 삶의 시간을 더 쏟을 것인가?'라는, 보다 구체적인 질문에 대한 대답들이다. 다시 말해 인생을 구성하는 활동과 경험의 요소들을 떼어 내 바꾸어 봄으로써, 그 요소들이 우리의 선택을 변경하고 인생의 방향을 이끄는 이유의 힘을 가지고 있는지 알아보는 것이다.

5장

인생의 가치들 I

―삶의 내용적 의미

우리는 이제 다음과 같은 결론에 도달한다. 삶에서 '가치'란 우리의 실천을 변경시키는 이유로서 힘을 가지고 있는 것이다. 우리 삶에는 가치를 부인할 수 없는 경험들이 있다. 그 경험들은 삶의 행위를 변경하는 이유의 힘을 갖는다. 인생의 전체 시간은 부분 시간의 합이다. 따라서 부분 시간을 보내기에 가치 있는 경험들이 결합되고 조합되어, 전체 인생의 의미를 구성한다. 삶의 의미는 독단에서 부과된 기준으로 판별되는 것도 아니고, 자의적으로 개인이 알아서 부여하는 것도 아니며, 오로지 공적으로 확인되는 가치를 구현함으로써 구성되는 것이다.

인생의 의미를 구성하는 가치는 크게 두 종류가 있다. 각각을 '내용적 의미'와 '배경적 의미'로 나눌 수 있다.

내용적 의미

1. 자신과 타인의 쾌락을 증대하고 고통을 감소하는 것.

2. '좋은 것^{good}'을 음미하고 그것에 기여하는 것. 자연과 인간의 노력이 투여된 '좋은 것', 다시 말해 즐겁거나 아름답거나 진실된 것—학문, 문학, 예술 등—을 새로 또는 반복해서 음미하는 것. 그리고 즐겁거나 아름답거나 진실된 것을 다른 사람들과 함께 공감하고 더 깊이 음미하는 것. 음미할 줄 모르던 이들이 음미할 수 있는 능력을 갖추도록 이끌어 주는 것. 좋은 것을 스스로 새로 만들거나, 더 좋게 만드는 것.

3. 사람들과 애착과 유대를 형성하고 상호작용하는 것. 즉, 다른 사람들의 삶의 의미를 나의 삶의 의미와 연결해 살아가는 것.

배경적 의미

1. 나와 특별한 관계를 맺은 사람들과 그렇지 않은 사람들 모두를 포함하여, 모든 타인이 의미의 잠재성을 지니고 있으며 그 자체로 목적인 동등한 존재임을 인정하고 그에 따라 의무를 이행하고 배려하는 것.

2. 의무와 배려를 보장하는 질서를 확립하고 유지하기 위해 자기 몫의 책임을 다하는 것.

배경적 의미는 내용적 의미의 전제이자 제약이 된다. 예를 들어 예술 작품을 창작하기 위해 다른 사람에게 부당하게 해를 입히는 경우 창작 행위는 의미가 박탈된다. 실천자의 관점에서 우리는 그 행위를 추가로 하지 말아야 한다. 즉 배경적 의미의 요소는 우리의 실천을 변경시킨다.

　배경적 의미의 요소를 준수한 상태에서 내용적 의미의 요소를 더 풍부하게 누리는 것은 언제나 행동의 충분한 이유가 된다. 따라서 아름다운 작품을 만들 능력이 있다면, 게으르게 시간을 보내면서 자신을 자책하는 것보다 아름다운 작품을 만드는 것이 더 의미 있다.

　그러므로 의미 있는 인생을 산다는 것은 첫째, 배경적 의미의 요소(배경적 가치)를 준수하면서, 둘째, 내용적 의미의 요소(내용적 가치)를, 자신의 기질과 능력, 여건에 비추어 자신에게 기꺼운 방식으로 풍부하게 채우고 창출하고 경험하는 것이다. 이제 위의 각각의 요소들이 인생의 가치인 이유를 살펴보자. 이 장에서는 내용적 의미를 다루고 다음 장에서 배경적 의미를 살펴볼 것이다.

고통의 감소

사례 1　당신에게 초능력이 있다. 이 초능력은 당신 집에 있는 이상한 기구를 통해서만 작동한다. 당신은 손잡이만 돌리면 된다. 한 손으로 손잡이를 돌리면서 책을 볼 수도 있다. 물론 손잡이를 돌리는 것 자체는 아무런 재미가 없다. 손잡이를 10분간 돌리면 손잡이를 돌리는 사람의 통증이 24시간 동안 사라진다.

　사실 당신은 류머티즘 관절염을 심하게 앓고 있다. 하루하루가 고통스럽다. 움직이기도 힘들고, 조금만 활동하면 피로해서 무력감에 시달린다. 그런데 손잡이를 10분만 돌리면 고통을 겪지 않을 수 있다. 당신은 손잡이를 돌리겠는가? 손잡이를 돌리는 것은 할 만한 일인가? 극심한 고통의 감소는, 손잡이를 돌리지 않는 선택에서 손잡이를 돌리는 선택으로 변경할 이유가 되는가?

    그렇다. 손잡이를 10분간 돌리면 통증은 24시간 동안 사라진다. 매일 부지런히 하기만 하면 평생 고통을 겪지 않아도 된다. 실제 고통을 겪고 있는 사람이라면 어느 누구도 손잡이를 돌리지 않겠다고 말할 수 없을 것이다. 그러므로 손잡이를 돌리는 것은 언제나 할 만한 일이다. 손잡이를 돌리는 행위는 의미 있다. 실천의 이유가 있다. 하지 않던 행위를 하도록 변경할 이유의 힘을 갖고 있다. 결론적으로 손잡이를 돌려서 생기는 변화는 당신에게 가치 있고, 손잡이를 돌리는 일은 당신에게 의미 있다. 인생이 총체적으로 무의미하므로 손잡이를 돌려서 고통을 감소하는 일도 무의미하다고 추론하는 사람은 추론의 방향이 잘못된 것이다. 우리가 확실하게 접근할 수 없고 분명하게 파악할 수도 없는 인생의 총체적 규정을 근거로, 지금 확실하게 접근할 수 있고 분명하게 파악할 수 있는 가치를 가져오는 활동을 무의미하다고 말할 수 없다. 오히려 반대 방향으로 추론해야 한다. 고통을 줄이는 것은 가치 있는 일이고, 따라서 손잡이를 돌리는 행위는 의미 있는 일이다. 매일 정시에 일어나 손잡이를 빠짐없이 돌리는 모든 시간을 합해도, 그 모든 시간이 의미 있다.

    결론적으로 자기 자신의 고통을 줄이는 것은 가치 있는 일이다.

사례 2 당신은 건강하다. 그런데 당신의 아버지가 류머티즘 관절염으로 괴로워한다. 손잡이를 돌리면 아버지의 통증이 24시간 동안 사라진다. 당신은 매일 아침 손잡이를 돌리겠는가?

그러지 않겠다고 대답하는 것은 아버지의 삶을 마치 물건처럼 다룬다는 뜻이다. 당신의 삶에서 고통을 감소하는 것이 가치 있다면 아버지의 삶에서도 마찬가지다.

따라서 자신이 애착을 형성한 특별한 관계에 있는 사람들의 고통을 줄이는 것은 가치 있는 일이다.

사례 3 당신의 가족과 친구는 모두 건강하다. 다만 당신이 손잡이를 돌리면 전 세계의 류머티즘 관절염 환자 중 무작위로 천 명이 24시간 동안 통증을 겪지 않는다. 손잡이를 돌리는 것은 할 만한 일인가?

극히 소수의 냉정하고 무감각한 사람들을 제외하고는, 거의 모든 사람들이 할 만한 일이라고 생각할 것이다. 그리고 이 사람들의 생각이 옳다. 다른 사람의 통증이 줄어드는 것은 중요하다. 설사 개인적으로 아는 사이가 아니더라도 손잡이를 돌리는 것은 의미 있는 일이다. 세상 사람들이 알아 주지 않는다고 해도, 통증이 사라진 사람들이 그 사실을 모르고 누구도 감사해하지 않더라도 여전히 의미 있는 일이다.

당신이 손잡이의 효과를 다른 사람에게 말하면 기구가 힘을 잃는다. 그렇다면 혼자 묵묵히 손잡이를 돌리는 것이 더 낫다. 그것은 의미 있는 일이다. 즉, 사람들에게 인정받고 감사받는 것과 관계없이 모르는 사람의 고통을 줄이는 것은 가치 있는 일이다.

이것은 '가치'의 공적 성격 때문이다. 언어를 사용해서 무언가가 '가치 있다'고 하려면, 그것은 전적으로 사적인 가치일 수 없다. 다른 사람은 인정할 수 없는 혼자만의 특이한 평가에 그친다면, 그것이 선택을 변경하는 이유의 힘이 아니라면 가치라고 부를 수 없다. 그런 것은 우리가 사용하는 '가치'라는 말의 본 뜻과 전혀 다르기 때문이다. 나의 고통을 줄이는 것이 가치 있다면, 타인의 고통을 줄이는 것 역시 가치 있다. 나의 경우에는 가치 있지만 타인의 경우에는 가치가 없다고 주장하는 것은, 가치의 세계에서 나와 타인을 단절하는 것이다. 그러나 '가치' 자체가 나와 타인이 상호작용하며 사용하는 언어로 언급되는 개념이다. 나와 타인을 전적으로 단절하는 속성은 가치일 수 없으며, 일관된 이유의 힘을 가지는 무엇이라고 말할 수 없다. 그것은 순전히 사적이고 내적인 변덕스러운 충동일 수밖에 없다.

예를 들어 나는 내가 사적으로 느낀 어떤 감각을 '가치 1'이라고 부르고 싶다. 그리고 그 감각이 발생할 때마다 '가치 1'을 구현했다고 생각한다. '가치 1'이라는 이름으로 불리는 감각은 현재 완전히 사적인 감각이다. 이렇게 혼자 규칙을 정하고 난 다음 '가치 1'이라는 표현을 다양하게 활용하기 시작한다. 이제 문제가 생긴다. 어느 순간 내가 '가치 1'이라는 단어로 가리키는 감각이, 처음에 '가치 1'이라는 이름으로 불렀을 때 가리켰던 그 감각과 같은 것이라는 사실을 확인할 수 없기 때문이다. 기억에 호소하는 것도 불가능하다. 기억에 호소하려면 옳은 기억을 상기해야 하는데, 상기한 기억이 옳은지 확인하려면 '가치 1'의 의미를 미리 알고 비교할 수 있어야 하기 때문이다. 결국 '가치 1'이라는 단어를 제대로 사용했는지 검토할 방법이 없으므로 '오용'이나 '교정'이라는 개념을 적용할 가능성도 존재하지 않는다. 사적으로 가치를 확인하고 구현할 수 있다는 생각은 착각이다. 사적으로는 어떤 개념도 정의되지 않고 고정될 수 없다.[1] 우리는 지금 변덕스럽고 내밀한 충동을 찾는 것이 아니라 인생의 의미를 정당화할 수 있는 가치들, 우리 모두가 인정하는 가치들을 찾고 있다. 즉, 행위의 이유가 단지 주관에 그치는 것이 아니려면 가치로서 공적으로 접근할 수 있고 검토할 수 있는 것이어야 한다.[2]

사례 4 당신이 손잡이를 단 5초 동안 돌리면 전 세계 류머티즘 관절염 환자들의 고통이 영원히 사라진다. 손잡이를 돌리는 것은 의미 있는 일인가?

당연히 그렇다. 이 사례는 다음과 같은 점을 보여 준다. 세계의 고통을 줄이는 것이 가치 있는 이유는 내가 내 시간을 희생해서 더 도덕적인 사람이 된다는 데 있지 않다. 내가 어떤 품성의 사람이 되느냐와 관계없이, 세계의 고통이 줄어드는 것 자체에 독립적인 가치가 있다. 손잡이를 5초 동안 돌리는 것은 크게 도덕적인 일도 아니거니와 용기와 의지력을 필요로 하는 일도 아니다. 그 활동을 함으로써 훨씬 더 미덕을 갖춘 인간이 된다고 할 수도 없다. 그렇다 하더라도 타인의 고통을 없애는 것은 그 자체로 가치 있으며, 그 활동을 하는 것은 의미 있다. 사례 4는 사례 3과 연결된다. 나의 행위가 의미 있는지 평가하는 근거가 되는 가치들은, 유아唯我적인 가치가 아니다. 내가 어떤 사람이 되고 내가 어떤 감각을 경험하는가가 나의 행위의 유일한 이유가 아니다. 가치를 논하는 것 자체가 이미 유아적인 관점을 벗어던지는 것이다.

쾌락의 증대

손잡이 달린 기구에 이제는 다음과 같은 기능이 있다.

사례 5 당신이 손잡이를 돌리면 24시간 동안 몸에 좋은 음식을 먹을 때 두 배로 더 맛있게 느낀다.
사례 6 당신이 손잡이를 돌리면 24시간 동안 당신을 포함한 전 세계 사람이 몸에 좋은 음식을 먹을 때 두 배로 더 맛있게 느낀다.

사람들이 몸에 좋은 음식을 먹을 때 더 맛있게 느끼는 것은 가치 있는 일이다. 그렇기 때문에 손잡이를 돌릴 만한 좋은 이유가 된다. 다만 그 이유의 힘은, 고통을 감소하는 경우보다는 약할 것이다. 할 일이 손잡이를 돌리느냐 마느냐뿐이라면 언제나 돌리는 것이 답이겠지만, 다른 할 일이 있다면 하루나 일주일쯤 손잡이를 돌리지 않는다 해도 그렇게 후회할 만한 일은 아닐 것이다. 그러나 전체적으로 보았을 때, 손잡이를 돌리지 않는 것은 아무래도 어리석은 일로 보인다.

따라서 쾌락을 스스로 경험하고, 다른 사람들도 경험할 수 있게 해 주는 일은 가치 있다.

여섯 가지 사례에서 논의한 고통과 쾌락은 개인의 특수한 신념에 영향을 받지 않는 고통과 쾌락이다. 그것은 욕망의 좌절과 충족이라는 용어로, 즉 추상적으로 폭넓게 정의되지 않았다. 우리는 인간이라면 누구나 회피하는 것을 고통이라고 규정하고 누구나 끌리는 것을 쾌락이라고 규정했다. 이웃이 부도덕하게 살고 있으니 고통을 받으면 좋겠다는 식의 욕구를 충족하는 것은 쾌락에 포함되지 않는다. 설사 그 욕구가 충족되었을 때 뇌의 보상 중추가 활성화되고 실제로 만족을 느낀다고 해도 그렇다. 왜냐하면 이 만족은 욕구를 형성한 신념에 따라 달라지기 때문이다. 신념의 타당성이 검토되지 않는 한, 욕구의 만족은 그 자체로 가치 있는 것이 아니다.

고통이나 쾌락과 독립적으로 좋은 것

고통은 나쁜 것이고 쾌락은 좋은 것이다. 그렇다고 해서 순전히 의식이 느끼는 '감각적으로 유쾌한 경험'이 좋은 것의 전부인가?

영화《트루먼 쇼》의 주인공 트루먼(짐 캐리 분)은 안락하게 생활한다. 고용 불안에 시달리지도 않고, 주위 사람들은 모두 자신을 좋아하며, 하루하루 더 바랄 것 없이 만족스럽게 살고 있다. 그러나 그는 속고 있다. 사실 그의 일상은 텔레비전 프로그램 안에서 각본에 따라 짜인다. 그의 가족, 배우자, 친구는 모두 배우이다. 그가 만든 물건은 쓰레기통으로 직행한다. 트루먼이 자신의 삶이 거짓일지 모른다고 생각하고 삶의 여건을 확인하려고 했을 때, 그를 추동한 힘은 쾌락이 아니었다. 감각적인 쾌락의 측면에서는 프로그램 안에 머물러 있는 게 더 나을 것이다. 프로그램 시청자의 입장에서도 그가 진실을 알게 되어 프로그램을 탈출하는 것은 애석한 일이다. 그러나 트루먼에게는 진리를 아는 것이 중요하다. 안락을 위해서 진리에 눈감는 일은 '이유'를 근거로 행위하는 사람들에게는 가능하지 않다. 자기 삶의 근본을 뒤흔들 수 있는 중대한 의혹이 생겼다면 조사할 수밖에 없다. 그러므로 고통과 쾌락의 감각적인 경험과는 독립적인, 행위의 이유가 되는 가치가 있다.

검증되지 않은 자신만의 특수한 신념을 가진 사람이 있다고 하자. 우리는 보통 그런 신념을 '개똥철학'이라 부른다. 개똥철학에 '개똥'이라는 단어가 붙는 이유는 철학의 본질인 자기비판 없이 몇 가지 독단을 얼기설기 엮어 세상을 해석하기 때문이다. 즉 그것은 철학이 아니라 세상을 완전히 해명하려는 자의적인 신념이다. 개똥철학자에게 자신의 신념이 타당한지 검토할 기회가 생긴다면 그는 그 기회를 외면해 버릴 것이다. 만약 그가 앞으로 그런 기회가 생기지 않도록 국가에 자신의 개똥철학에 의혹을 일으킬 모든 자료를 제거해 달라고 요구한다면, 개똥철학자는 스스로 프로그램 안에 들어간 셈이다. 그는 욕구의 충족이라는 측면에서만 인생을 바라보고 있다. 그에게는 욕구가 거짓된 환경과 거짓된 사람들, 거짓된 신념에 의해 형성된 것일지라도 충족되기만 하면 좋다.

이유에 근거해서 행위하는 이성적인 사람들은 이런 태도를 받아들일 수 없다. 그것은 자기 자신이 삶을 주재한다는 원칙을 완전히 파괴해 버리기 때문이다. 더 이상 그 삶은 자신이 개척하는 삶이 아니라 우연히 처한 여건에 따라 이끌리기만 하는 삶이 된다. 개똥철학의 삶을 받아들일 수 없다면 자신의 신념이 타당한지 검토할 기회를 수용할 수밖에 없다. 검토의 결과가 불쾌하더라도 결과를 논박할 수 있는 다른 근거가 없다면 받아들여야 한다. 그래야 남은 인생마저 헛되이 낭비하지 않을 수 있기 때문이다.

지향적 가치

고통과 쾌락은 단지 신체적인 것에 그치지 않는다. 철학 책을 읽는 즐거움은 철학 책을 읽지 않으면 향유할 수 없다. 특정 작가의 작품을 향유하는 즐거움은 그 작가의 작품을 읽어야만 얻을 수 있다. 이처럼 어떤 활동에 고유한 쾌락은 그 활동을 하면 자연스럽게 수반되지만, 활동이 지향하는 가치와도 관계있다. 즉, 사람들은 활동이 지향하는 가치와 완전히 단절된 추상적인 쾌락을 위해 활동하지 않는다. 자신이 읽는 철학 책이 오로지 거짓만을 담고 있다고 생각하면서 철학 책을 즐길 수는 없다. 책의 내용이 진리와 아름다움에 기여한다고 전제할 때 철학 책을 읽는 일이 즐거울 수 있다. 어떤 활동이든 최소한 진리와 아름다움을 해치는 것은 아니라야, 더 나아가 진리와 아름다움과 어떤 식으로든 연결되어 있어야 우리는 활동의 즐거움을 받아들일 수 있다.

자연의 아름다움은 모든 사람들에게 거의 보편적인 반응을 불러일으킨다. 자연의 아름다움을 음미하고 공유하는 것은 의미 있는 일이지만 향유하기가 특별히 어렵지는 않다.

반면에 인간의 노력이 투여된 좋은 것을 음미하는 활동, 그리고 다양한 분야에서 인간의 탁월한 능력에 감탄하는 활동은 태어날 때부터 모든 사람들이 보편적으로 할 수 있는 활동이 아니다. 음미하고 감탄하는 능력을 가진 사람들만이 할 수 있는 활동이다. 그러나 태생적으로 누구나 할 수 있는 보편적인 활동이 아니라고 해서 활동의 의미가 사라지지는 않는다. 이 생각은 숨은 전제를 깔고 있다. '모든 사람들이 태어날 때부터 보편적으로 하지 못하는 활동은 의미가 없다.' 그러나 그럴 이유가 있는가? 만일 자신이 어떤 가수를 좋아하는데 친구는 그를 대단치 않다고 여기면 실망스럽긴 하겠지만, 이 사실이 그 가수의 노래를 음미하는 활동을 무의미하게 만들지 않는다.

이 점은 양자물리학을 이해하는 능력, 즉 수학과 물리학의 정교한 추론을 이해하는 능력을 가진 사람이 설사 소수라 하더라도 양자물리학의 진리가 무의미하지 않은 것과 마찬가지다. 물론 음미하고 감탄하는 사람의 수가 많다면 좋을 것이다. 그렇다면 어떤 가수를 좋아하는 사람이 해야 할 일은 그 가수의 노래를 음미할 줄 아는 사람들을 찾아 함께 교류하는 것이며, 그의 노래의 훌륭한 점을 효과적으로 알리고 경험하도록 만들어 음미하는 사람을 좀 더 늘릴 수 있는 방안을 찾는 것이다.

자신의 기질과 능력, 여건에 비추어 좋은 것의 창조와 개선, 확산에 더 잘 기여할 수 있는 분야가 있다. 이러한 기여는 의미 있는 일이다. 특히 창조와 개선에 기여하는 활동은 좋은 것을 훨씬 더 깊고 풍부하게 음미하도록 돕는다. 그러므로 정도의 차이가 있더라도 좋은 것의 창조와 개선에 기여하는 활동은 매우 중요하다.

마찬가지로, 사람들 사이의 애착과 유대가 활발해지고, 외로움이 줄어들고, 공감하고 이해하는 소통이 늘어나는 것도 쾌락이나 고통과 독립적으로 중요한 가치다. 그런 가치를 구현하기 위해 시간을 보내는 것은 중요하고 의미 있는 일이다.

추가로 살 만한 시간

이렇게 해서 우리는 인생의 내용적 의미를 발견하게 된다. 고통의 감소, 쾌락의 증대, 그 밖에 독립적으로 좋은 것, 활동의 지향 등 가치를 실현하는 시간은 추가로 살 만한 시간이다. 그렇다면 추가로 살 만한 시간들을 합한 전체 시간인 인생은 유의미한 것이다. 무의미의 논증은 타당하지 않은 논증이다. 그것은 우리가 직접 확인하기 어려운 추상적인 진술을 내세운 다음 우리가 분명하게 확신할 수 있는 행위의 가치를 부인하도록 만든다. 앞서 유의미의 논증에서 설명했듯이, 인생에 참여하고 실천하는 당사자로서 우리는 부인할 수 없는 가치들을 확인하고 그 가치들을 구현하는 시간은 의미 있다는 점을 근거로 삼아야 한다. 그렇게 한다면 인생이 의미 있다고 결론 내릴 수밖에 없다.

좋은 것을 향유하는 활동은 얼핏 간단하게 보인다. 아름다운 것을 보고 아름답다고 느끼면 되고, 진리를 담은 것을 보고 진리를 인식하면 된다. 그러나 사실은 그렇게 간단하지 않다. 왜냐하면 좋은 것을 향유하기 위해서는, 감식안을 갖추는 훈련이 필요할 때가 많기 때문이다. 감식안을 갖추기 전에는 좋은 것과 좋지 않은 것을 쉽게 가려 내지 못하고, 좋은 것을 보아도 이해하지 못한다. 또한 감각으로 직접 알 수 있는 것을 넘어서 진리를 인식하려면 전제와 추론을 주의 깊게 검토하는 능력이 필요하고, 이 능력 또한 상당한 훈련을 쌓아야 어느 정도 갖출 수 있기 때문이다. 아름다움과 진리를 창조하는 데 기여하는 사람과 그것을 소비하는 사람의 거리가 멀어질수록 그 사회의 구성원들이 내용적 가치를 충분히 누리기가 더 어려워진다. 좋은 것을 풍부하게 만들어 내기 위해서는 다양한 관점을 가진 사람들이 창조에 기여해야 하며, 좋은 것을 깊이 음미하기 위해서는 기여하는 입장에서 향유해야 하기 때문이다.

좋은 것에 기여하는 활동을 다음과 같이 나눌 수 있다. 첫째, 좋은 것의 구성 원리에 혁신을 일으켜 전체 지형을 바꾸어 놓는다. 둘째, 기존의 패러다임 내에서 새로운 적용 영역을 개척한다. 셋째, 좋은 것을 음미할 수 있는 새로운 표현 방식과 결과물을 만들어 보다 많은 사람들이 향유할 수 있게 한다. 넷째, 좋은 것을 활용하여 현실을 바꾼다. 다섯째, 좋은 것과 관련이 있으면서 앞의 네 가지 활동에 도움이 되는 모든 활동들이다. 모임을 만들고, 네트워크를 유지하고, 자료를 축적하고, 더 쉽게 접근할 수 있도록 돕는다.

첫 번째와 두 번째는 상당히 전문적인 훈련이 필요하고 운과 기질도 따라 주어야 하기 때문에 비교적 소수만 할 수 있지만, 세 번째부터는 능동적인 태도로 꾸준히 향유하고 나누고 접하면 누구나 할 수 있다. 좋은 것을 중심으로 교류하는 사람들은 좋은 것에 대한 감식안을 공유한다는 점에서 유대감을 느끼며, 서로의 활동을 근거를 들어 평가함으로써 자존감을 존중한다.

존중과 자기 가치감

배경적 의미를 지키고 내용적 의미를 추구하는 사회에서 사람들은 다음과 같은 존중을 받으며 살아간다.

- 고통이나 쾌락 같은 의식적 경험을 하는 존재로서 받는 존중.
- 가치에 비추어 스스로 삶을 기획하고 반성하여 행위할 수 있는 존재로서 받는 존중.
- 내용적 가치를 분업해서 실현하고 공유하는 사회 구성원으로서

받는 존중.

- 아름다움이나 진리 같은 좋은 것에 기여하고, 함께 음미하고 공유하는 존재로서 받는 존중.
- 서로의 삶을 진지하게 염려하는 특별한 관계에 있는 사람들에게 받는 존중.
- 평등한 권리를 보장받음으로써 실현되는 존중.
- 평등한 권리 질서를 확립하고 유지하는 데 자기 몫을 하는 존재로서 받는 존중.

이 중에서 보편화할 수 없거나 양립 불가능한 것은 아무것도 없다. 이 중 어느 하나라도, 내가 존중받기 위해 다른 사람이 덜 존중받아야 하는 것은 없다. 또한 존중을 확인받기 위해 자신이 가치 없다고 생각하는 사람들의 아첨이나 굴종, 찬탄을 필요로 하지도 않는다. 오히려 그 반대이다. 일곱 가지 존중은 타인이 나와 대등한 존재이며 함께 가치를 구현하며 의미 있는 삶을 살아갈수록 더 강력해진다. 그러므로 일곱 가지 존중에서 생기는 자존감은 오롯이 자유인의 자존감이다. 자유인 사이의 협업과 공유, 기여, 애착과 유대에 완전히 들어맞는 자기 가치감이다.

고통, 지나친 부담, 쾌락이 없는 상태, 외로움, 갈등, 부당한 침해는 우리에게 인생이 무의미하다는 느낌을 촉발한다. 상황이 나아진다면 얼마나 좋을까 하고 간절히 바라게 된다. 만일 그 바람이 진실되다면, 고통이 줄어들고, 부담이 공정하게 배분되고, 애착과 유대가 형성되고, 갈등이 정의롭게 해소되고, 부당한 침해가 줄어드는 일은 가치 있는 일이 아닐 수 없다. 세상의 비극과 고통, 부담이 한 번에 해소되는 마술 같은 해결책은 존재하지 않지만 조금이라도 차이를 만들어 내는 일들이 있다. 그리고 차이를 만들어 낼 잠재력을 우리는 가지고 있다. 따라서 인생이 무의미하다는 느낌을 촉발한 원인들, 비극과 고통과 부담을 우리의 삶에서 줄이는 것은 당연히 의미 있는 일이다.

인생의 의미와 연결된 일곱 가지 존중은 대부분의 사람들이 속물 근성의 세계관에 매몰되어 있어 함께하지 않는다고 해도, 여전히 존재하는 인간의 존엄성을 확인해 준다. 나는 고통이나 쾌락 같은 의식적 경험을 하는 존재이고, 가치에 비추어 스스로 삶을 기획하고 반성하여 행위할 수 있는 존재이고, 내용적 가치를 분업해서 실현하고 공유하는 사회 구성원이며, 아름다움이나 진리 같은 좋은 것에 기여하고 함께 음미하고 공유하는 존재이며, 서로의 삶을 진지하게 염려하는 특별한 관계를 맺고 더 많은 사람들과 유대를 형성할 수 있는 존재이며, 평등한 권리의 질서를 확립하고 유지하는 데 자기 몫을 할 수 있는 존재이다. 가치를 경험할 수 있는 유일한 존재인 인간으로서, 그리고 가치를 깨달음으로써 잠재력을 실현할 가능성을 언제나 가지고 있는 존재로서 나는 존엄하다. 인간이 갖는 궁극적이고 기본적인 이 가치는 결코 사라지지 않는다. 내가 가치의 중심을 잡고 삶의 방향을 설정하는 한, 내가 가진 궁극적 가치, 이 존재의 속성과 잠재력은 언제든 펼쳐질 수 있다.

6장

인생의 가치들 II

─삶의 배경적 의미

앞 장에서 살펴본 내용적 가치가 우리의 삶을 채우는 실질적 내용이라면, 배경적 가치는 의미 있는 삶을 가능하게 하는 조건이다. 따라서 배경적 가치는 내용적 가치의 전제이자 제약이 된다.(내용적 의미와 배경적 의미의 정의에 관해서는 64쪽을 보라.)

모두가 지켜야 하는 조건

어떤 공무원이 인터넷 여론에 개입하는 일을 주요 업무로 하면서 월급을 받는다. 그의 일은 하면 할수록 세상을 나쁘게 만드는, 아무런 가치 없는 일이다. 다만 월급을 받고 직업을 유지하기 위해서 일을 하는 것이다. 그의 월급은 자신과 가족의 쾌락에 기여한다. 그러므로 그의 일은 내용적 가치와 관련이 있다. 그러나 그의 일은 배경적 가치를 위반하기 때문에, 즉 어떤 행위가 의미 있게 되기 위해 지켜야 하는 제약을 벗어났기 때문에 결국 이성적인 이유가 없는 행위가 된다. 단순히 월급을 받기 위해 민주주의의 원칙을 어길 수 있다는 원리는 사람들의 행위를 인도하는 이유의 힘을 갖지 못하기 때문이다. 그의 삶이 원리로 정립된다는 말은, 국가가 시민들의 정치적 신념을 비밀리에 조작하고 시민들의 지위와 권리를 파괴하는 일을 보편적으로 받아들인다는 뜻이다. 그런데 이 결과는 공무원 자신의 삶에도 적용될 수 있으며, 따라서 그의 삶에 필수적인 조건도 무너뜨린다. 자신의 삶이 의미 있게 되기 위한 필수적 조건을 파괴한다면 그는 자신의 삶이 의미가 없어도 된다고 자인하는 것이다. 이것은 수행적 모순이다. 의미 있는 삶을 살고자 하는 사람은 의미 있는 삶을 살기 위한 조건, 사람들 사이에 꼭 지켜져야 하는 평등하고 자유로운 관계를 왜곡하고 일그러뜨리고 뭉갤 수 없다.

배경적 의미 요소를 준수하지 않는 것은 자신의 삶이 의미 없음을 자인하는 것, 자신이 의미를 구현하는 존재가 아니라 충동과 반응의 집합체에 불과함을 자인하는 것이다. 왜냐하면 내용적 의미를 구현하는 데 반드시 필요한 삶의 객관적인 구조를 파괴하기 때문이다. 배경적 의미 요소를 위반하는 사람은 이성적으로 의미 있는 삶을 살려고 하는 것이 아니라 반성 없는 충동에 따라 되는 대로, 외부적 힘에 이끌리는 대로 인생을 산다.

김동인의 소설 『광염 소나타』의 주인공은 열정이 넘치는 전무후무한 음악을 작곡한다. 그는 다른 사람을 죽이거나 불을 질러서 얻은 흥분을 악보에 옮긴다. 이 경우 '그 음악은 가치 있는가?'라는 질문 자체가 잘못된 것이다. 소설에 등장하는 원로 음악가는 이 질문으로 고뇌에 시달린다. 그의 고뇌는 근거 없는 고뇌이다. 주인공은 방화하고 살인하지 않으면 음악을 작곡하지 못한다. 음악의 탁월함만 따로 떼어 내서 생각할 수 없는 이유는 우리가 그 행위를 추가로 계속해서 할 가치가 있다고 주장하고 수용할 수 있는지 질문해야 하기 때문이다. 주인공의 원리는 누구도 받아들일 수 없다. 죽은 사람은 아무리 좋은 음악이라도 향유할 수 없다. 주인공 역시 죽으면 더 이상 작곡할 수 없다. 따라서 주인공조차도 그 주장을 받아들일 수 없다. 즉 살아 있음은 가치를 향유하기 위한 조건이다. 가치를 낳기 위해 가치를 향유하는 조건을 파괴하는 행위는 배경적 가치를 위반하는 것이다.

전제가 되는 조건을 위반하면서, 이 사실에는 눈감고 행위의 산물만 평가해 달라고 요구하는 것은 매우 편의적인 생각이다. 이 생각은 극도로 유아적인 관점에 매몰되어 있다. 이 관점에 따르면 더 이상 가치를 향유할 수 있는 조건이 유지되지 않는 사람들은 발에 차이는 돌멩이나 다를 바 없다. 어떤 행위가 할 만한 것인가 아닌가는 행위의 결과 중 일부만 떼어 내서 그것이 매우 중요하다는 느낌을 내세워 판단할 수 없다. 그럴 경우에 사람들은 저마다 유아적 관점에서 중대하게 끌리는 것을 내세워서 가치를 향유하기 위한 조건을 서로 파괴하게 될 것이다. 타인을 돌멩이로 취급하는 사람은 자신이 돌멩이로 취급받더라도 할 말이 없다.

우리의 삶은 완벽하지 않다. 우리의 삶에서 어떤 부분은 배경적 가치를 위반했을 수도 있다. 완벽한 삶을 살아왔는지가 중요한 것이 아니다. 삶을 숨기지도 주저하지도 않고 진실하게 탐지하는지가 중요하다. 과거에 배경적 가치를 위반했더라도, 누구나 앞으로 준수할 잠재력을 가지고 있다. 그런 의미에서 당사자의 반성과 그와의 소통은 의미 있다. 그리고 자신이 배경적 가치를 준수하면서 내용적 가치를 추구하고자 한다면, 그 사람의 삶은 환원할 수 없는 가치를 갖는다.

인생의 의미에 관한 관념은 사회적인 것, 공적인 것, 소통될 수 있는 것이어야 한다. 오로지 사적으로 파악한 인생의 의미는 인생의 의미가 아니며, 단순히 정념의 충동이나 독단에 불과하다. 인생의 의미가 사회적인 것, 공적인 것, 소통되는 것이 되려면 타인의 삶과 양립 가능해야 한다. 어떤 관점에 따라 한 사람이 인생의 의미를 추구할 때 다른 사람의 인생이 무의미한 것으로 전락한다면, 그 관점은 특수한 입장에 처한 사람이 끌리거나 취하기 쉬운 정념의 충동에 지나지 않으며 인생의 의미에 관한 관념이라고 볼 수 없다.

다시 말해 배경적 가치를 위반하면서 내용적 가치를 추구하는 것은 내용적 가치를 뒷받침하는 전제를 허물어뜨린다. 즉, 그 행위를 할 가치가 사라진다. 행위를 하기로 선택할 이유의 힘이 존재하지 않는다. 이성적 이유에 근거하지 않은 행위로 충동적으로 이끌리는 삶은 의미를 상실한다.

하지만 타지마할과 같은 기념비적 건축물, 즉 타인을 수단으로 삼아서 만들어진 문화재를 오늘날 갖게 된 제삼자의 입장에서 그 건축물을 어떻게 대할지는 별개의 문제이다. 과거에 일어난 일에 우리가 영향을 미칠 방법은 없으며, 따라서 건축물은 자연적으로 만들어진 것과 마찬가지로 우리에게 나타나기 때문이다. 그러므로 타지마할을 파괴하는 것은 나쁜 일이다.

논점을 혼동해서는 안 된다. 이미 존재하는 타지마할을 파괴하는 것이 바람직한 일인가 하는 질문, 즉 타지마할 같은 문화재가 예술적이고 건축적인 가치가 있는가 하는 질문은 우리가 지금 그것을 보존할지 아니면 허물어지도록 내버려둘지를 묻는 것이기 때문이다. 이 질문은 '지금 다른 사람을 수단으로 삼아 제2의 타지마할을 건축할 것인가?'와는 다른 것이다. 전자의 질문은 자연의 창조물과 마찬가지로 이미 주어진 것의 아름다움을 어떻게 관리할 것인지를 묻고, 후자의 질문은 배경적 가치를 지키지 않음으로써 우리 자신의 인생을 무의미한 것으로 전락시킬 것인지를 묻는다. 많은 사람들이 두 가지 질문을 혼동하기 때문에 배경적 가치를 내용적 가치와 같은 차원에서 고려하고 비중을 따져야 한다고 생각한다. 그러나 그렇지 않다. 두 가지 의미는 같은 차원에 있지 않다. 배경적 가치는 내용적 가치의 전제가 된다. 배경적 가치는 내용적 가치를 추구하는 행위가 어겨서는 안 되는 제약이다. 지금 내가 하려는 행위가 내 삶에서 내용적 가치를 더할 수 있지만 배경적 가치를 위반한다면, 그 행위는 무의미하다. 또한 그 행위는 내 삶의 내용적 의미의 지반도 일정 정도 허물어뜨린다. 따라서 인생의 의미에 있어서 그 행위는 무의미하다. 그리고 무의미한 행위를 했다는 반성은, 앞으로의 삶에 대한 비관이 아니라 미래에 추가적으로 주어진 시간에서 더 이상 그 행위를 하지 않도록 인도한다.

배경적 가치는 단지 행위를 제약하는 데 그치는 것이 아니라 가치를 구현함으로써 구성해 나가는 것이기도 하다. 소수지의 권리를 옹호하거나 정의로운 질서를 세우는 데 기여한 시간은 모두 추가로 더 살 만한 삶이다.

결론적으로 우리가 내용적 의미와 배경적 의미를 구현할 잠재력을 가지는 한 삶의 의미는 강력한 근거로 뒷받침된다. 삶이 무의미

하다는 느낌은 허공의 충동과 의무감이 삶의 내용적 의미를 잊게 만
들거나, 다른 사람들이 배경적 가치를 위반하여 우리의 권리를 침탈
한 데서 발생한 고통이 삶의 구체적인 경험을 압도하기 때문에 생긴
다. 아무리 자명하게 느껴진다고 해도, 인생이 무의미하다는 결론은
잘못된 추론이다. 추가로 주어지는 10분, 1시간, 1년, 수십 년은 우리
가 가치를 구현할 수 있는 시간이다. 삶을 사는 것은 의미 있다. 우리
는 그것을 매일의 실천과 참여에서 부인할 수 없는 이유들의 힘으로
확인한다.

7장

인생의 의미를

찾는 데

방해가 되는 것들

허공의 충동과 의무감

인생의 내용적 의미와 배경적 의미를 분명하게 파악하는 것은 삶에 충격을 가져온다. 충격은 두 가지 측면으로 나타난다. 하나는 소극적 측면이다. 우리 삶에서 허공의 충동과 의무감, 즉 무의미한 것들이 의미의 옷을 입고 위장하여 우리를 속이는 일을 비판하고 반성할 수 있다. 다른 하나는 적극적 측면이다. 배경적 의미와 내용적 의미를 늘 염두에 둠으로써 기꺼운 마음으로 의미를 구성해 나갈 수 있는 능동적인 삶의 방식을 진지하게 고민하게 된다.

허공의 충동과 의무감이란, 내용적 의미도 배경적 의미도 없으면서 속물들의 발화에 의해 의미가 있는 것으로 여겨지는 생각들이다. 내용적 의미와 배경적 의미 어느 것도 담고 있지 않지만, 해야 한다는 충동이나 의무감을 느끼게 하기 때문에 반성 없이 살아가는 사람들은 이것을 진정한 충동이나 의무로 착각한다.

허공의 충동과 의무감은 그것이 창조해 낸 허공의 의미의 세계에서 자체 생산되고 확산된다. 이 과정에 참여하는 사람들은 때때로 멈추어 서서 행위의 이유를 반추해 보려고 하지 않는다. 그들은 단지 이미 허공의 충동과 의무감에 사로잡힌 사람으로부터 이야기를 들은 것뿐이다. 배경적 가치를 위반하려고 마음먹은 사람들, 즉 타인을 조작하고 희생시켜서 자신의 쾌락을 증진하려고 하는 사람들도 허공의 충동과 의무감을 생산하고 확산하는 일에 참여한다. 이런 사람이 되는 것은 선천적으로 타고나거나 운명으로 정해져 있는 것이 아니다. 우리 자신 역시 허공의 충동과 의무감의 세계를 유지하고 강화하는 사람이 될 수 있고, 과거에 그런 사람이었을 수도 있다.

이 사실을 깨닫지 못하면 자신도 모르는 사이 충동과 의무감을 주입받아, 그것이 제시하는 목표를 위해 자신의 삶은 물론 타인의 삶조차 수단화한다. 모든 충동과 의무감은 다양한 방식으로 내용적 가치와 연결되어 있기는 하기 때문에 수단화를 나중에 합리화할 수 있을지는 모른다. 그러나 근사한 단어로 합리화할 수 있다고 해서 실제로 그 삶이 의미로 충만하다고 볼 수는 없다.

영국의 철학자 윌리엄 오컴은 "세상에 존재하는 존재자의 수를 필요 이상으로 늘려서는 안 된다."는 '면도날의 원칙Occam's razor'을 제시했다. 만약 세 가지 요소로 어떤 현상을 충분히 설명할 수 있다면, 백 가지 요소를 사용하는 설명은 버려야 한다. 자명한 진리, 경험에 근거한 증거, 관찰에 의해 검증된 명제로부터 논리적으로 연역된 것이 아니라면 어떤 진술이 참이라고 확증하거나 어떤 것이 존재한다고 주장할 수 없다.

오컴의 격률을 따라, 인생의 의미를 구성하는 데 필요한 가치 이상으로 가치의 수를 늘려서는 안 된다. 우리가 실천과 참여의 맥락에서 행위의 이유로서 그 가치를 공적으로 확인할 수 있거나, 그것으로부터 연역한 것이 아니라면, 어떤 것이 가치라고 주장할 수 없다.

속물 근성의 세계관에서 제시하는 가치는 실천과 참여의 맥락에서 행위의 이유가 되지 못한다. 그 세계관은 우리가 지금까지 확인한 가치들 이외에 독립적인 가치를 단 하나도 제시하지 못한다. 흔히 독립적인 가치라고 생각되는 것들도 분석해 들어 가면 그렇지 않다.

이를테면 소득이 많아지는 것은 고통의 감소와 쾌락의 증대, 진리, 아름다움, 애착과 유대의 형성, 권리 질서를 유지하고 강화하는 데 쓸 수 있는 자원이 늘어나는 것이다. 만약 그것이 내용적 가치들에 아무것도 기여하지 못한다면 어떤 쓸모도 없다. 도구나 자원에 불과한 것을 독립적인 가치라고 생각하여 가치의 수를 늘리는 것, 이어서 그 가치가 구현하는 인생의 의미를 별도로 상정하는 것은 잘못이다.

내용적 의미와 배경적 의미를 인생의 실천자이자 참여자로서 탐구하는 사람들은 허공의 충동과 의무감을 발생시키는 허공의 가치들을 잘라 낼 수 있다. 그리하여 우리는 '가치의 면도날'로 말끔히 면도질된 가치의 세계에서 살아간다. 면도질된 가치의 세계에서는 부풀려진 가치들이 자기 것도 아닌 힘을 주장하는 경우가 없다.

강박과 이용 행동

충동과 의무감이 허공에 있는 것이라는 사실을 알고도 그것에 휘둘리는 경우가 있다. 강박증은 대표적인 사례이다. 청결에 강박이 있는 사람들은 방금 손을 씻었는데도 다시 세면대로 돌아가 손을 씻는다. 삼십 분, 한 시간 동안 손을 씻는다. 불안하기 때문이다. 본인도 한 번만 꼼꼼히 씻으면 깨끗해진다는 것을 알고 있다. 그는 강박 충동을 만족하는 행위가 더러움으로 인한 객관적인 고통과 상관이 없다는 점을, 그리고 강박적인 행위가 삶에서 가치를 추구하는 데 방해가 된다는 점을 알고 있다. 그에게 소중한 것은 강박 충동을 최대한 만족하는 것, 손을 더 오래 더 자주 씻는 것이 아니다. 따라서 그가 따라야 할 이성적인 지침은 강박증을 최대한 만족하는 것이 아니라 강박증을 치유하는 것이다. 방향을 설정했다고 해서 곧바로 문제가 해결되지는 않는다. 그는 손을 씻지 않으면 여전히 불안에 시달린다. 그러나 그가 따라야 할 근본적인 방향은 그 상태를 고치는 것이다.

'이용 행동'이라는 증상도 있다. 눈이 나쁘지 않은데도 안경이 놓여 있으면 쓰려고 하고, 문이 있으면 열려고 하고, 컵에 물이 담겨 있으면 마시려고 하고, 컴퓨터의 전원 버튼이 보이면 누르려고 한다. 이용 행동은 눈에 띄는 대로 대상의 기능을 이용하려는 충동을 느끼는 증상이다. 그의 충동과 욕구는 강력하다. 그러나 자신의 행위에 이유를 제시하지는 못한다.

현재의 충동과 욕구는 인생의 방향을 설정하는 이유가 되지 못한다. 강박과 이용 행동에 휘둘리는 삶이 나은가, 거기서 벗어나는 삶이 나은가를 이유에 입각하여 판단해야 한다.

강박 행동이 인생의 의미에 기여하지 않는다는 점은 그것을 지켜보는 사람뿐 아니라 환자 본인도 쉽게 판단한다. 강박증 환자의 숫자가 비환자보다 훨씬 적고, 우리의 생활이 강박증을 중심으로 조직되어 있지 않기 때문이다. 오히려 강박증이 있는 사람은 살아가기가 고되다. 그는 비환자들의 기준에 부합하지 못해서 괴로워한다.

만연해 있는 관점
———

만일 허공의 충동과 의무감이 일상에 만연해 있다면, 그래서 많은 사람들의 기준이 거기에 맞추어져 있다면 어떻게 해야 하는가? 많은 사람들이 그렇게 판단한다는 이유로 이성적인 결정의 근거로 삼을 수는 없다. 반성 없이 사는 사람이라면 허공의 충동과 의무감을 진정한 충동과 의무감으로, 즉 행위를 이끄는 합당한 이유로 착각하고 있을 수도 있기 때문이다. 게다가 충동과 의무감이 일단 발생하면 고통은 실재한다. 강박증 환자가 손을 씻지 않으면 불안의 고통을 느끼듯이, 우리의 삶에 허공의 충동과 의무감이 들어와 있을 때 그것을 따르지 않으면 고통을 느끼게 된다. 스스로를 비하하고, 죄책감을 느끼며, 불안을 경험한다. 그 고통은 생생하다. 그 때문에 우리는 충동과 의무감의 정체를 깨닫기 어렵고, 자신을 고통스럽게 하는 기준을 따름으로써 고통에서 벗어나려고 한다. 속물 근성의 세계관에 매몰된 사람은 자신이 가치라고 여기는 것이 허공의 관념임을 알지 못한다. 쇼펜하우어는 속물이란 평범한 수준의 의지력만을 지녀 가치 있는 것을 파악하거나 추구하지 못하고 "줄곧 현실이 아닌 현실에 매우 진지하게 관여하는 사람"이라고 말했다.[1]

결국 어떤 충동을 수정해야 하고 어떤 충동을 따라야 하는지 구분하려면, 인생의 의미를 구성하는 내용적·배경적 가치들을 파악하고 있어야 한다.

앞에서 인생의 가치가 되는 고통과 쾌락을 신체적인 영역으로 제한한 이유는 욕구라는 개념을 다시 생각해 보기 위해서였다. 만일 고통과 쾌락을 모든 욕구의 좌절과 충족으로 추상적으로 정의한다면, 인생의 의미를 반성할 여지는 사라진다. 왜냐하면 지금 어떤 충동을 갖고 있든 그 충동을 만족하는 것이 의미 있다는 잘못된 결론에 이르기 때문이다.

특히 어떤 충동이 배경적 의미를 위반할 때 이 점이 분명히 드러난다. 욱하면 사람을 때리곤 해서 감옥에 갇힌 사람이 류머티즘 관절염을 앓고 있다. 이 경우 그의 고통을 덜어 주는 것은 의미 있는 일이다. 의사가 하는 일이 바로 그런 일이다. 그런데 그 수감자가 자신에게 질병의 고통을 줄이려는 욕구보다 폭행의 욕구가 훨씬 더 강하다고 주장한다. 의사가 후자의 욕구를 고려해야 할 이유는 전혀 없다. 욕구의 강도는 자동적으로 행위의 이유가 될 수 없다. 미국의 철학자 존 롤즈는 다음과 같이 말했다. "열정적인 확신과 열성적인 열망은, 사회 자원이나 사회 제도의 고안에 있어 그들의 요구에 정당성을 부여하지 않는다. 개인 간 비교의 적합한 기초는 기본 가치의 지표들이지 감정의 강도나 욕구의 강렬함이 아니다."[2] 욕구의 강도가 자동적으로 권리가 된다는 주장에 정당성을 부여한다면, 결국 탐욕적인 사람일수록 불공정하게 특권을 승인받는 셈이 될 뿐더러 인간을 이성적으로 소망과 기획을 조정하는 존재가 아니라 욕구에 휘둘리는 포로나 사물 같은 존재로 보는 것이 된다. 미국의 철학자 토머스 스캔론 역시 무엇이 사회적으로 더 긴절한 요구인가는 개인의 선호의 관점에서 고려할 수 없다고 했다. 기아에 시달리는 사람이 음식보다 해외여행을 원한다고 해도, 국가는 그에게 음식을 제공할 의무가 있지만 그 돈으로 해외여행을 보내 줄 의무는 없다.[3] 시민들은 집단의 구성원으로서 공적이며 객관적인 필요에 근거를 두고 서로를 정의롭게 대우할 책임을 진다. 욕구는 단지 무엇을 하고 싶어 하거나 할 생각이 있는 상태를 형식적으로 표현한 것에 지나지 않는다. 욕구 자체는 이유가 되지 않는다.

인생의 배경적 의미를 위반하지 않는 경우에도 욕구는 그 자체로 이유가 되지 않는다. 그중 가장 두드러지는 것은 목표를 달성하는 데 도움이 되지 않는 비합리적인 수단을 욕구하는 경우이다. 예를 들어, 균형 잡힌 몸을 목표로 하는 사람이 있다. 균형 잡힌 몸을 갖게 되면 건강도 좋아지고 활기가 생기므로 쾌락에 이바지한다. 그런데 그는 목표를 이루는 수단으로 내킬 때마다 무조건 굶으려는 욕구를 갖고 있다. 그럴 경우 인체는 신진대사율을 극도로 낮추어 적은 열량에 살찌기 쉬운 체질로 변한다. 이 경우 그의 욕구를 충족하는 것은 별 의미가 없다.

욕구는 무언가를 원하는 심리 상태이다. 토머스 스캔론에 따르면, 애초에 욕구는 "그 사태가 도덕적으로 선하다는 것이라거나 그것이 나의 전반적인 이익이 된다는 것이라거나, 그런 종류의 사태가 좋은 것이라거나" 하는 판단을 반영한다. 이성적인 판단은 이유에 근거한 것이어야 한다. 욕구는 근본적인 이유가 아니다. "합리적 의사 결정에서 단순히 내가 무엇을 선호한다는 것은 사소한 이유에 불과하다." 따라서 욕구가 진지한 이유가 되려면 결국 욕구의 기초가 쾌락주의적이거나, 다른 근거를 통해 욕구의 대상이 바람직하다고 정당화될 수 있어야 한다. 스캔론은 이유로 제시된 욕구를 설명하려면 쾌락과 고통, 아름다움과 진리, 애착과 유대 같은 것으로 소급해 들어갈 수밖에 없다고 지적했다. 선호나 욕구가 이유를 제시하는 힘이 있는 것처럼 보이는 경우는, 그 선호나 욕구를 충족했을 때 쾌락이 발생하는 경우이거나 선호나 욕구가 반영하는 판단이 참인가에 따라서 체계적으로 설명된다.[4]

결론적으로 욕구 자체는 욕구를 충족해야 하는 이유를 제공하지 않는다. 욕구가 아무리 강하더라도 그 자체로는 행위를 이끄는 합당한 이유가 될 수는 없다. 얼핏 욕구 자체가 이유인 듯 보이는 경우도 더 자세히 분석해 보면, 욕구가 쾌락을 발생시키거나 아니면 다른 기본적인 가치들―진리, 아름다움, 유대, 정의―을 반영하고 있기 때문에 그렇게 보이는 것이다. 이 결론은 우리 자신에게도 마찬가지로 적용된다. 현재 우리가 어떤 욕구를 가진다고 해서, 그 욕구를 충족하는 것만으로는 우리 인생을 중요하고 의미 있게 만들지는 않는다.

지금까지 살펴본 바와 같이 충동에는 의미 있는 충동과 무의미한 충동이 있다. 두 가지는 분명 다르다. 그러나 자신의 충동을 반성하지 않는 사람에게는 이 사실이 잘 보이지 않는다. 더군다나 사회 전반에 허공의 충동이 만연해 있다면 검토가 더욱 어려워진다. 오히려 허공의 충동을 거부하는 사람들을 비난하고 공격하기도 한다. 이로써 우리는 허공의 충동과 의무감이 이유를 가진 충동과 의무감을 굴복시키는, 뒤바뀐 세계에 살게 될 가능성에 직면한다.

생활의 리듬에 잠입한 충동

스마트폰은 충동을 불러일으킨다. 사람들은 잠깐 여유가 생길 때 카카오톡 프로필 사진을 보곤 한다. 자신의 사진뿐만 아니라 다른 사람의 사진도 보고, 본 사진을 다시 본다. 한 달에 한 번쯤 보면 되는데 매일같이 본다. 이어서 카메라로 자신의 얼굴 상태도 확인한다. 페이스북이나 트위터를 한 지 1분도 안 되어서 다시 화면을 아래로 당겨 내리고, 시도 때도 없이 게임을 켠다. 게임을 하면 무료하지는 않지만, 누군가 게임을 하는 것이 즐겁고 재미있는지 묻는다면 선뜻 답을 하지 못한다. 어쨌거나 한다. 할 일을 하다가도 메시지가 새로 왔는지 수시로 확인하고, 알림 소리가 들리면 곧장 확인한다. 소리가 들렸다고 착각하고 확인하는 경우도 흔하다. 필요한 정보를 검색하러 인터넷에 들어갔다가 "충격적인 …"이라는 기사 제목을 보고 자동적으로 클릭한다. 이 충동들에 그대로 몸을 내맡기는 것이 할 만한 일이라고 말할 수는 없다. 그럼에도 우리가 이 충동들을 따르는 것은, 충동이 생활의 리듬에 깊숙이 들어왔기 때문이다.

기술에 의해 생긴 충동은 소셜네트워크서비스에 의해 생긴 충동과 결합한다. 스마트폰 충동 가운데서도 트위터나 페이스북이 대표적이다. 트위터나 페이스북을 하게 되면 일반적으로 이전에는 없던 충동이 창출된다. 그것은 바로 계속해서 단편적인 정보를 접하고, 발화를 멈추지 않고, 과시하고 인정받기 위해 자기를 내보이는 충동이다. 짬이 날 때뿐만 아니라 그렇지 않을 때도 확인하려고 한다. 소셜네트워크서비스는 관계에 민감한 인간의 성향과 결합하여 충동을 강력하게 부여한다.

트위터나 페이스북을 확인하는 행동이 삶의 의미를 추구하는 방식이어서가 아니다. 그냥 충동이 생기기 때문이다. 그 시간 동안 다른 활동에 정신을 집중하면 더 많은 쾌락을 얻을 수 있다. 만일 인생의 대부분이 이런 충동들로 차 있다면 이는 허공의 충동에 지배당한 삶이지, 능동적으로 의미를 추구하는 삶이 아니다.

실시간으로 과제를 주는 방식의 게임은 이 점을 더욱 명백하게 보여 준다. 이런 게임은 게임 안에서 시간이 실시간으로 흐르기 때문에 게임에서 정한 일정에 따라 접속해서 조치를 취해야 한다. 일단 게임을 시작하고 나면, 게임을 계속하는 것이 나의 쾌락에 좋은 것인지 반성할 여지도 없이 과제를 수행하게 된다. 만일 게임이 쾌락에 도움이 되지 않는다면 과제를 수행하는 것은 무의미하다. 그럼에도 게임을 하는 이유는 이미 과제가 주어져 있기 때문이다. 이것은 일종의 의무감을 창출한다. 허공의 충동에 의해 시작한 일이 허공의 의무감을 창출하는 것이다.

물론 우리가 매 순간마다 반성할 수는 없다. 그것이 바람직한 것도 아니다. 왜냐하면 반성은 방향을 설정하는 것이지, 지금의 활동에 몰입하지 못하게 수시로 멈추어 서는 것이 되어서는 안 되기 때문이다. 어떤 일이 가치 있다고 방향을 설정했다면, 활동을 하는 동안에는 몰입하는 것이 가치를 충실히 구현하는 것이다.

반면에 반성을 통해 어떤 충동이 허공의 충동이거나 허공의 충동에 가깝다고 판단했다면 활동의 문턱을 넘지 않아야 한다. 문턱을 넘고 충동이 삶의 리듬에 깊숙이 들어오게 되면, 우리는 허공의 충동에 상당 부분 지배될 수밖에 없다. 문턱 안으로 발을 들일 것인가 말 것인가를 판단하기 위해서는 먼저 무엇이 허공의 충동인지를 구분해야 한다. 이미 지배된 부분이 있다면, 당장 바꾸기는 힘들더라도 거기서 벗어나려면 어떻게 할지를 고민해 보아야 한다. 리듬을 타고 생활에 깊숙이 자리 잡은 습관은 집중적인 성찰이 있지 않으면 의식조차 하기 힘들다.

허공의 의무감

의무는 해야 하는 행위와 하지 않아야 하는 행위를 알려 준다. 의무에는 타인에 대한 의무와 자신에 대한 의무가 있다. 타인에 대한 의무는 배경적 가치를 준수하는 것이고, 자신에 대한 의무는 그런 제약 아래에서 내용적 가치를 풍부하게 구현하는 것이다.

반면에 허공의 의무감은, 두 가지 의무 어느 것에도 속하지 않으면서 의무의 언어로 제시되는 명제들을 반성하지 않을 때 생긴다. 물론 허공의 의무감은 특정 맥락과 시점에서 보면 실제 이익이나 불이익과 관련되어 있다. 이것은 허공의 충동이 특정 맥락과 시점에서 실제 고통과 관련이 있는 것과 마찬가지다. 강박증 환자가 손을 씻지 않으면 그 순간에는 당연히 손을 씻는 경우보다 심리적 고통이 클 것이다. 그러나 그렇다고 해서 삶의 방향을 고민하는 문제에서 손을 씻는 것이 의미 있다는 결론이 나오지는 않는다.

'남자라면 … 해야 한다.', '여자라면 … 해야 한다.' 같은 명제가 허공의 의무감을 불러일으키는 대표적인 사례이다. 이 명제에서는 주체의 속성이나 지위를 언급한 뒤, 곧바로 명제를 발화한 사람이 의도하는 결과를 의무의 언어로 덧붙인다. '직원은 원래 늦게까지 야근을 해야 한다.', '신입 사원이 회식에 참여하지 않고 퇴근하는 것은 예의 없는 짓이다.' 같은 말도 역시 허공의 의무감을 불러일으킨다. 초과 근무 여부는 노동자가 스스로 선택할 수 있도록 법으로 규정되어 있고, 그럴 경우에만 도덕적으로도 정당하다. 회식에 참여하지 않는다고 해서 누군가의 권리를 침해하지 않고 내용적 가치를 구현하는 데 실패하지도 않는다. 그러므로 이 말들은 의무의 언어를 사용할 합당한 근거가 없다. 여기서 쓰인 의무의 언어는 실제로 의무를 뜻하는 게 아니라, 삶의 리듬을 형성하는 환경 속에 그렇게 행위하도록 만드는 요인들이 깊숙이 자리 잡고 있다는 점을 뜻할 뿐이다.

허공의 의무감에 따라 이 명제들을 수행하는 사람은 허공의 만족감을 느낀다. 그들은 타인에게 자동 발화함으로써 자신의 삶이 이유에 기초한 삶이라고 착각하게 된다. 그리고 보다 많은 사람들이 자신과 같은 세계관을 따를 때 자기 삶의 방향의 타당성이 확보된다고 생각한다. 그렇기 때문에 그들은 삶의 양식에서 불일치를 조금도 참지 못한다. 그들은 타인의 사고 하나까지 일치시키고 싶어 한다. 자신이 가치 없다고 여기는 사람들의 동의로 자기 삶의 가치를 확인하는 데 언제나 마음이 부산하다.

예를 들어 보자. 아기를 낳지 않는 것은 이기적인 선택인가? 우리 사회에서 많은 사람들이 이 주장을 자동 발화한다. 만약 그가 아기를 낳고 자신의 삶이 행복해졌다고 주장하는 사람이라면, 그는 수행적 모순을 저지르는 것이다. 왜냐하면 아기가 삶을 더 행복하게 해 준다는 주장과 아기를 낳지 않는 것이 이기적인 선택이라는 주장은 양립 가능하지 않기 때문이다. 자신을 더 행복하게 하는 일을 하지 않는 것은 어리석을지언정 이기적인 선택이 아니다. 이기적인 행동이란 자신에게 더 좋은 일을 하고자 타인의 선을 희생하는 것이다. 반대로 이타적인 행동은 자신의 선을 희생해서 타인의 복지를 돕는 것이다. 만일 출산이 이타적인 행동이라면, 아기가 짐이라는 주장이 옳다. 아기가 짐이 아니라 인생을 행복하게 하는 선물이라면, 아기를 낳지 않는 것은 이기적인 행동이 아니다.

그러므로 두 가지 전략을 동시에 쓸 수 없다. 첫째, 아기가 인생을 행복하게 한다는 사실을 보여 줌으로써 인생의 행복을 바라는 사람을 유인하기. 둘째, 아기는 짐이므로 아기를 낳지 않는 것이 이기적이라고 비난하여 죄책감과 의무감을 불러일으키기. 그러나 이기적이라고 비난하는 사람들 대부분이 두 가지 전략을 동시에 쓴다는 사실은 이들이 자동 발화하고 있다는 점을 보여 준다. 일관성이나 정합성 같은 사고의 원칙은 신경 쓰지 않는 것이다.

모든 윤리적 선택에는 고려해야 할 찬성과 반대의 이유가 있으며 아기를 낳는 선택도 마찬가지다. 출산에 관한 윤리적 선택은 찬성과 반대의 이유에 무조건 압도된 결과가 아니라, 여러 가지 이유들을 모두 살펴보고 결론 내리는 것이다. 예를 들어 우리는 성직자로 신앙생활을 하기 위해 독신을 유지해야 한다는 원칙을 타인의 인생을 이끄는 이유로 인정한다. 설사 그의 신앙을 공유하지 않더라도 말이다. 무신론자는, 존재하지 않는 가상의 대상을 숭배하느라 삶의 풍요로운 경험을 포기하는 것이 터무니없다고 생각할 수 있다. 그러나 이 생각은 무신론자가 성직자의 원칙을 무신론자 자신의 행위 이유로 여기지 않은 결과일 뿐이다. 성직자의 선택을 이기적이라고 낙인찍을 아무런 이유가 되지 못한다. 즉, 윤리적 선택에서 이유는 당사자의 가장 심층적인 가치에 따라 달라질 수밖에 없다. 우리는 선택의 이유를 당사자의 입장에서 살펴보아야 한다.

그 밖에 아기를 낳지 않기로 고려할 만한 이유는 많다. 예를 들어 아기가 사회에서 힘든 삶을 살게 되리라고 생각하는 사람은 아기를 낳지 않을 윤리적 이유가 있다. 미국에 노예 제도가 존재하던 시절, 기계처럼 계속 아기를 낳아야 했던 흑인 여성은 극단적인 예이다. 흑인 여성들은 주인에게 들키면 고문당할 것을 감수하고 건강에 위험을 초래하면서까지 각종 수단으로 불임을 시도했다. 이런 극단적인 경우가 아니라 해도, 자신과 자신의 배우자가 이 세상에 오게 할 존재가 어떤 삶을 살게 될 것인지 진지하게 숙고하는 것은 중요한 고려 사항이다.

더구나 아기를 낳지 않는 선택과 아기를 낳는 선택으로만 가를 이유가 없다. '출산하지 않는 것은 이기적이다.'라는 명제가 성립한다면, 아기가 한 명인 부모는 두 명을 낳지 않는다고 이기적이라고 비난당할 것이고 아기를 두 명 낳은 부모는 세 명을 낳지 않는다고 이기적이라고 비난당할 것이다. 부모는 어느 시점에서든 자녀를 더 낳지 않기로 결정하기 마련이다. 그리고 그 결정에는 중요한 윤리적 이유들이 있다. 예를 들어 새로 태어날 아이에게 적절한 교육을 해 줄 여유가 없다든지, 인생의 긴 시간을 출산과 육아로 채워야 하는 과도한 부담을 질 수 없다는 것 등이 그 이유가 될 수 있다. 이유들이 있음을 부인하거나, 사람마다 반대쪽의 이유가 우위에 놓일 수 있음을 무시하고 일률적으로 특정 숫자를 도덕적 의무로 규정하는 것은 아무런 근거 없는 독단에 불과하다.

'이기적'이라는 말은 누군가 권리를 침해당하는 존재가 있을 때 성립하는 형용사이다. 우리는 자신의 복지를 보다 현명한 방식으로 돌보는 행위를 '이기적'이라고 하지 않는다. 예를 들어 치통이 심해서 치과에 가는 사람을 두고 이기적이라고 하지 않는다. 그것이 누군가의 권리를 침해하고 누군가의 선을 부당하게 희생하는 것이 아니기 때문이다. 그것은 단지 '사리적self-interested'인 일일 뿐이다. 우리의 일상은 권리의 질서를 준수하면서 수행하는 온갖 사리적인 일들로 가득 차 있다.

'이기적'이라는 말은 자신의 복지를 돌보기 위해 최선의 방식을 선택하는 상황에서 쓰일 수 없다. 그렇지 않다면 터무니없는 결과가 생긴다. 급여는 많고 노동 시간이 긴 직장과 급여는 적지만 여가 시간이 많은 직장 사이에서 후자를 선택하면 이기적인 사람이라고 비난받을 것이다. 근면하게 일하기 싫어한다는 것이다. 반대로 울며 겨자 먹기로 전자를 선택하면 이타적인 선택이 된다. 자신을 위해서건 가족을 위해서건 인생의 많은 부분을 노동으로 채우기 때문이다. 두 종류의 직장을 선택하는 문제에서 권리가 침해당하는 타인은 존재하지 않는다. 그런 존재가 없다면 그의 선택은 '이기적', '이타적'이라는 범주로 분류할 수 없다.

아기를 낳고도 무책임하게 방치하거나 유기하는 경우 출산은 명백히 이기적인 선택이다. 아기는 보살핌을 받을 권리가 있고 보살핌의 일차적 의무는 사회에서 보통 부모에게 할당되어 있으므로, 그들이 아기의 권리를 부당하게 침해했기 때문이다. 그러나 자신이 아기에 대한 책임을 다하지 못할 것이라는 생각에 아기를 낳지 않는 것은 사려 깊은 선택이지 이기적인 선택이 아니다. 왜냐하면 그 선택으로 선을 부당하게 희생당하는 존재가 없기 때문이다. 불평을 제기할 자격을 갖춘 사람이 없다.

현재의 시점에서 존재하지 않더라도 미래에 필연적으로 희생당할 사람이 예상되는 경우에는 행위의 옳고 그름을 판정할 수 있다. 예를 들어, 부드러운 모래가 깔린 해변가에 날카로운 병 조각을 몰래 숨겨두는 경우이다. 몇 년 뒤 어린 아기가 이 병 조각에 찔릴 것이다. 병 조각을 숨긴 시점에서는 그 아기가 존재하지 않는다. 그러나 미래의 어느 시점에서는 누군가 고통을 겪을 것이고 그 고통에 대하여 불평을 제기할 수 있으므로, 지금 병 조각을 숨기는 것은 매우 잘못된 행동이다.

아기를 낳지 않는 선택은 이 경우에 해당하지 않는다. 그것은 특정한 행위를 선택(출산)했을 때 존재하게 될 주체를 다른 행위를 선택(출산하지 않음)함으로써 존재하지 않게 한 것이기 때문이다. 오히려 자신이 아기에 대한 책임을 다할 수 없는 처지인데도 제대로 숙고해 보지 않고 비본질적인 이유들―부모가 손자를 보고 싶어 한다, 피임에 신경 쓰지 못했다―때문에 아기를 낳는 경우라면, 이것은 실수로 해변가에 병 조각을 흘린 것과 비슷한 잘못을 저지르는 셈이다.

이처럼 아무런 타당한 근거 없이 도덕의 용어를 사용하여 아기를 낳지 않는 사람을 낙인찍고 비난하는 현실은 무엇을 의미하는가? 한 가지는 사회의 지배적 관행, 즉 인습을 따르는 것을 '의무'로 포장하는 일이 만연해 있다는 것이다. 다른 한 가지는 우리 사회에서 양육의 기쁨과 의미를 능가하는 실의와 고통이 만연하다는 것이며, 실의와 고통에 의해 생긴 불만을 고통을 겪지 않는 사람을 낙인찍고 비난함으로써 해소하는 습성 역시 만연해 있다는 것이다. 우리 사회에서 아기를 낳는 것이 더 이상 삶의 활기로 연결되지 않는 구조적인 조건이 있는 것이다. 단순히 정신 승리의 방법으로 시각을 바꾸거나, 엉뚱하게도 의무의 언어로 포장한다고 해서 인생의 소중한 관계와 애착의 형성을 저해하는 여건이 나아질 리 없다. 결국 의무로 위장한 언어는 구조적인 현실을 바꾸는 데도, 타인의 윤리적 선택에도 가치 있는 기여를 하지 못한다. 그것은 그저 돌고 도는 자동 발화로 그칠 뿐이다.

허공의 의무감은 누군가에게 이익이 된다

의무로 위장한 언어는 사람들이 허공의 의무감을 가질수록 발화에 앞장선 사람들에게 실제로 이익이 된다. 그 언어는 진지한 의미가 있는 것이 아니라 사회의 맥락 안에서 코드화된 신호에 불과하다.

대표적인 예가 바로 '그게 원래 세상이 돌아가는 이치'라는 말이다. 이 명제는 권력을 가진 사람들에게 이익을 안겨 준다. 사람들의 행위에 '원래' 그런 것은 아무것도 없다. 어떤 행위도 '원래'라는 부사를 덧붙임으로써 비판에서 면제될 수 없다. 그럴 경우 인간은 자신의 삶을 이끄는 존재가 아니라 '원래' 그런 것들에 이리저리 이끌려 다니는 존재가 된다. 타인을 희생해서 이익을 얻으려는 사람들이 의무의 언어를 사용함으로써 손쉽게 의무감을 형성하도록 내버려둘 이유가 없다. 주의하지 않으면 부지불식간에 누군가의 사익을 위한 의무감이 사회에 만연하게 된다.

인간은 체력에서나 지능에서나 크게 차이가 나지 않는다. 권력자들의 힘은 대부분 조성적助成的 힘에서 나온다. 조성적 힘은 사람들이 어떤 사람들에게 특별한 제도적 권한이 있다고 여기고 받아들이기 때문에 생기는 힘이다. 그것은 물이 수소와 산소로 이루어져 있다는 사실과는 다른 현상이다. 사람들의 태도가 어떻든 물은 수소와 산소로 이루어져 있다. 그러나 제도적 권한은 사람들의 태도에 따라 다르게 결정된다. 그러므로 권력자들은 자신이 가진 특별한 권한을 규범적으로 정당화하는 데 공을 들일 수밖에 없다. 그리하여 도덕은 부패하기 쉽다. 도덕의 언어는 "권력 관계나 권력 욕구의 구성 요소"가 되기 쉬운 것이다.[5] 의무의 언어는 사람들을 조작하는 지렛대로 늘

애용되어 왔고, 그래서 도덕은 역사적으로 "항상 부패에 감염되었다. (…) 황제나 왕, 영주나 백작, 교황이나 주교, 수상이나 재무장관 등은 모두 항상 자기네들의 도덕의 이름으로 다른 사람들을 희생시켜 부유해지려고 하였고, 마음에 들지 않거나 위험할 수 있는 자들을 제거하려고 하였다."[6]

이러한 도덕의 본질에 대해서는 무비판적이면서 도덕의 힘만을 무조건적으로 활용하려는 자들이 바로 도덕주의자들moralists이다. 이들은 도덕을 비판적으로 검토하고, 추론하며, 공정하게 적용하는 일에 주의를 기울이지 않는다. 이들은 자신들의 확신을 "도덕의 극치"라고 생각하며 이것을 관철하는 일이 삶에서 가장 중차대한 일이라고 생각한다. 이들은 자신들이 확신하는 "적절한 삶"의 기준에 부합하지 않는 자들을 손가락질하고, 스스로에게 허용되지 않는다고 생각하는 것을 다른 사람들이 할 자유마저 함께 제한하려고 하며, 여기에 따르지 않는 사람이 있다면 밀고하고 낙인찍으려 한다. 자신의 이익을 위해 도덕을 적극적으로 부패시키려는 자들과 도덕주의자들은 찰떡궁합이다. 이들은 다르게 생각하는 모든 타인의 자유를 제한하기 위해 "스스로 알랑거릴 수 있는 (…) 지도자를 필요로 한다." 그리고 그 지도자에게 복종하는 것이 도덕적 헌신이라고 비약한 후, '나는 헌신하는데, 다른 사람들은 그렇지 않아. 그들은 벌을 받아야 돼.'라는 생각에 강박적으로 사로잡힌다. "히틀러 정부와 다른 독재자들은 이러한 행동에서 많은 이득을 챙겼다."[7]

그러므로 힘을 가진 사람들이 도덕의 언어를 부패시키고, 이익을 위해 감염시키고, 복종과 굴종만을 남겨 두고 그 내용을 모조리 제거하는 짓이 도덕적 헌신에 기여한다고 착각하는 일이 없도록, 분별력을 기르는 것은 필수적이다. 이 분별력은 거짓에 이용당하면서 자신은 선한 삶을 살았다고 자위하다가 세상을 마감하는 비극, 자신에게도 비극일 뿐만 아니라 엉터리 같은 '선한 삶'의 희생 제물로 바쳐진 타인들에게 더 큰 비극을 안기지 않기 위해서 꼭 필요한 것이다.

힘을 남용하는 사람에 대하여 전략적으로 대응하는 태도는 인생의 여건을 고려하면서 살아가는 데 꼭 필요하다. 잘못을 바로잡기 위해 동원할 수 있는 자원과 수단이 무엇인지를 정확히 파악해야 한다. 그러나 무엇이 잘못되었는지를 정확하게 파악해야 한다. 힘을 남용하는 사람이 제시한 세계관을 그대로 받아들이는 것은 인생의 근본적인 토대를 무의미한 것으로 채워 넣는 짓이다. 특히 힘 없는 사람들의 지위를 존중하지 않도록 만드는 주장, 즉 배경적 가치를 위반하는 주장이 정당함으로 위장하고 의무감을 불러일으키는 주장으로 제시될 때 그렇다. 이런 주장은 자신의 권리를 주장하고 행사하려는 사람들을 부당하게 비난하도록 만든다. 최저임금을 받으려는 노동자를 은혜도 모르는 부도덕한 자라고 욕하고, 야근 수당을 제대로 받고 싶어 하는 노동자를 이기적인 인간이라고 비난하게 된다. 이런 비난들이 반복되면 신기하게도 권리 주장을 자제해야 한다는 의무감을 불러일으킨다. 이 현상이 허공의 충동과 의무감이 끈질기게 강화되고 재생산되는 고리 중 하나이다.

행복은 인생의 목적이 아니다

삶의 이유를 묻는 질문에 '행복'이라고 대답하는 모습을 흔히 본다. 그러나 행복의 의미는 불분명하다. 왜냐하면 우리가 쾌락, 즐거움

^{pleasure}, 행복^{happiness}이라는 말을 돌려 가며 느슨하게 사용하기 때문이다. 좀 더 명확한 분석을 위해서는 우리가 만족을 느끼는 상태를 네 가지 차원으로 나누어 보아야 한다.

감각적 쾌락

가장 기본적으로는 신체에 느껴지는 감각적인 쾌락이 있다. 아이스크림을 먹으면 혀에 단맛이 느껴지고, 따뜻한 모래사장에 누우면 등이 따뜻해진다. 아이스크림을 먹으면서 모래사장에 누울 수도 있다. 그러면 혀에서 단맛이, 등에서 부드럽고 따뜻한 촉감이, 전신에 노곤한 안락감이 퍼진다. 감각적 쾌락은 쾌락이 생기는 신체의 부위를 보통 지칭할 수 있고, 쾌락을 경험하는 순간도 특정할 수 있다. 쾌락은 인간이라면 누구나 경험하기를 바라는 것이다.

매개적 만족

행복의 두 번째 차원은 신념을 충족하는 데 따르는 즐거움이다. 어떤 야구 팀을 응원하는 사람이 일을 하느라 야구 경기를 보지 못했다. 그러다가 그 팀이 이겼다는 소식을 친구에게 전해 듣고 두 손을 번쩍 들어 올리며 즐거워한다. 물론 경기가 아주 치열했고 게다가 역전한 끝에 승리를 거두었다면 결과를 모른 채 직접 보았기를 바랐을 것이다. 치열한 경기를 보는 데서 얻는 쾌락은 감각적 쾌락이다. 단지 이겼다는 사실만으로 즐거워하는 것은 그다음 차원의 즐거움이다. 이 즐거움은 사태 자체가 신체적인 감각이나 반응을 바로 일으키지 않는다. 즉, 사태를 해석하는 연결 고리가 되는 중간 단계의 신념이 먼저 있어야 한다. 반대편 팀을 응원하는 사람은 같은 경기 결과를 보고 시무룩할 것이다. 사람들은 자신의 신념에 따라 즐거움을 느낀다. 이 즐거움은 사태를 해석하는 신념을 매개로 해서 생기는 것이므로 '매개적 만족'이라고 부를 수 있다. 매개적 만족은 신념에 좌우되기 때문에 신념의 내용이 보편적이지 않다면 가치가 될 수 없다. 그러나 각자가 신념이나 선호를 채택할 수 있는 '자유' 자체는 모든 인간에게 공통되는 가치다. 특정 팀이 이겨야 한다는 신념은 가치일 수 없지만, 자신이 원하는 팀이 이겼으면 좋겠다는 바람을 가질 자유는 가치인 것이다.

기분

행복의 세 번째 차원은 하루나 며칠 동안 지속되는 기분이다. 기분은 행복의 다른 차원에 따라 결정되는 종속 변수이다. 즉, 쾌락과 즐거움이 안정적으로 유지되면 생활이 즐겁고 경쾌해진다.

재귀적 행복

행복의 네 번째 차원은 가장 추상적이고 종합적인 만족감이다. 이것은 자신의 인생이 제대로, 좋은 방향으로 진행되어 왔고 지금도 그렇다는 느낌이다. 이 느낌은 전반적으로 스스로의 삶을 돌아보았을 때 '잘 살았다', '잘 살고 있다'는 만족감을 의미하기 때문에 재귀적 행복reflexive happiness이라고 할 수 있다.

그런데 우리가 '행복'이라는 말을 느슨하게 사용할 때는 보통 매개적 만족, 기분, 재귀적 행복을 모두 가리키는 용어로 쓴다. 자신이 지지하는 정당이 선거에서 이겨서 행복하고, 최근 며칠 동안 스트레스 없이 평안하게 기분이 좋아 행복하고, 내 삶이 전체적으로 좋은 방향으로 잘 진행되어서 행복하다고 말한다. 그런데 이 세 가지 차원의 '행복감'은 그 자체로는 '가치'가 될 수 없다.

왜냐하면 허공의 충동과 의무감이 매개적 만족과 재귀적 행복에 잠입하기 쉽고 그에 따라 기분도 달라지기 때문이다. 자기가 졸업한 대학을 끊임없이 비하하고 자조하는 사람이 있다고 하자. 높은 서열의 대학을 졸업하는 것이 가치 있는 삶이라는 신념에 따라 그는 자신의 학력에 만족하지 못한다(매개적 만족). 또한 인생의 출발점에 대해 후회하는 마음을 갖고 있으며 삶의 방향에 자신이 없다(재귀적 행복). 그의 신념을 우리는 학력 속물의 세계관이라고 부를 수 있다. 그는 자신을 평가하는 타인이 없을 때도 타인의 시선을 상상하고 감시받으며 살아간다. 그 결과 그의 인생은 무엇을 하더라도 만족스럽지 않다. 자신의 신념에 따른 충동과 의무감을 성취하지 못했다는 패배감은 기분에도 영향을 미치고, 마지막으로 감각적 쾌락도 온전히 느끼지 못하게 방해한다. 이런 일은 비극이다. 나뿐만 아니라 친구와 타인의 삶에도 비극적인 일이다.

그러므로 우리가 '행복'을 인생의 목표로 삼을 때 문제가 생긴다. 사태를 해석하는 매개적 만족에서의 신념과 인생의 방향을 평가하는 기준이 되는 재귀적 행복에서의 신념이 타당하지 않은 것이라도, 그 신념에 따른 욕구만 만족되면 '행복'할 수 있기 때문이다. 타인에게 악행을 저지른 사람도 그런 의미에서는 행복할 수 있고, 보도블록의 금을 밟지 않고 직장까지 출근하는 것을 인생에 가장 중요한 일로 여기며 그 일에 오늘 성공한 사람도 행복할 수 있다. 그러나 어떤 욕구가 신념에 따라 형성된 것이라면 그 욕구의 만족이 가치 있는가는 신념의 타당성과 떨어질 수 없다. 가치에 뿌리박은 신념이라면 그 신념에 따른 욕구의 충족은 가치를 직접 실현하는 일이다. 따로 욕구의 만족이라는 척도를 가져와서 행위와 결과의 가치를 따질 필요가 없다. 반면 신념이 가치에 반하거나 아예 가치와 절연되어 있는 것이라면, 그 욕구의 만족에는 아무런 가치가 없다. 어느 경우에나 신념이 잘못되어 있으면 그 신념으로 사태를 평가하여 생기는 만족은 가치가 없고 인생의 의미를 구성하지 못한다.

이용 행동이나 강박증의 사례는 욕구의 만족이 인생의 의미와 관련이 없고 오히려 욕구가 가치를 중심으로 조성되어야 함을 보여 준다. 욕구 자체는 우리의 행위와 선택을 결정하는 아무런 근본적인 이유를 제시하지 않는다. 물을 마실까 말까를 결정하는 것은, 물을 마심으로써 생기는 갈증 해소나 시원함의 가치이지, 물을 마셔야겠다는 욕구를 달성하는 형식적인 측면이 아니다. 욕구의 역할이 근본적이지 않기 때문에 고통이나 쾌락 등 다른 가치들이 이유로 제시되었을 때 욕구는 이유의 지평에서 버티지 못한다. 전신 마취 수술을 하고 나서 물을 마시고 싶은 욕구가 생긴다 해도 그 욕구는 행위를 결정할 이유가 되지 못한다. 그때 물을 마시면 신체에 문제가 생기고 큰 고통을 낳기 때문이다. 욕구의 만족이라는 의미로 이해된 '행복'이 인생의 의미를 결정한다고 보는 사람은 '욕구'라는 단어의 애매하고 포괄적인 용례 때문에 전혀 엉뚱한 결론을 이끌어 내는 것이다.

행복 공식

또 다른 문제는, 이런 의미에서 행복은 욕구와 만족의 함수에 불과하다는 점이다. 인생의 도道를 깨달았다며 다음 공식이 인생의 근본 법칙이라고 제시하는 사람들이 있다.

$$행복 = \frac{욕구의\ 달성}{욕구} \quad (즉, 욕구\ 달성률)$$

이 공식 자체는 행복이 매개적 만족과 재귀적 행복, 그리고 그것들에 영향받는 기분을 의미하는 한에서 적절한 공식이다. 문제는 이 공식의 왼편에 놓인 '행복'이 우리의 행위를 인도하는 지침이 될 수 없다는 데 있다. '행복'은 단순히 임의의 욕구가 달성되어 생기는 만족감일 뿐이다. 그것은 그 자체로 아무런 가치도 없다. 만일 어떤 욕구의 만족이 가치가 있다면, 쾌락을 증대하고 고통을 줄이고, 진리와 아름다움을 음미하거나 그것에 기여하고, 타인과 애착과 유대를 형성하고 풍부하게 하는, 즉 가치를 구현하고자 하는 욕구이기 때문이다. 가치와 절연된 욕구는 아무런 이유의 힘이 없다.

행복 공식을 금과옥조로 삼는 사람들은 인생의 도가 두 가지 원칙으로 되어 있다고 주장한다. 첫째, 욕구를 줄인다. 둘째, 욕구를 많이 만족한다. 이 관점에서 행복은 욕구라는 그릇에 욕구의 달성이 넘쳐흐를 때 생긴다. 그래서 욕구라는 그릇 자체를 줄이거나 만족이라는 내용물을 더 많이 담으면 된다.

이 원칙들은 '인생의 도'가 아니다. 이 관점에서는 그릇의 크기를 작게 하는 것이 중요할 뿐 그릇의 종류는 중요하지 않다. 어떤 사람이 자기 집 마당에서 잡초의 잎사귀를 세는 일에 커다란 만족을 느낀다면 그것으로 족하다. 가장 달성하기 쉬운 욕구를 진지한 것으로 여기기만 하면 인생을 잘 살 수 있다. 그러나 가치와 의미의 관점에서는 그의 삶은 오히려 인생을 낭비하는 것이다. 잡초를 세는 일은 누구의 고통도 감소하지 못하며, 누구의 감각적인 쾌락도 증진하지 못하고, 진리와 아름다움에 기여하는 것도 아니며, 다른 사람과 애착과 유대를 형성하는 것도 아니다. 그의 삶은 가치와 절연되어 있다. 예를 들어 그가 그림을 그리는 일에 관심을 갖기 시작한다면, 인생을 잘못 이끄는 것이 된다. 왜냐하면 그림을 잘 그리고 싶다는 욕구를 가졌다가 실제로 잘 그리지 못한다면 실망이 이만저만이 아닐 것이기 때문이다. 행복 공식의 관점은 그림의 아름다움을 깨닫고 스스로 아름다운 그림을 그리고 싶어 하는 사람이 선택의 이유로 삼을 만한 것이 아니다. 논리적으로 욕구를 최대한으로 줄이는 길은 더 이상 생존하지 않는 것이다. 죽음의 욕구만을 가지고 그것을 단 한 번 결행하기만 하면 더 이상 만족되지 않는 욕구는 없을 것이다.

행복 공식의 다른 반쪽인 욕구를 많이 만족하라는 주문 역시 어리석기는 마찬가지다. 민원인의 민원을 교묘하게 거절하고 수고롭게 하는 데 재주가 있는 공무원이 상담 창구에서 근무한다. 그는 자신의 재주를 무척 자랑스러워하고, 민원인을 괴롭히는 데서 큰 만족감을 얻는다. 그가 하루에 한 번씩만 민원인을 괴롭히다가 세 번으로 횟수를 늘인다. 행복 공식에 따르면 이것은 인생의 도를 따르는 길이다. 왜냐하면 공무원은 손쉽게 욕구를 더 많이 만족할 수 있기 때문이다. 그러나 그의 욕구 자체가 타인을 부당하게 대우하는, 즉 배경적 가치를 위반한 것이기 때문에 그러한 욕구를 가져서는 안 된다. 욕구와 관련된 가치를 검토하지 않고 단지 달성하기 쉬운 욕구를 정해서 최대한 달성하라는 지침은, 사람을 검토되지 않은 충동과 의무감에 시달리기 좋은 상태로 만드는 것이다.

행복의 달성이 욕구라는 그릇을 어떻게 주물하는가에 달린 일이라고 한다면, 욕구는 가장 만족하기 쉬운 형태가 되어야 한다. 결국 우리는 거짓을 향해 달려갈 수밖에 없다. 중세 인문학자 에라스뮈스는 우신愚神의 입을 빌어 느슨하게 정의된 행복의 진상을 지적했다. "인간 행복이 사태의 진상에 놓여 있다고 생각한다면 이는 엄청난 착각입니다. (…) 무엇 하나 제대로 분명한 사태를 파악하기란 아예 무망한 일이며, 설혹 무언가 사태의 실마리가 엿보였다 한들 이는 드물지 않게 즐거운 인생에 오히려 성가실 뿐입니다. 더군다나 인간의 영혼은 진상보다는 차라리 거짓에 끌리기 쉽게 만들어져 있습니다. (…) 사태의 진실을 파악해야 한다면 이것은 대단한 수고를 지불해야 하는 일이며, 문법과 같이 하찮은 일조차도 값싼 것은 없습니다. 거짓은 제일 쉬운 일인 바 가진 허상만큼 혹은 가진 허상보다 훨씬 큰 행복에 이를 수 있습니다."[8]

행복이 인생의 목적이라면, "행복을 얻는 데 차이가 전혀 없으며, 차이가 있다 하더라도 나는 차라리 허상에 빠진 어리석은 쪽을 선택하겠"다는 우신의 말은 틀린 것이 하나도 없게 된다. 독재자는 "어떤 사람이 소금에 절여 삭힌 고기를 먹으며, 어지간한 사람도 그 역겨운 냄새를 견딜 수 없는데도 불구하고 이를 마치 천상의 음식이라고 생각"하도록 만듦으로써 그 사람의 삶을 더 낫게 만든 셈이 된다. "왜냐하면 먼저 허상을 선택한 경우가 훨씬 비용이 들지 않는 것이 분명한즉, 그냥 그렇게 생각하고 믿어 버리면 그만이기 때문입니다. 게다가 허상의 억견은 대다수의 사람들과 함께 나눈 것이기 때문입니다. 어떤 소유이든지 함께 누릴 사람들이 없다면 하나도 즐거울 수 없는 법입니다."[9]

느슨하게 정의된 '행복'은 허공의 충동과 의무감의 먹잇감이 되기 쉽다. 어떤 행위이든 행복을 위한다는 번드르르한 목적으로 쉽게 포장된다. 현실에서 '행복'이라는 포장지는 지배적 속성의 위계를 강화한다. 더 높은 곳을 향하거나 욕구를 줄이고 현재에 만족하라고 조언한다.

행복이라는 포장지는 가치와 절연된 채 위계 안에서 자신을 비하하는 비극적인 삶을 대량으로 낳는다. 이 기제는 체계가 된다. 매개적 만족과 재귀적 행복에 관한 언어들은 상호작용 과정에서 더욱 강력해진다. 속물들이 자신의 욕구를 성공적으로 달성한다면, 성공한 사람으로서 사회에 더 큰 영향을 미친다. 그 결과 위계는 더욱 단단해진다. 나머지 사람들도 체계의 부속품이 된다. 허공의 충동과 의무감을 확산하는 언어를 마치 기계처럼 반복적으로 발화한다. 그 발화는 실망스러운 표정이나 경멸스러운 표정, 굴종적이거나 자기비하적인 표정과 같은 신체 언어로 표출될 수도 있다. 통신 수단이 발달한 오늘날에는 일면식도 없는 사람들이 다른 사람의 인생을 함부로 평가하고 허공의 충동과 의무감을 창출하기도 한다. 서로가 서로에 대하여 자동 발화 기계가 되고, 그들이 허공의 충동과 의무감을 만들어 내고, 이렇게 만들어진 허공의 세계는 다시 자동 발화 기계들을 산출한다. 이것이 바로 속물 근성의 사회이다. 그 사회는 보편화할 수 없고 양립 가능하지도 않은 욕구, 가치와는 관계없는 신념, 오로지 다른 이의 삶이 경멸스러운 것이 되어야만 자신의 삶이 의미가 있는 신념을 기둥으로 하여 세워진다.

　'행복'이 가치의 문법과 연결되어 있을 때만 '행복한 삶'은 긍정적인 내용을 가진다. 그때 행복은 가치를 경험하고 의미를 채우는 삶에 수반되는 기분 좋은 현상이 된다. 그렇지 않고 불분명하고 애매모호하게 쓰일 때 '행복'은 쉽게 허공의 세계관의 먹잇감이 된다. 그러므로 굳이 에둘러 행복을 징검다리로 하여 인생을 생각할 필요가 없다. 행복의 포장지를 걷어 내야 한다. 행복을 말하지 않고도 우리는 인생에 관해 얼마든지 이야기할 수 있다. 고통을 완화하고 쾌락을 경험하며, 진리와 아름다움을 탐구하고 나누고, 다른 사람들과 애착과 유대를 형성하는 삶에 대해 이야기할 수 있다. 이 점이 분명하게 이해되고 난 후에야 '행복'은 가치를 구현하는 사람이 느끼는 의식의 한 측면을 가리키는 말로 쓰일 수 있다. 이 장에서 보았듯이, 거꾸로 추론해서는 안 된다. 느슨한 정의에서 시작하여 엉뚱한 방식으로 행위를 검토해서는 안 된다. 우리의 시선은 인생의 의미를 구성하는 가치에 시종일관 머물러 있어야 한다.

8장

<u>기꺼운</u>

<u>삶</u>

앞서 5장에 인생을 의미 있게 산다는 것을 다음과 같이 정리했다. 첫째, 배경적 가치를 준수하면서, 둘째, 내용적 가치를 자신의 기질, 능력, 여건에 비추어 자신에게 기꺼운 방식으로 풍부하게 채우고 창출하고 경험하는 것.

　여기서 '자신에게 기꺼운 방식으로' 산다는 것은 세 가지 중요한 함의를 갖는다. 첫째, 선(좋음)이 하나가 아니라 여럿이라는 점이다. 둘째, 선의 목록이 합의된다고 할지라도, 여러 가지 선을 자기 삶에서 어떻게 조합하고 경험하고 창출할 것인가는 자신이 결정해야한다. 셋째, 실천하는 과정에서 '기꺼이 계속하겠다.'는 확신이 든다면 이 결정은 신뢰할 만하다. 세 가지 함의를 온전히 수용할 수 있어야, 자신의 삶을 진정성 있게 산다고 할 수 있다.

'자신의 기질과 능력, 여건에 비추어'

기질과 능력, 여건은 누구나 대면하는 제약이자 자원이다. 예를 들어 수학적 사고에는 익숙하지 않지만 예술적 상상력이 뛰어난 사람이 있다. 그의 기질과 능력은 제약이자 자원이다. 수학적으로 탁월한 업적을 이루기는 어렵다는 점에서 제약이지만, 아름다운 예술 작품을 만들 잠재성이 풍부하다는 점에서는 자원이다. 자신의 제약과 자원을 진지하게 받아들이는 것이 '기꺼운 삶', 즉 진정성 있는 삶의 전제가 된다.

명백하게 불가능한 경우에서 시작해 보자. 인간은 날개가 없다. 등에 솟은 날개로 날고 싶다는 욕구는 시적인 감상을 일으키는 몽상에 불과하지, 자신의 행위를 변경하는 이성적인 이유가 될 수 없다. 그 상상이 얼마나 근사하건 간에, 인간에게 그것은 불가능한 일이다. 불가능을 인정하지 않고 인생의 계획을 세우는 것은 어리석은 짓이다. 하지만 좀 더 미묘한 경우에서는 판단이 흐트러질 수도 있다.

외국어를 좀 더 잘하면 좋겠는데 그러지 못해 괴롭다. 소질이 뛰어나서 남들보다 빨리 배우고 자유자재로 외국어를 사용하게 된다면 좋을 것이다. 그러나 나는 그렇지 않다. 이것은 본질적으로 나에게 날개가 없는 것과 마찬가지다. 날개가 없어도 비행기를 타고 하늘을 날 수 있다. 날개가 없다고 해서 비행기까지 타지 않을 필요는 없다. 그런데도 날개에 해당하는 것이 다른 사람에게 달려 있는 것처럼 보일 때 우리는 삶의 기준에 자신을 잃는다. 나의 삶은 그만큼 가치 없고 의미도 없다고 생각하거나, 짐짓 다른 이의 외국어 실력을 폄훼하게 된다. 두 가지 반응 모두 허공의 충동과 의무감, 특히 속물 근성에서 나오는 반응이다. 애초에 이런 반응이 나오게 된 원인은, 자신의 삶에서 중요한 것은 자신의 기질과 능력이라는 사실을 잊었기 때문이다.

외국어를 '남들보다' 잘하는지 못하는지는 인생의 의미와 관계없다. 외국어를 잘하는 것은 내 인생의 내용적 의미에 비추어 생각해야 한다. 내가 새가 아니라서 날개가 없는 것과, 내가 누군가처럼 외국어 능력을 타고나지 못한 것 또는 그만한 시간을 투자할 여유가 없어서 외국어를 잘하지 못하는 것은 크게 다르지 않다.

중요한 것은, 더 나은 외국어 실력이 가치를 실현하며 살아가는 데 도움이 되는가이다. 외국어를 매우 잘하지만 번역도 통역도 대화도 하지 않고 단지 이따금 기회가 오면 자기 실력을 뽐내기만 하는 사람은, 자신의 자원을 진지하게 고려하고 있지 않다. 자신의 자원을 충분히 활용하여 삶의 의미를 구성하는 가치들에 기여할 수 있음에도 불구하고, 속물 근성의 세계관에서 높은 위치를 차지하고 있다는 점에만 만족하기 때문이다.

내가 구현할 수 있는 삶의 의미에 비추어 나의 능력을 생각하기 때문에, 삶의 외부에서 위계를 의식하는 관점이 아니라 참여자이자 실천자의 관점이 중심에 서게 된다. 문제는 내가 외국어 실력으로 무엇을 할 것인가, 그래서 좀 더 시간을 들여 외국어 실력을 늘릴 것인가, 그리고 나에게 가장 효과적인 외국어 학습 방식은 무엇인가이다. 남들보다 배우는 속도가 느릴 수도 있다. 그러나 그것은 내 인생의 의미와는 무관하다. 나의 형편에 맞게, 남들보다 느린 나의 속도에 맞추어 외국어를 효과적으로 공부하는 것이 중요하다. 그렇게 획득한 능력을 체험과 이해를 넓히는 데 실제로 활용해야 한다.

기질과 능력, 여건을 제약이자 자원으로 진지하게 받아들이는 것은, 가치를 구현하고 가치에 기여하는 일이 혼자서 하는 일이 아니라는 점을 분명하게 이해하는 것이기도 하다. 인간은 상호작용하고 협동하면서 혼자서는 도저히 할 수 없는 일들을 해낸다. 사람들 사이의 협동을 전제로 하면, 사람들의 능력이나 기질, 그것을 향상시키는 여건이 똑같지 않다는 것은 부당한 불평등을 제외한다면 오히려 좋은 일이다. 공존하며 협동하는 사회에서 가치의 구현은 필연적으로 분업을 전제한다. 어떤 사람도 동시에 유능한 구두 제작자이자 양자물리학자, 정치가, 농부가 될 수 없다. 전문화와 분업은 우리 모두의 삶의 의미에 기여하는 효과적인 방식이다. 누군가는 우산을 팔고, 누군가는 회계를 정리한다. 사람의 기질은 각기 다르므로, 어떤 일에 상당한 시간과 노력을 투여하더라도 나의 기질과 맞지 않고 다른 누군가가 더 뛰어나다는 사실에 좌절할 필요가 없다. 각자가 자신이 맡은 일을 성실히 하고 그 결과가 결합되었을 때, 사람들이 누리는 가치는 훨씬 풍부해진다.

기질, 능력, 여건이라는 세 가지 요소 모두 현재의 시점에 나에게 주어진 것이다. 이 요소들은 나의 행위에 따라 개선될 수도, 퇴락할 수도, 그 성질이 바뀔 수도 있다. 그리고 그 변화들은 현재 시점에 나에게 주어진 것을 기반으로 숙고하고 실천한 결과물일 것이다.

제약이자 자원으로서 시간

만약 우리의 시간이 문자 그대로 무한하다면, 의미 있는 인생에 대한 고민은 조금 미루어 두어도 될 것이다. 미래의 어느 시점부터 고민한다고 해도, 그 이후로도 무한한 시간이 펼쳐져 있을 것이기 때문이다. 또한 시간이 무한하다면, 능력과 기질, 여건을 그렇게까지 진지하게 받아들이지 않아도 될 것이다. 아주 많은 시간을 투여한다면, 해낼 수 있는 일의 범위는 엄청나게 넓어지기 때문이다.

그러나 우리의 시간은 명백하게 유한하다. 그렇기 때문에 마치 무한한 시간이 펼쳐져 있는 듯이, 죽음은 오로지 다른 사람의 일이라는 듯이 살아가는 것은 인생의 명백한 오류이다. 물론 시간은 자원이기도 하다. 정신을 집중해서 시간을 투여하면 진리와 아름다움에 기여할 가능성이 높아진다. 그러나 시간은 한정된 자원이기 때문에, 내용적 의미가 있는 활동이라 하더라도 다른 고려 없이 많은 시간을 투여해야 한다는 결론이 곧바로 도출되지는 않는다.

텔레비전 시청이 대표적인 예이다. 텔레비전을 보면 즐겁고 심신을 회복하는 데 도움이 된다. 내용적 가치가 분명히 존재한다. 그러나 우리에게는 시간이 한정되어 있다. 그리고 분업 사회에서는 다른 사람에게 가치 있는 일을 해야 자신도 필요한 것을 구입할 수 있다. 무제한적으로, 충동이 이끄는 대로 텔레비전을 보고 앉아 있을 수는 없다. 텔레비전과 비슷한 것으로 게임이 있다. 게임은 재미있는 것이다. 정말로 잘 만든 게임의 경우에는, 게임을 할 생각만 해도 마음이 설레기까지 한다. 게임 속에서 누비고 다닌 세상을 추억처럼 떠올릴 수도 있다. 그러나 쓸 수 있는 시간에는 한계가 있다는 점을 염두에 두지 않으면 관성에 휘둘려서, 적정한 시간 이상을 투여하게 된다. 수동적인 성격이 강한 활동들은 그 활동들이 꼭 그만큼 시간을 투여할 가치가 있어서가 아니라, 다른 활동으로 전환하기가 힘든 무기력한 상태가 되기 때문에 계속하는 경우가 많다.

시간이 제약인 이유는 위계에서 더 높은 자리를 차지하기 위해 노력할 시간이 부족해서가 아니다. 그 시간에 누릴 수 있는 다른 지향적 활동으로 생기는 쾌락, 다른 사람과의 애착과 유대의 형성, 진리와 아름다움을 음미하고 공유하고 생산하는 일에 비해 과연 그 활동이 그만큼 의미 있는가를 생각해 보아야 한다. 시간은 유한하기 때문에 무언가에 바친 시간은 오롯이 사라진다. 그렇다면 어떤 활동을 한다고 해도, 내가 설정한 방향에 맞게 능동적으로 선택해야 하는 것이다. 단지 다른 활동으로 전환하기가 귀찮고 삶의 리듬에 깊이 파고들었기 때문에, 활동에 몸을 수동적으로 내맡겨서는 안 된다.

앞의 예로 돌아가 보자. 텔레비전 시청은 휴식이다. 심신을 회복하는 휴식에는 여러 가지 활동이 있다. 그래서 휴식이냐 다른 활동이냐의 고민뿐만 아니라, 주어진 휴식의 시간을 어느 휴식 활동에 쓰는 것이 가장 좋을지도 고민할 수밖에 없다. 만일 다른 휴식 활동이 더 쾌락적이고, 지금 할 수 있고, 심신이 더 회복되며, 기질에 맞는데도 단지 행동을 전환하는 요령이 없다는 이유로 별 생각 없이 텔레비전만 보고 있다면, 리듬의 변경이 필요하다. 텔레비전 시청이 아니라 다른 활동을 하도록 이끄는 요령을 실천하고, 여건을 조성해야 한다.

같은 종류의 활동을 조합하고 조정하는 원리는 서로 다른 종류의 활동을 어떻게 조합하고 조정할지에도 마찬가지로 적용된다. 삶의 내용적 가치에 비추어, 자신의 기질과 능력, 여건에 비추어, 아무런 가치에도 기여하지 않는 부분은 잘라 내고 시간을 더 투여할 만한 활동이 무엇인지 가끔씩 고민해 보는 것이다. 숙고 끝에 나온 답을 실천해 보고, 좋은 결과가 나온다면 일관되게 적용할 수 있는 방법을 찾으면 된다. 단지 일상생활에만 적용되는 것이 아니다. 출산,

결혼, 직업과 직장, 전문 분야, 사교 관계, 정치적 책임의 방식에도 적용된다.

사람들의 기질과 능력, 여건이 다르기 때문에 구체적인 결론도 다를 것이다. 그러므로 다른 사람의 활동을 우습게 보거나 함부로 교정하려는 시도는 부당하다. 이런 태도는 대부분 자신의 기질, 능력, 여건을 절대적으로 여기는 빈곤한 상상력에서 비롯된다. 그 결과는 타인의 삶을 깔아뭉개는 것일 뿐이다. 타인의 결정권을 빼앗고 교정하려는 욕망이 법과 같은 강제력을 지닌 규칙으로 발전하는 경우에는 마음에 대한 폭정despotism over minds이 된다.

속물 근성은 빈곤한 상상력을 낳기 쉽다. 지배적인 속성의 위계에 적응하지 않는 사람을 깔아뭉갬으로써, 자기 삶의 방향을 확인하려 든다. 이것은 어리석은 수작이다. 속물 근성에는 가치의 토대가 없고, 경멸과 아첨과 눈치가 그 자리를 대신 차지한다. 경멸, 아첨, 눈치 보기의 자동 발화 네트워크에서 생긴 불안을 해소하기 위해 타인에게 나와 동일한 삶, 위계에 적응한 삶을 강제하고 싶어 안달하는 것이다.

어떤 경우에도 마음에 대한 폭정을 허용해서는 안 된다. 그것은 배경적 가치를 위반하는 것이다. 우리는 진정으로 최선이라고 생각하는 삶을 각자 스스로 결정할 능력과 권리가 있다고 믿는다. 어떤 사람도 자신의 삶을 타인이 대신해서 또는 강제로 결정하는 것을 바라지 않는다. 만일 타인이 인생의 의미를 진지하게 고려하고 있지 않다면, 새로운 체험과 지식으로 시야를 확장하도록 돕는 것이 우리가 할 수 있는 전부이다. 그리고 그 일은 각자의 권리를 존중하면서 얼마든지 성실하고 열정적으로 실천할 수 있다.

시간의 제약 때문에 우리가 삶을 기꺼운 방식으로 조합하고 조정해야 한다는 결론은, '시간 제거기'의 사고 실험으로 더 분명하게 확인할 수 있다. 부유한 사립 재단에서 당신에게 다음과 같은 일자리를 제안한다. 평생 동안 주 5일, 재단에 있는 '시간 제거' 기계에 들어가 4시간에서 8시간 사이의 시간을 보내는 일이다. 이것이 일의 전부이다. 기계에 들어가면, 들어간 순간부터 나올 때까지 아무것도 의식할 수 없다. 몸은 가만히 있지만 휴식이 되는 건 아니다. 그런데 시간당 임금은 당신이 먼저 제시해야 한다. 제시한 임금이 재단 측이 내부에서 정한 기준보다 낮으면 당신의 액수로 결정되고, 재단 측의 기준보다 높으면 취업할 수 없다. 당신은 얼마의 임금을 말하겠는가?

이 질문에 대한 답은 일차적으로는 돈으로 환산한 당신의 시간 가치를 의미한다. 선택한 시간을 완전히 무無로 만드는 대가이기 때문이다. 보통의 직장인은 시간 제거 기계에 들어가는 대가를 자신이 현재 받고 있는 임금보다 높게 부른다. 왜냐하면 일이란 보통 타인의 삶에 기여하고 세상에 가치 있는 무언가를 만들어 내는 활동이기 때문이다. 반대로 자신에게도 세상에도 완전히 무의미하거나 오히려 해악이 되는 일을 하고 있다고 생각하는 사람이라면, 자신이 받는 시급보다 더 낮은 임금을 제시할 것이다.

시간 제거 기계에서 보낼 시간은, 친구를 만나거나 영화를 보거나 다른 의미 있는 일을 할 수 있는 소중한 자원이다. 그 시간이 매일 아무 경험 없이 사라진다면 안타까운 일이다. 이 사고 실험은 일차적으로는 자기 시간의 가치를 돈으로 환산해 보도록 유도하지만, 그 취지를 시간은 곧 돈이라는 점으로 국한한다면 본질을 놓치는 것이다. 기계에 들어가면 이전과 마찬가지로 돈을 벌 수 있고, 심지어 더 많이 벌 수 있다. 그러나 그 시간은 죽은 시간이다. 이 사고 실험은 본질적으로 그 이면의 반성을 겨냥한다. 유한한 시간이라는 자원으로 어떤 가치를 구현하고 경험할 것인가? 지금 하고 있는 활동은 충분한 고민을 거친 것인가?

우리는 돈 이외에도 다른 이유에서 시간을 제거하고 있을 수도 있다. 만일 그 원인이 허공의 충동과 의무감이라면 인생을 낭비하는 것이다. 결국 이 사고 실험은 가치에 대한 예민한 자각과, 자신의 기질과 능력, 여건에 맞는 기꺼운 삶의 방식이 무엇인지 고민하게 돕는다.

우리의 삶은 1분 1초라는 물감을 써서 그려 나가는 작품이다. 사용한 물감은 재활용할 수 없다. 우리가 어떤 행동을 10분 동안 하고 있다면, 우리는 그 경험과 우리가 가진 10분이라는 잠재력을 교환하기로 결정한 것이다. 이러한 시각은 속물 근성의 세계관에서 조금이라도 더 올라가기 위해 시간을 모두 투여해야 한다는 강박과는 완전히 다르다. 1분 1초를 위계를 오르는 데 남김없이 투여한다고 할 때, 그 삶에 남는 것은 사다리에서의 위치뿐이다. 그것은 가치와는 절연된 '시간 절약'이다. 속물 근성의 시간 절약에 매몰된 사회는 사람들의 삶을 집단으로 껍데기로 화석화한다.

기꺼운 방식

기꺼운 방식의 삶이란 어떤 것일까? 자신이 선택하고 조합한 활동을 해 나가면서, 무언가에 속박되어 있거나 강제되어 있다고 느끼지 않는 삶이다. 가치들은 다원적이다. 그중 하나만 골라 그것을 최대화해야 한다고 생각하는 삶이라면, 삶은 쉽게 피로해진다. 늘 쫓기는 기분에 시달리고, 어쩔 때는 자신의 삶이 무언가에 희생당하고 있다는 느낌까지 든다. 이 경우 분명히 자신이 선택한 삶임에도 불구하고 더 이상 삶의 주인이라는 느낌이 들지 않는다.

물론 우리는 불완전한 사회에서 살고 있다. 살아가면서 하게 되는 모든 일이 기꺼운 것일 리는 없다. 기꺼운 방식이란 상대적인 개념이다. 다른 삶과 비교하여 더 기꺼운 활동을 조합하고 경험할 수 있는 삶의 방향을 택하면 된다. 기질과 능력, 여건이 각기 다른 사람들에게 일률적으로 적용되는 삶의 목적 같은 것은 없다. 삶에서 무언가를 최대화해야 한다는 생각에 사로잡힌 사람은, 삶이 희생당하고 있다고 느끼고 억울한 심정을 품게 된다. 가치는 다원적이며 하나의 목적이나 조합만이 절대적으로 우월하지 않다는 것을 인정한다면 보다 풍요로운 삶으로 향하는 방향을 모색할 수 있을 것이다.

어떤 목적을 최대화하는 삶을 살아야 한다는 목적론을 따르지 않더라도 문제가 발생할 수 있다. 다원적인 가치 각각은 인생의 의미를 구성하는 요소들이다. 그런데 가치를 하나씩 떼어 내서 보면, 그 모든 가치를 가능한 한 최대화해야 한다는 의무감에 휩싸이기 쉽다. 이것은 우리가 사회적 존재이자, 상호작용하고 협동하는 존재임을 잊었기 때문에 생기는 착각이다. 우리 각자가 배경적 가치를 준수하면서 내용적 가치를 추구하는 한, 나에게 가장 기꺼운 활동을 할 때 협동을 통해 가치가 더욱 풍부해진다.

기꺼운 방식이 아닌데도 그 방식을 따르는 이유를 두 가지로 정리할 수 있다. 첫째, 자신의 기질과 능력, 여건을 세심하게 살피지 않았기 때문이다. 둘째, 허공의 충동과 의무감이 삶의 리듬을 타고 잠입해 들어오는 것을 막지 않았기 때문이다. 속물들은 자동 발화 기계마냥 허공의 충동과 의무감을 진정한 것으로 유포한다. 이 두 가지 이유를 적절히 차단한다 해도, 기꺼운 방식이 무엇인지 유념해야 한다. 그렇지 않으면 삶의 목적론과 모든 가치를 최대화해야 한다는 의무감에 사로잡혀서, 기꺼운 삶에서 멀어질 수 있다. 의무는 배경적 가치를 준수하는 것으로 충분하다. 그런 한에서 내용적 가치를 추구할 때는, 자신의 삶을 스스로 주재하면서 자신에게 기꺼운 방식으로 살아가야 한다.

과정으로서 인생

어떤 측면에서 보면 인생은 그 자체가 부단한 노동이다. 그러나 우리는 어린 시절의 기억에 사로잡혀서, 진정한 인생은 노동 끝의 과실을 향유하는 즐거움 속에만 있다고 생각하기 쉽다. 그렇기 때문에 노동과 학습의 시간은 '수단화'되며, 목적을 달성하기 위해서 어쩔 수 없이 거쳐야 하는 인고의 시간으로 설정된다. 자본주의 사회는 이 이분법을 강화한다. 승진, 연봉 상승, 사업 확장을 달성한 상태만이 '목적'이 되고 나머지는 수단으로 전락한다.

인생은 아침에 일어나서 세수하고, 양치하고, 가방을 챙겨서 집을 나서고, 버스나 지하철을 타고, 사무실 의자에 앉고, 커피를 마시고, 장비를 준비하고, 물건을 옮기고, 자료를 읽고, 공부를 하고, 반복 훈련을 하는 시간으로 대부분 구성되어 있다. 수단과 목적의 이분법에서 이 시간들은 향유의 시간이 아니다. 이 시간들은 목표를 달성하기 위해 동원해야 하는 자원에 불과하다. 수단과 목적의 이분법에서 보면, 진정한 인생은 극히 짧다. 이런 극단적인 시각을 반영하는 언어가 만연할수록, 자동 발화 기계들이 그 언어를 더 많이 발화할수록, 수단과 목적의 이분법에 따른 제재와 이득이 실제 삶에 결부될 것이고 그 결과 삶이 퇴락할 것이다.

인생의 의미는 의식이 존재함을 전제로 한다. 따라서 의식의 체험이야말로 인생에 필수적인 부분이다. 그런데 의식의 체험을 도외시하고 의식이 작용하여 이루어 놓은 성취나 모양새에만 집중할 경우, 인생은 속이 빈 껍데기로 변한다. 그 성취가 아무리 내용적 가치와 관련이 있다 하더라도 말이다.

대륙을 오가며 편지를 전달하는 심부름꾼의 삶을 상상해 보자. 그가 오가는 두 나라의 수도는 걸어서 6개월 거리다. 그는 6개월 동안 여러 마을을 거쳐 목적지에 도착한다. 목적지에서 일주일을 쉬고 다시 편지를 들고 여정을 떠난다. 물론 그의 이동은 편지를 전달한다는 목적과 떼어 놓을 수 없다. 그렇다고 해서 그의 삶에서 편지를 전달하는 것만이 목적이고, 그 이외의 시간이 수단인 것은 아니다. 그의 삶은 오히려 편지를 전달하기 위해 여행하는 시간이 중심이 된다. 그가 만일 빨리 도착하고자 발걸음을 재촉하여 이전과 다르게 풍경을 외면하고 사람들과 대화하지도 않는다면, 그는 시간을 아낀 것이 아니라 여행한 시간을 버린 것이다.

이분법이 이야기하는 목적은, 모든 노력을 투여하고 난 뒤에 다다르는 시간상의 끝 지점을 가리킬 수밖에 없다. 인생의 끝 지점은 바로 죽음이다. 수단과 목적의 이분법에 따르면, 죽음에 이르렀을 때 이루어 놓은 것을 지금 이룰 수 있다면, 지금 죽어도 아무런 차이가 없다. 이것이 바로 이분법의 파산이다.

이웃을 방문하고, 집 안의 소품을 사고, 재미있는 텔레비전 프로그램을 보고, 산책하고, 기차 여행을 떠나고, 아름답거나 신나는 음악을 듣고, 독서하고, 수영하고, 머리 스타일을 바꾸고, 시장을 둘러보고, 맛있는 요리를 하고, 마음을 설레게 하는 음식을 먹고, 박물관과 음악회에 가고, 카드 게임하고, 카페에서 향긋한 커피를 마시고, 합창단에서 노래하고, 반려동물을 쓰다듬고, 목욕하고, 즐거운 기분으로 술을 마시고, 춤추고, 하늘의 별을 바라보고, 운전하고, 좋아하는 이와 시간을 보내고, 낚시하고, 사진 찍고, 흥미로운 강의를 듣고, 라디오를 듣고, 농담을 주고받고, 길가에 난 풀을 보고, 어수선한 방을 깔끔하게 정돈하고, 꽃향기를 맡고, 햇살을 즐기고, 글을 발표하고, 전등을 갈고, 과일을 먹고, 전화로 수다를 떨고, 일기를 쓰고, 메모하고, 사람들을 구경하고, 눈빛을 주고받고, 반갑게 인사하고, 자료를 해석하고, 글을 쓰고, 일을 분담해서 해내고, 새로운 것을 알게 되고, 외국어를 배우는 모든 일들은, 자신이 정한 삶의 방향을 향한 여정의 일부일 때 그 자체로 가치 있는 경험이다.

가치를 구현하고 경험하는 과정을 진지하게 생각할 때, 살아 있음의 의미가 구성될 수 있다. 그리고 그 과정을 진지하게 받아들이고 체험하기 위해서는, '기꺼운 방식으로' 인생을 이끌어야 한다.

최선을 다한다는 것

"최선을 다해라!" 우리 사회에서 덕담처럼 오고가는 말이다. 격려의 의미로도, 경고의 의미로도 쓰인다. 그러나 최선을 다한다는 것이 도대체 무슨 뜻일까?

사람들이 흔히 생각하는 의미는, 좁은 범위의 목표에 초점을 맞추고 모든 에너지와 시간을 쏟아부어 기력을 소진하라는 뜻이다. 고통스러울 정도로 젖 먹던 힘까지 다해 하얗게 불태운다는 정신으로, 모든 수단적 자원을 쏟아붓는 것이다. 또한 이 말은 시험 성적이나 달리기 기록 같은, 결과를 극대화하라는 뜻으로도 쓰인다. '최선을 다하라'고 조언하는 것은 아무 문제가 없을까? 가상의 사례를 들어 생각해 보면 명확해질 것이다.

스포츠를 소재로 한 작품에서 흔히 나오는 이야기다. 어느 고등학교의 야구부 감독이 팀의 에이스에게 간곡히 조언한다. 이번 대회에 최선을 다하라고. 투수는 감독의 조언을 따라, 마지막 경기까지 고통을 악물고 팀을 승리로 이끈다. 하지만 팔의 관절이 망가지고, 졸업 이후에 야구를 계속하지 못한다. 이 이야기에서 그는 최선을 다한 것일까? 대회에서 우승하는 것이 삶의 유일한 목적이고 그 이외의 모든 시간은 수단이라고 전제할 때, 그는 최선을 다한 것이다. 대회가 끝나고 투수는 자신의 삶이 희생되었다는 사실에 억울해 할지도 모른다. 목적과 수단의 이분법이 전제된 '최선을 다하라'는 조언은, 자신의 삶을 기꺼운 방식으로 이끌 수 없게 만든다.

회사, 동호회, 가족 등 모든 조직과 유대 관계에서는 조직과 유대 관계를 최우선으로 하라는 발화가 지배적이기 마련이다. 회사 같은 조직에서는 공식적으로 상벌 제도를 운용하는 것을 넘어서, 사람들에게 허공의 의무감을 심어 주기 위한 자동 발화가 넘쳐 난다. 자동 발화 기계들은 삶의 다른 부분을 희생하고 정력을 소진하여 실적을 끌어 올려야 한다고 말한다. 치타에게 한 마리의 영양을 잡기 위해 젖 먹던 힘을 다해, 실패할 경우 다음 영양을 쫓을 기력도 없을 정도로 애쓰라고 소리친다. 사람들은 별 생각 없이 이런 지침을 의무의 언어로 포장하기 때문에, 순진한 사람들은 자동 발화의 손쉬운 먹잇감이 된다. 인간의 당연한 도리를 이야기하고 있다는 표정을 하고서 죄책감을 깊숙이 심어 타인의 시간과 정력을 소진시키는 자동 발화 기계들의 먹잇감이 되는 것이다. 기꺼운 마음으로 조직의 먹잇감이 되려는 사람은 아무도 없다. 자신이 희생되었다는 사실을 깨닫고 나면, 억울한 마음이 들 것이다. 자신의 삶을 주재하지 못했다고 느낄 것이다. 애초에 가치와 절연된 자동 발화를 좇았기 때문이다. 그럴듯한 목적과 수단의 이분법으로 포장되고, 최선이라는 번지르르한 말로 수식된 자동 발화를 반성 없이 수긍했기 때문이다. 기질과 능력, 여건이 다른 사람이 종용한 삶을 의무감에서 따랐기 때문이다.

목적과 수단의 이분법에서 인생의 '최선'을 따지는 것은 언제나 받아들이기 힘든 결과를 가져온다. 문제는 '최선'이라는 단어에 있는 것이 아니다. '최선'은 가장 나은 것을 의미할 뿐이다. 우리는 기꺼운 방식으로 내용적 가치를 구현하는 삶을 최선의 삶이라고 부를 수 있다. 그러므로 문제는 목적과 수단의 이분법에 있다.

'최선'이라는 단어가 오염된 이유는 무엇일까? '최선'을 입에 담는 사람들이 언제나 목적과 수단의 이분법을 전제로 이야기하기 때문이다. 그들이 그렇게 하는 데에도 이유가 있다. 첫째로, 그들은 발화의 대상이 되는 사람들이 짜내는 노동이나 노력으로 무언가를 얻거나 간접적인 혜택을 보는 지위에 있는 경우가 많다. 그들은 발화가 반복되면 세뇌가 일어나 허공의 의무감을 창출하므로, 효과가 있다는 것을 알고 있다. 둘째로, 직간접적인 혜택을 보는 지위가 아님에도 불구하고, 자동 발화 기계들이 내뱉는 세계관 속에서 인생을 바라보게 되었기 때문이다. 즉, 인생이란 가시적인 성취의 연속에 불과하며, '특정 시점에서 목적을 최대한 달성하는 것이 성공한 삶'이라는 인생에 대한 앙상한 이해 속에서 살고 있기 때문이다. 이러한 앙상한 이해는 사람들의 가치를 그들의 지위에 따라 평가하고 경멸과 부러움을 내보이는 속물 근성의 세계관 속에서 작동한다. 속물 근성은 자의식을 자극하는 인정과 무시의 그물망을 통해 속물 근성을 낳고, 인생에 대한 앙상한 이해 역시 자동 발화의 그물망을 타고 앙상한 이해를 재생산한다. 이 순환을 깨는 것은 오로지 반성과 추론, 탐구에 의한 이성적 성찰이다. 인생에 대한 앙상한 이해는 외부의 자극에 이끌려 형성된 정신과, 인생에 대한 반성 없는 태도를 반영한다.

인생을 가시적인 성취의 합이라고 본다면, 어떤 사람의 삶을 지우고 그의 성취만 남기더라도 그의 인생은 존재하는 것이 된다. 이것은 어불성설이다. 성취는 분명 중요하지만 성취의 좋음은 삶 자체, 살아간다는 것과 떼어 놓을 수 없다. 즉, 성취는 지향적이다. 성취는 과정으로서 수행performance이 가져다주는 경험 자체의 측면에서 음미되어야 한다. 수행은 영역과 분야, 시기, 관계를 전제한다. 이 요소들을 어떻게 조합하고 어디에 비중을 둘 것인가는 그 사람의 기질과 능력, 여건을 고려해 사람마다 다르게 결정해야 한다. 따라서 '최선'은 양적인 최대화의 개념이 아니라, 수행을 선택하고 진행하는 방식을 의미한다. 수행을 하는 사람에게 맞는 삶의 경로에 비추어, 적정한 비중이라는 맥락을 떼어 놓고 판단할 수 없다.

진정한 최선이란 무엇인가

그렇다면 최선最善은 무엇일까? 먼저 인생에서 '좋음'이 무엇인지를 확정하는 일이 필요하다. '좋음'은 우리의 생물학적 여건, 사회적 관계, 전통으로부터 영향받은 탁월함, 아름다움, 완전함의 이상으로 정의되고 사회에 자리 잡는다. '좋음'은 온전히 주관적인 것이 아니라 상호 주관적인 개념이며, 사람들의 유아적인 끌림이나 결단과 독립되어 타당성의 조건을 충족해야 한다는 점에서 객관적인 개념이다.

최선을 다하는 것은 '반성', '조회', '지속 가능한 실행'의 세 가지 단계를 포함한다. 첫 번째 단계인 '반성'은 두 가지 종류가 있다. 삶의 방향타가 제대로 설정되어 있는가, 즉 나에게 가장 좋은 삶이 되고 있는가, 나의 여건과 기질에 비추어 더 나은 삶이 있는가를 가치를 기준으로 반성하는 '폭넓은 반성'과, 어떤 수행을 하기로 했을 때 지금 잘 해 나가고 있는가를 검토하는 '좁은 반성'이다. 먼저 '폭넓은 반성'은 습관이나 충동이 아니라 이성으로 수행의 영역과 비중을 검토하는 작업이다. 내가 가진 지식과 타인의 삶에 관한 정보를 자료로 삼아 곱씹어 보아야 한다. 그다음 지금까지의 수행 방식을 검토하고 더 나은 방식을 찾는 '좁은 반성'의 단계를 거쳐야 한다. '조회'는 자신이 모르던 것을 알아보려고 노력하는 단계이다. 우연히 지금까지 접한 지식과 정보로만 결정하려고 해서는 안 된다. 마지막 단계인 '지속 가능한 실행' 단계에서는 자신이 정한 수행의 영역과 비중이 지속 가능한지를 실행 과정에서 검토한다.

결국 반성, 조회, 지속 가능한 실행이 '최선'의 공통된 구조이다. 이것이 바로 목적과 수단의 이분법에 사로잡히지 않고 인생의 가치를 구현할 수 있는 '최선'의 개념이다. 어느 누구도 무언가에 삶을 소진해야 한다는 의무감에 사로잡힐 필요가 없고, 다른 사람이 심어 놓은 죄책감에 시달릴 필요도 없다. 그러면서도 우리는 무가치한 나태나 무지한 확신에 빠져 자신의 인생을 낭비하지 않을 수 있다. 반성을 통해 신념을 점검하고, 조회의 과정에서 신념을 개선하며, 지속 가능한 실행에 어울리는 방식으로 인생의 방향을 세우고 언제나 근본적으로 검토할 태도를 갖출 수 있는 것이다.

9장

인간적 선이

되는

상호작용

지금까지 우리는 인생의 내용적 가치와 배경적 가치를 알아보았다. 요약하자면 삶의 내용적 가치란, 자신과 타인의 쾌락을 증진하고 고통을 줄이는 일, 탁월하고 좋은 것(예술과 학문 등)을 음미하고 그것의 발전에 기여하는 일로 규정할 수 있다. 삶의 배경적 가치는, 타인들도 내용적 가치를 확인하고 이를 누릴 수 있는 동등한 존재로 인정하는 것이다. 이 장에서 새롭게 다룰 부분은, 사람들 사이의 상호작용이라는 관계적 가치다.

관계적 가치가 사라질 때 우리는 외로움과 소외를 느낀다. 공허하고, 쓸쓸하고, 버려진 것 같은 느낌이 든다. 홀로 아무리 풍부한 경험을 하고 탁월한 성취를 이룬다고 해도, 관계적 가치를 누리지 못하면 결핍을 느낀다. 우리는 다른 사람들과 관계 맺고 싶어 하고 상호작용하고 싶어 한다.

인간들 사이의 모든 상호작용이 선(좋음)이 되는 것은 아니다.

대표적인 예가 '경멸적 상호작용'이다. 서로에게 경멸의 말을 던지기만 하는 상호작용은 아무리 늘어나도 외로움을 덜지 않는다. 오히려 적대감과 더 깊은 외로움이 생긴다. 이처럼 서로 대칭적인 관계의 경멸적 상호작용뿐 아니라 비대칭적인 관계의 경멸적 상호작용도 마찬가지다. 가장 일반적인 형태가 속물적 상호작용이다. 속성의 위계가 그려지고, 위계의 위쪽에 있는 사람에게는 아첨과 부러움을, 아래쪽에 있는 사람에게는 과시와 경멸을 보낸다.

내용적 가치 자체를 진지하게 생각하는 사람은 속물의 찬탄과 부러움에 무관심하다. 지식의 진보에 기여한 과학자는 초등학생으로부터 "정말 대단한 과학적 업적을 이뤄 내셨어요!"라는 말을 들어도 가치 있는 칭찬을 받았다고 생각하지 않는다. 그는 그가 기여한 바를 이해하고 음미할 수 있는 사람으로부터 칭찬을 받고, 더 나아가 학문에 새롭게 기여할 수 있는 활기 넘치는 대화를 나눌 때 훨씬 더 기뻐한다. 속물적 상호작용은 내용적 가치가 사라진 공허한 상호작용이며, '위계의, 위계에 의한, 위계를 위한' 상호작용이다. 이런 상호작용이 늘어나도 삶은 좋아지지 않는다. 그만큼 나빠질 뿐이다.

사람들이 삶을 좋아지게 하지 않고 오히려 나빠지게 하는 상호작용에 매몰되는 이유는 그들이 관계적 가치를 평가하는 타당한 기준을 모르기 때문이다. 가치의 기준이 서고 나면, 선이 되는 상호작용과 그렇지 않은 상호작용을 구분할 수 있다. 먼저 부인할 수 없는 선의 상호작용을 살펴보자.

접촉과 소통

첫 번째는 접촉이다. 접촉이란 함께 있고, 함께하는 활동이다. 시공간적으로, 신체적으로 함께 있고, 쾌락의 증진과 고통의 감소, 기쁨과 부담의 공유를 함께한다. 접촉은 종류와 정도가 다양하다. 상대방에 대한 최소한의 인간적인 존중에서 이루어지는 접촉도 있다. 예를 들어 한 달 내내 아무 말도 하지 않고 글을 쓰더라도 집에서 혼자 지내는 경우와 커피숍이나 도서관에서 지내는 경우는 접촉의 정도가 크게 다르다. 매일 커피숍에 간다면 직원이 당신을 알아볼 것이고, 웃으며 인사도 나눌 것이다. 도서관에 가서 모르는 사람들 옆에 앉더라도 함께 공부하는 관계가 남는다. 만일 한 달이 아니라 일 년이라면 그 차이는 매우 커진다. 최소한의 접촉이 있기 때문에 그만큼 덜 외로워진다. 커피숍에 같이 있는 사람들은 서로 무관심하지만 인간적 존중이 전제되어 있고, 같은 시공간에서 함께하고 있다. 이런 접촉은 얼핏 의미가 없어 보이지만, 실제로는 중요한 의미가 있다.

가장 높은 수준의 접촉은 연인 사이의 사랑이다. 자아를 잃게 만들고, 두 사람이 서로를 분간할 수 없게 만들며, 충만감이 일상에 가득하며, 연락을 주고받으면서 사랑하는 사람이 곁에 있다는 느낌을 받고, 서로의 삶에 관심을 기울이고 깊이 신경 쓰고 있다는 점을 확인하며 키다란 위안을 얻는다.

부모와 아기의 접촉도 최고의 접촉이다. 아기가 엄마에게 달라붙고, 안긴다. 엄마와 아빠가 아기를 안고 흔들어 주면 편안해하며 스르륵 잠이 든다. 아기가 손가락으로 물건을 가리키고, 아장아장 걷고, 짧은 단어를 말하면 부모는 크게 기뻐한다. 아기는 부모의 기쁨하는 모습을 보고 신이 나서 그 능력을 더욱더 발휘하려고 한다. 이 상호작용은 다른 것으로 대체할 수 없는, 고유한 인간적 선이다.

인간의 접촉은 최소한의 접촉인 존중과 온기에서부터, 최고의 접촉인 연인, 부모 자식의 접촉에 이르기까지 다양한 수준이 있다. 생활의 리듬과 삶의 방향에 따라 접촉의 관계를 형성하고, 유지하고, 강화하는 것은 의미 있는 삶을 구성하는 중요한 활동이다.

두 번째 선의 상호작용은 소통이다. 소통이란 진리와 아름다움에 대한 경험과 지식을 주고받고 함께 향유하는 활동이다. 소통 역시 정도와 종류가 다양하다. 악보를 연주하면서 감탄할 때 연주자는 작곡가와 소통한다. 소통은 접촉 없이도 이루어질 수 있고, 꼭 시공간적으로 동시에 오가지 않아도 된다. 2천 년 전의 사람이 쓴 책을 읽으며 그가 말하고 깨달은 바를 지금 여기서 읽고 깨닫는 것도 소통이다. 소통은 세계와 인생의 작동 방식과 의미에 대한 생각을 제대로 다듬어 가는 기쁨을 함께하는 것이다. 강의를 하는 것, 강의를 듣는 것, 책을 쓰는 것, 책을 읽는 것도 소통이다. 최고의 소통은 탁월한 것에 기여하는 작업 속에서 두 사람이 의견을 주고받고 협동하여 새로운 좋은 것을 만들어 낼 때 발생한다. 노벨경제학상 수상자 심리학자 다니엘 카네먼과 심리학자 아모스 트발스키의 관계, 수학자 폴 에어디쉬와 다른 많은 수학자들의 관계가 좋은 예이다. 그들은 문제를 함께 발굴하고, 해결할 도구를 탐색하며, 아이디어가 떠오르면 감탄하고 거기에 새로운 아이디어를 더하고, 검증하고, 성공을 기뻐했다.

소통은 상호작용을 하기 이전과 하는 동안, 각자의 기질과 능력을 발휘하면서 이성을 활용하여 진지하게 경험하고 탐구하는 상태를 전제로 한다. 자신의 능력을 발휘하고 이성을 자립적으로 사용하지 않는다면 소통은 일어나지 않는다. 그것은 그릇에서 그릇으로 정보가 이전한 것일 뿐이다. 상대방이 이성을 활용하지 않는다면, 나의 설명과 논증을 듣고 같은 견해를 가지게 되었다고 해도 수동적으로 세뇌되었거나 귀찮아서 동의해 버렸다고 의심할 수밖에 없다.

그보다 더 근본적인 문제가 있다. 진리와 아름다움에 대한 선이해先理解가 없는 사람은 타인이 소통하기 위해 내놓은 내용을 제대로 이해할 수 없다. 수학을 익히지 않은 사람은 물리학 이론을 스스로 이해하고 느낄 수 없다. 다른 사람을 통해서 의견을 전해 들을 수 있을 뿐이다. 사랑의 표현을 고민해 본 적 없는 사람은 사랑을 찬미한 시에 감동할 수 없다. 더 나아가, 다른 사람들이 음미할 만한 내용을 내놓을 수도 없다. 어떻게 하면 사람들을 즉석에서 웃길까만 고민하고 주어진 일만 하는 사람은 사람들과 재미있게 접촉할 수 있지만 소통할 수는 없다. 소통은 정신을 집중하고 앎을 조직하는 시간을 필요로 한다. 그런 시간을 끈기 있게 가지지 않는다면, 스스로는 소통하고 있다고 착각할지 몰라도 실상은 단순히 접속하고 있을 뿐인 것이다. 그는 기계적으로 반응할 수 있는 몇 안 되는 외부의 자극에 따라, 자신의 반응을 퍼뜨리기만 한다.

접촉과 소통이 서로 겹칠 수도 있다. 많은 부분이 겹친다면 운이 좋은 것이다. 서로의 능력을 인정하는 사람들이 함께 중요한 주제를 탐구하며 매일같이 어울려 지내는 시간은 그 자체로 삶에 엄청난 안정감과 자존감을 가져다준다. 진리와 아름다움에 기여하는 순간, 막혀 있던 문제를 돌파하는 순간에 자신을 인정하고 북돋고 더 나은 방식을 제안하는 사람들과 동고동락하는 삶은 천금과도 바꿀 수 없는 행운이다.

그렇게까지 운이 좋지 못하다고 해도 걱정할 필요는 없다. 서로 겹치기도 하지만 접촉과 소통은 독립적으로 추구할 수 있는 가치다. 수준 높은 소통이 접촉의 전제는 아니며, 수준 높은 접촉이 소통의 전제도 아니다. 접촉 없는 소통은 가치가 없다는 생각이 큰 잘못이듯이, 소통 없는 접촉이 의미 없다는 생각도 잘못이다. 아기와 부모는 소통하지 않는다. 부모가 무슨 생각을 하는지 아기는 알 수 없다. 부모가 사회학자라 해도 아기는 사회학을 이해하지 못한다. 그러나 접촉 그 자체가 커다란 인간적 선이다. 접촉은 상대방을 인간으로서 존중함을 전제로 하면서, 상대방과 함께 있음을 즐거워하고, 더 나아가 상대방이 인생에서 가치를 경험하기를 바라는 상호작용이다. 접촉과 소통은 공통적으로, 삶에서 선을 경험하기를 바라는 진지하고 인간적인 관심을 전제로 한다.

부정적인 관심은 소통이나 접촉과 양립할 수 없다. 어떤 예술가의 작품에 크게 경탄하면서 그 예술가가 병에 걸려 고통스러워하기를 기대하는 마음은 수행적 모순이다. 접촉에서 수행적 모순은 훨씬 더 강하고 분명하게 드러난다. 연인이 취업에 실패하기를 바라거나 따돌림당하기를 바란다면, 그는 연인을 사랑하지 않는 것이다.

속물 근성의 세계관과 접촉

충분히 예상할 수 있듯이, 속물 근성의 세계관은 접촉을 방해한다. 이 세계관에 따르면, 접촉 관계에 있는 상대방이 어떤 위계에서 더 높은 지위를 얻을 때, 상대방의 인생은 잘 되어 가는 것이다. 그래서 속물은 상대가 내용적 가치를 누리는지에는 관심이 없다. 속물은 상대가 요즘 즐거운지, 몸은 건강한지, 재미있게 읽은 소설은 무엇인지, 무엇을 흥미롭게 공부하고 있는지, 이 전시회에 갈 생각이 있는지를 묻지 않는다. 대신 상대의 직업이 얼마나 인정받는지, 키가 몇인지, 학교에서 몇 등 했는지, 결혼은 언제 하는지, 부모는 무엇을 하는지를 묻는다.

외관이 내용을 대신하고, 외관을 갖추지 못한 사람에게는 질책과 자동 발화적인 권유가 뒤따른다. 이것은 상대방이 삶에서 선을 누리기를 바라는 진지한 관심이 아니다. 자동 발화하는 속물들은 상대방이 인생에서 가치를 경험하고 구현하는 데 관심이 없다. 속물 근성의 세계관이라는 독단을 사람들이 따르도록 만들어야 한다는 충동을 가지고 있을 뿐이다.

속물 근성의 세계관은 접촉의 대상이 되는 사람들을 등급으로 줄 세운다. 겉보기에 현명하고 노회한 삶의 태도는 그것이 속물 근성의 세계관을 바탕으로 할 때 피상적인 재치를 표현할 뿐이다. 루쉰의 소설 『아Q정전』의 주인공 '아Q'가 이 점을 잘 보여 준다.

아Q는 웨이주앙未蔣 마을에 산다. 그는 사람들에게 무시당하며 사는 별 볼 일 없는 청년이다. 사람들의 무시에 자의식을 자극받은 아Q는 자신이 마을 유지인 짜오 나리와 친척이라고 거짓말하여 위신을 세우려고 한다. 아Q는 가치 있는 삶에 관심이 없다. 그저 자신이 지위가 높은 사람과 관련되어 있다고 과시함으로써 자신과 비교하여 경멸당해 마땅한 사람들로부터 찬탄과 굴종을 얻으려는 속셈에만 골몰한다. 아Q의 비극은 그가 그토록 매몰되어 있는 속물 근성의 세계관에서 그의 지위가 한없이 초라하다는 데 있다. 돈도, 권세도, 힘도 부족하다. 그는 거짓말을 하고 돌아다녔다는 이유로 흠씬

혼쭐난다. 얼굴에 털이 난 동네 건달이 옆자리에 앉자, 자기보다 외모가 못한 사람이니 자기가 곁에 앉아 주는 것이 영광이라고 생각한다. 그러다 오히려 된통 두들겨 맞는다. 화가 나서 자기보다 힘이 약한 비구니를 희롱하고 싸움에서 이겼다고 정신적으로 자위한다.

아Q는 마치 현자처럼 보이기도 한다. 그는 도둑으로 몰려 사형을 당하게 되었을 때도, 사람이 살다 보면 사형을 당할 수 있다고 생각한다. 스토아 학파의 철학자 세네카가 로마 황제 네로로부터 사약을 받아 마시면서 의젓한 태도를 잃지 않고 오히려 친구들을 위로하는 모습과 겹쳐 보인다. 그러나 단지 겉모습이 비슷해 보일 뿐이다. 세네카는 선한 행위와 덕의 실천이라는 가치를 기준으로 삼았다. 아Q는 가치를 기준으로 삼지 않았다. 그는 오직 속물 근성의 세계관 속에서 살았을 뿐이다. 따라서 그에게 가능한 유일한 대안은, 자신이 실제로 처해 있는 지위보다 더 높은 지위를 차지하고 있다고 스스로를 속이는 것이다. 이것이 아Q식 '정신 승리'의 핵심이다. 아Q의 '정신 승리'가 에피쿠로스 학파나 스토아 학파의 지혜와 다른 점은 그가 인생의 내용적 가치나 배경적 가치와 완전히 절연되어 있다는 점이다. 아Q가 현실을 왜곡해서 인지하는 정신 승리의 방식은, 많은 속물들이 자존심을 유지하는 편리한 전략으로 사용한다. 정신 승리에 성공하려면 스스로를 속일 정도로 타인을 경멸하는 발화를 되뇌어야 한다.

아Q와 마찬가지로 속물들은 위계의 높은 곳에 있는 사람들과 연결되면 자신의 가치도 덩달아 올라간다고 생각한다. 그러면서도 위계에서 낮은 곳에 있는 사람들과 만나는 일을 멈추지 않는다. 속물들은 자기 안에서는 결코 나올 수 없는 인생에 대한 확신을, 자신이 가치 없다고 보는 사람들의 굴종적인 찬사에서 강렬히 구하기 때문이다.

아Q의 자의식은 웨이주앙 마을 사람들이 자동 발화로 단단히 조여 놓은 세계관 속에서 탄생한 것이다. 그러므로 『아Q정전』에서 눈여겨봐야 할 부분은 아Q가 아니라 웨이주앙 마을 사람들이다. 마을 사람들은 홉스적 자연상태에 놓여 만인의 만인에 대한 위신 투쟁에 걸신들린 듯, 내용적 가치와 배경적 가치, 관계적 가치에 전혀 신경 쓰지 않는다. 마을 사람들은 아Q가 성내에서 거인 나리의 집에서 일했다는 이야기를 듣고 아Q를 존경한다. 높은 지위의 사람과 관련되었다는 이유로 지위가 자동적으로 높아지는 것이다. 아Q가 도적단의 일원으로 비싼 물건을 빼돌려 장물로 팔아 치울 능력이 있다고 여겨지는 순간 아Q에 대한 경외심은 더 높아진다. 그러다 위계에서 아Q의 실제 지위가 발각되자, 사람들은 아Q에게 아무런 관심도 갖지 않는다. 아Q가 도둑으로 몰려 조리돌려지고 비참하게 사형당해도, 아무도 신경 쓰지 않는다. 단지 사형수가 마을을 도는 동안 노래한 번 제대로 부르지 못했다고 탓하며, 재미없는 광경을 구경하느라 헛고생했다고 툴툴거린다.

경멸적 상호작용의 당사자들은 기이하고 역설적인 처지에 놓여 있기 때문에, 상대방과 삶의 선을 함께 누리겠다고 생각할 여유가 없다. 이 점은 『아Q정전』보다 더 사실적인 도스토옙스키의 소설 『지하생활자의 수기』에서 분명하게 드러난다. 소설의 주인공 '나'는 러시아 제국의 하급 관리로, 늘 자신이 모욕당한다는 생각에 안절부절못한다. 특히 한 가지 문제가 적잖은 기간 동안 그를 고통스럽게 했는데, 매번 같은 길에서 마주치는 군대 장교와 관련한 것이었다. 장교에게 돈을 빌려주었는데 돌려받지 못했다는, 그런 문제가 아니다. 길에서 마주칠 때마다 장교가 먼저 몸을 비킨 적이 한 번도 없었던 것이다. 매번 주인공이 먼저 몸을 비켰다. 그는 그럴 때마다 분통이 터져 어쩔 줄 몰라 한다. 장교가 자기 자신을 먼저 몸을 틀지 않아도 되는 대단한 존재라고 여기리라 짐작하면서, '나'는 배알이 꼴려서 견딜 수 없어 한다. 그래서 '나'는 일생일대의 전투를 준비한다. 장교와 길에서 마주칠 때 몸을 비키지 않기로 결심한 것이다. '나'는 이 전투를 위해 상관에게 월급을 가불해 달라고 무리하게 요청하기까지 하면서 비싼 외투를 구해 입는다. 그러나 새 외투까지 걸쳤음에도 불구하고, 실행에 나설 때마다 소심증으로 자신이 먼저 몸을 비키고 만다. '나'는 많은 실패를 반복하고 나서야, 몸을 비키지 않는 데 성공한다. '탁' 하고 어깨가 아주 약간 부딪혔던 것이다. 그러나 장교는 아무 상관도 없는 듯이 그저 걸어가는데, '나'는 의기양양해 하며 인생에서 대단한 것을 성취한 것 같은 기분을 느낀다.

'나'의 자의식은 쉼 없이 자극받는다. '나'는 경멸해 마지않는 친구의 환송식이 열린다는 소식을 우연히 만난 친구를 통해 전해 듣는다. 경멸하는 친구이므로, 그 친구와 접촉하고 싶은 것도 아니고 대화를 나눌 생각도 전혀 없다. 더구나 자신은 가난한 데다가 하급 관리이므로 모임에 가면 경멸당하리라는 사실을 분명히 안다. 그렇지만 돈이 없어서 참석하지 못했다는 모양새가 날까 봐, 아무도 환영하지 않는 그 모임에 일부러 참석하겠다고 고집을 피운다. 모임에 참석한 그는 예견한 대로 철저히 무시당하고 소외당한다. '나'는 화가 나서 될 대로 되라는 심정으로, 유곽에 가려는 친구들 중 한 명에게 고집을 피우고 돈을 빌려 자신도 유곽으로 향한다. 그곳에서 '리사'를 만난다. '나'는 친구들에게 받은 모욕을 분풀이할 셈으로 리사에게 유곽의 여자가 어떤 운명의 결말을 맞는지 한껏 상상력을 발휘해서 저주스러운 미래를 들려준다. 빚을 갚지 못하고, 병에 걸려 말을 듣지 않는 몸으로 포주에게 줄곧 괴롭힘을 당하다가 쓸쓸하게 죽어 비오는 날 축축한 땅에 인부들의 욕지거리를 들으며 묻힐 것이라고 말한다. 곧 관에 빗물이 가득 찰 것이고 시체는 썩어 문드러질 것이다.

순진한 리사는 눈물을 흘리고, 주인공은 의기양양한 기분에 리사에게 자신의 집 주소를 가르쳐 준다. '나'는 다음 날부터 '리사'가 실제로 찾아올까 봐 근심에 시달린다. '리사가 찾아온다! 리사가 올 것이다!' '나'는 후회와 번민으로 극도로 불안해 죽을 것 같다. 왜냐하면 매우 대단한 사람인 것처럼 말했던 '나'의 정체란 쥐꼬리만 한 월급을 받는 하급 관리에 불과하고, 행색은 물론이요 집안 꼴도 말이 아닌 데다, 하나뿐인 오만한 하인에게는 월급을 제때 주지 못한다는 이유로 오히려 경멸당하기까지 하는 처지였기 때문이다. 그러나 리사는 찾아오고 만다. 그것도 하인에게 한껏 경멸당하며 언쟁을 벌이고 있는 바로 그 순간, 남에게 가장 내보이고 싶지 않은 순간에 리사가 나타난다. 리사는 구원을 기대하며 그를 찾았다. '나'가 유곽에서 나오는 길을 가르쳐 줄 것이라고, 자신의 인생에 진지하게 관심을 갖고 있다고 생각하면서 말이다. 물론 '나'는 그런 리사에게 자포자기와 저주로 가득 찬 악담을 퍼붓는다. 리사는 그런 그를 불쌍히 여기고 이해하는 몸짓을 보이지만 '나'는 오히려 리사를 폭행하고 돈까지 던져 줌으로써 일그러진 자존심을 세우려고 한다.

이 소설에 나오는 '나'의 정신은 속물 근성의 세계관에 촘촘히 지배당하고 있다. '나'의 행위는 어디까지나 타인이 자신을 바라보는 시선에 골몰한 결과로 나온 것이다. 위계에서 어떻게 하면 자신이 더 높은 위치로 보일까, 어떻게 하면 만만하지 않은 존재로 자존심을 세울까에만 초점을 맞추고 상호작용에 나선다. 그는 사람을 경멸하지만, 그들을 경멸하는 만큼 그들이 자신을 경멸할까 봐 노심초사한다. 속물 근성의 세계관이 그의 삶에서 접촉이라는 관계적 가치를 삼켜 버린 것이다.

속물 근성의 세계관과 소통

소통은 탁월하고 좋은 것을 공유하고, 함께 음미하며, 그것의 생산과 전달에 기여하는 상호작용이다. 속물 근성의 세계관에 사로잡힌 사람은 탁월하고 좋은 것의 내용에 관심을 기울이지 않는다. 상대방이 과학자라면, 그가 정교수인지 비정규 연구원인지에만 관심을 가진다. 그가 어떤 연구를 하고 있으며, 그 주제를 문외한인 나에게 설명해 줄 수 있는지는 관심이 없다. 누군가 책을 냈다고 하면 책의 내용을 묻지 않고 판매 부수를 묻는다. 취업했다면 무슨 일을 하는지, 동료들은 좋은지를 묻지 않고 회사가 대기업인지 묻는다. 이런 사람들은 학문을 연구하고 있어도 껍데기같이 연구한다. 그들의 주된 목적은 학계에서 높은 위치를 차지하는 것이지, 진리에 기여하는 것이 아니다.

속물 근성의 세계관은 끝없는 지위 경쟁을 본질로 한다. 어느 지위에 올라서도 다음 경쟁이 기다리고 있으므로, 인생의 모든 시간을 경쟁적 활동에 쏟아부어도 늘 시간이 부족하다. 그러므로 속물은 홀로 탁월한 것을 음미할 태도나 여유가 없다. 그들은 정신적으로 향유할 능력이 없다. 따라서 그들은 다른 이들과 열렬히 공유할 자신만의 생산물이 없다. 또한 타인이 정신을 집중해 생산한 것을 이해하지도 않는다. 진득하게 추론을 따라 읽기보다 몇 군데 인상비평할 만한 부분을 골라서 주관적으로 평가한다. 그러면서 자신의 인상비평이 의미 있는 작업이라고 착각한다.

다른 이들과 열정을 가지고 공유할 만한 것을 만들어 낸 사람들은 많은 시간을 혼자 보냈다. 기번, 데카르트, 뉴턴, 로크, 파스칼, 스피노자, 칸트, 라이프니츠, 쇼펜하우어, 니체, 키에르케고르, 비트겐슈타인 같은 사람들이 많은 시간을 진리에 몰두하며 혼자 보내지 않았다면 다른 사람들에게 전할 내용이 없었을 것이다.

모든 사람은 "다른 이들을 사귀고 사랑을 나누는 등 어떤 방식으로든 다른 이들과 가까이 지내고 싶다는 충동"과 "독립적이고 개별적이며 독자적인 삶을 살고 싶다는 충동"을 모두 느낀다. 두 가지 충동은 본질적으로 대립하는 것이 아니다. 『로마제국 쇠망사』라는 대작을 쓰기 위해 역사가 에드워드 기번은 아주 오랜 시간 홀로 연구하고 글을 썼다. 하지만 "사람들과 어울릴 때도 그는 똑같이 행복해했다. 런던에 머무는 동안에도 활발하게 사교생활을 했으며, 부들 클럽, 화이트 클럽, 브룩스 클럽, 문학 클럽에서 활동하면서 어디에서나 매력적인 모습으로 사람들과 얘기를 나누었다."[1] 칸트의 생활은 "굉장히 규칙적이었다. 매일 새벽 4시 55분이면 하인이 그를 깨웠다. 새벽 5시에 아침을 먹고 나면 글쓰기나 강연을 하면서 오전 시간을 보냈다. 그리고 오후 12시 15분에 점심을 먹었다. 저녁 식사 후에는 항상 산책을 했는데, 시간이 얼마나 정확하던지 쾨니히스베르크의 주민들은 그가 산책하는 것을 보고 시계를 맞출 정도였다고 한다.

하지만 말년에 친구들을 매일 초대했을 때는 시간이 일정하지 않았던 것 같다. 대화가 오후 내내 그러니까 4시 혹은 5시까지 계속되기도 했다는 말이 있기 때문이다. 그러고 나서는 10시까지 책을 읽다가 잠자리에 들었다고 한다." 그러나 또한 칸트에게는 "충실한 친구들이 많았다. 칸트는 그들을 저녁 식사에 초대하는 것을 즐겼다. 말년에는 모두들 그를 너그러운 사람, 매력적인 이야기꾼으로 생각했다."[2] 또한 칸트는 정력적인 웅변가였다. 칸트는 청중에게 전해 줄 것이 있었다. 칸트가 깊은 사색을 통해 연구한 내용을 강렬한 웅변으로 전할 때, 학생들은 그것을 창조한 사람의 입을 통해 자유의지와 실천이성의 윤리 강령을 들으며 가슴 깊은 곳이 뒤흔들리는 감동을 느꼈다.

폴 에어디쉬는 헝가리의 수학자이다. "폴 에어디쉬는 역사상 그 어떤 수학자보다 더 많은 공저자들과 일했고 그 공저자들의 숫자가 485명을 헤아린다."[3] 수학계에는 에어디쉬 번호라는 것이 있다. 에어디쉬와 논문을 공저한 사람들은 '에어디쉬 번호 1'을 부여받고, 그 공저자와 논문을 공저하면 '에어디쉬 번호 2'를 부여받는 식인데, '에어디쉬 번호 1'은 큰 영광으로 여겨진다. 에어디쉬는 25개국을 여행하며 세계 각지와 수학자들과 협업했고 수학자들은 언제나 그를 크게 반겼다. 협업을 가능하게 한 것은 물론 에어디쉬가 가진 고도의 집중력과 비판적 사색의 능력이었다. "수학에 접근하는 에어디쉬의 스타일은 강렬한 호기심을 바탕으로 한 정공법이다. 그는 자신이 맞서는 문제에서 조금도 뒤로 물러서지 않는다. 그가 수학자로서 성공한 비결 중의 하나는 근본적인 질문을 제기하고, 다른 사람들이 당연시하는 것을 비판적으로 사색"하는 것이었다.[4] 에어디쉬는 동료 수학자들의 아이의 이름, 나이, 병력 등을 모두 기억하고서 새 소식을 묻는 '폴 아저씨'이자[5] 후학들의 재능을 알아보고 그 재능에 적합한 과제를 조언하는 따뜻한 사람이었지만, 그가 새벽 1시까지 수학을 연구하다가 잠든 후 새벽 4시 30분에 함께 잠든 동료 수학자를 깨워 가장 처음에 하는 말은 '굿모닝'이나 '잘 잤냐?'가 아니라 "n을 정수라 하고 k를 …"였다.[6]

무의미한 접속을 추구하면서 잡다한 상념으로 자신의 시간과 정신을 채웠다면, 그들은 매력적인 모습으로 소통할 탁월한 무언가를 가지지 못했을 것이다. 소통이 더욱 풍부하고 의미 있게 되기 위해서는 접속에 시간을 저당잡히지 않고 홀로 몰두하고 혁신하는, 내면세계의 시간이 필요하다.

속물 근성의 세계관에서 소통은 더 이상 삶의 중요한 부분이 되지 못한다. 진리와 아름다움은 포장지에 가려져 하찮게, 도구적으로 취급된다. 속물 근성의 세계관은 속물들 자신의 정신만 망가뜨리지 않는다. 속물들의 과시와 경멸에 자극받은 사람들은 자기만의 '구별 짓기'를 통해 새로운 구조의 위계를 상상하고 그 위계에서 사람들이 낮은 위치를 차지한다고 자위하는 아Q식 감수성에 빠져든다.

1934년에 발표된 박태원의 소설 『소설가 구보씨의 일일』의 주인공 '구보'는 일정한 직업이 없는 자칭 소설가이자 예술가이다. 그는 월급쟁이들을 속물적 세계에 매몰된 이들로 경멸하고 돈푼이나 번다고 자랑하는 꼴을 여거워히는 인텔리지만, 자신도 '월급쟁이'처럼 보이도록 차려입고 거리에 나선다. 정작 소설은 쓰지 못한다. 커피숍에 앉아 친구와 함께 세계와 문학계에 대해 떠드는 한량놀음만 할 뿐이다. 그는 마음 한구석에서는 물질주의를 동경하면서도 자신은 예술가이자 지식인이라고 되뇌며, 자신의 초라한 모습을 잊기 위해 거리를 오가는 사람 하나하나를 물질주의적 가치관에 찌들었다고 경멸한다.

이런 상태에서 다른 사람과 소통할 의미 있는 무언가를 만들어내기는 쉽지 않다. 그의 정신은 지배적인 속성의 위계에 민감하게 촉수를 드리우고 있어, 진리나 아름다움에 집중하고 기여할 여유가 없다. 설사 애를 쓰더라도 자극받은 자의식 때문에 그 결과물은 형편없다. 다른 사람의 삶을 경멸하는 것은 일차적인 반응으로만 자연스럽다. 그런 감정은 일상의 모든 시간을 구석구석 지배할 감정이 아니다. 다른 사람들이 선을 충분히 누리지 못한다고 여긴다면 좋은 것을 만들고, 공유하고, 그들을 안내하는 것이 당연한 이치이다. 경멸하고 자신과 구별지으며 자위해서는 안 된다. 그러나 '돈'이나 '권력'을 기준으로 하는 지배적 속성의 위계는 지식이나 예술에 관해서도 속물적인 태도를 끌어들인다.

'우정'은 접촉과 소통이 포함된 대표적인 상호작용이다. 우정은 오래전부터 그 자체로 가치 있는 선으로 여겨졌다. 그 자체로 가치 있음이란, 그것이 다른 선을 위한 기능적인 수단에 그치지 않는다는 뜻이다. 상대방의 삶이 선을 누리기를 바라는 진지한 관심이 전제된 깊이 있는 접촉과 소통이 바로 우정이 주는 가치다. 온전한 우정은 그러므로 삶의 선을 진지하게 생각하는 사람들 사이에서 가능하다.

그렇지 않은 사람들 사이의 우정에는 항상 무언가가 크게 빠져있다. 사람을 언제든 죽여도 된다고 생각하는 악당들 사이의 관계는 설사 그것이 호의로 똘똘 뭉친 관계라 할지라도, 호의가 사라지면 상대방에 대한 존중도 사라질 수 있음을 전제로 한 관계이다.

인생의 가치를 공유하지 않는 관계는 함께 참여하는 시공간이 사라지면 바로 본질이 드러난다. 그 관계에 남은 것은 서로에 대한 속물적인 평가와 그것을 위한 탐색 과정뿐이다. 그 관계에는 약간의 경멸과 한심한 눈초리, 시기와 질투가 복합적으로 섞여 있다. 이 경우에도 위기의 상황에서 상대를 기꺼이 돕고자 하는 마음 같은 우정의 부분적인 요소가 존재할 수 있지만, 온전한 우정이라고 보기는 어렵다. 온전하지 않은 우정이란 배경적 가치를 준수하지 않은 채 변덕과 우연에 의해 친해지고, 내용적 가치에 대한 진지한 공유가 없는 관계이다. 온전하지 않은 우정도 유쾌할 수 있고 강한 애착을 경험할 수 있다. 그것은 한쪽의 인품의 민낯이 드러나는 위기의 순간 이전에는 그 본질을 확인할 수 없다.

인품을 보는 눈

2013년에 한 사건이 신문에 실렸다. 사건의 전말은 다음과 같다.

A와 B는 10여 년 동안 함께 일하며 지낸, 둘도 없이 막역한 사이였다. 어느 날 A가 로또 복권 2등에 당첨되었다. A는 곧장 B에게 소식을 전했다. 당첨금의 30퍼센트를 B에게 선물하겠다고 말하고, 함께 술을 마시며 축하하고 잠들었다. A가 잠든 사이 B는 복권을 챙겨 도망쳤고, 혼자 당첨금을 받아 몇백만 원을 A에게 보낸 뒤 잠적했다. A는 B에게 돌아오면 당첨금의 절반을 주겠다고 문자를 보냈지만, B는 돌아오지 않았고 혼자 당첨금을 거의 다 쓰고 경찰에 붙잡혔다.

10여 년을 함께 지내면서 A는 B가 어떤 사람인지 전혀 알 수 없었던 것일까? 사람의 인품을 알아보는 눈이란 과연 존재하는 것일까? 이 질문은 그렇게 간단한 것이 아니다. A보다 더 많은 시간을 B

와 보내고 속 깊은 이야기를 한 사람은 아무도 없을 것이다. 그렇기 때문에 A가 보지 못했던 것을 A 이외의 다른 사람이 볼 수 있다는 가설은 단순히 양적인 것에 그치지 않는 근거가 있어야 한다.

질문에 대한 한 가지 답은, '인품을 보는 눈'은 없다는 것이다. 즉, 사람이 미래에 어떻게 행동할지를 미리 알 수 없고 유혹이나 위기가 닥쳐야만 인품을 파악할 수 있다. 이 주장에는 사람의 행동을 절대적으로 오류 없이 예측하는 안목만이 '인품을 알아보는 눈'이라는 전제가 깔려 있다. 그런 안목을 갖춘 사람은 존재하지 않으므로 인품을 알아보는 눈도 없다는 결론이 나온다. 이런 높은 기준에 의하면 사실상 인간의 모든 지식이 부인될 것이다. 그러나 높은 확률로 인간의 행동을 예측할 수 있다면, 인간의 행동에 관한 안목이 존재한다고 보아야 한다. 결혼 직전의 커플에게 일정한 주제를 두고 5~10분 정도 대화를 나누게 한 다음 그 모습을 녹화해서 표정과 대화 방식을 분석해 보면, 10년 후 이혼 여부를 높은 확률로 예측할 수 있다. 어느 한쪽이라도 경멸의 표정, 무시하는 말투, 배척하는 말투가 적지 않게 포함되어 있다면, 그 커플은 그렇지 않은 커플에 비해 이혼 확률이 매우 높다. 물론 이것은 통계적인 예측이다. 예측 결과와 다른 사례도 있을 것이므로, 절대적이지는 않다. 그렇다 해도 결혼 전의 커플에게 이만한 예측 능력이 있는 것과 없는 것은 분명한 차이가 있다. 행동을 예측할 수 있는 표지는 존재한다.

따라서 인품을 알아보는 눈이 존재한다는 결론은 합당하다. 그렇다면 그 단서는 어디서 찾을 수 있을까? 온전한 우정이 어떤 관계인지 상기해 보면 찾을 수 있다. 온전한 우정이란, 두 사람이 인생의 가치를 준수하고 고려한다는 전제 위에서 성립한다. 배경적 가치를 지키지 않거나 내용적 가치에 대한 소통이 없다면, 그 우정은 시간과 공간이라는 환경, 관계 맺을 사람이 없다는 여건 등에 따른 우연한 산물에 불과할 가능성이 높다. 따라서 상대가 온전한 우정을 만들어 갈 인품을 지니고 있는가는 다음과 같은 점에서 간접적으로 알아볼 수 있다.

첫째, 인간의 권리에 대한 존중이 관계의 친밀함에 따라 변하지 않는다. 친밀함 때문에 타인의 권리를 존중하는 사람은 더 이상 친하지 않게 되고 즐겁지 않게 되거나, 그보다 중대한 이익이 있을 때는 권리를 무시할 가능성이 높다. 반면에 친밀함이 감정에만 영향을 미치고 권리의 존중과는 무관한 사람은 인간 존엄성을 삶의 조건으로 삼는다.

둘째, 어떤 규칙을 존중하는 이유는, 그 규칙이 기반하고 있는 더 심층적인 원리에 대한 존중 때문이다. 어떤 규칙을 단지 그것이 규칙이라는 이유로 충실히 따르는 사람은, 그 규칙이 타인의 권리를 침해하는 내용을 포함할 경우에는 잔혹한 일도 쉽게 저지를 수 있다. 2차 세계 대전 당시 묵묵하고 성실하게 유대인을 가스 처형실로 이송한 관료 아이히만, 2012년 상사의 지시에 따라 피의자를 간첩으로 조작하고 선거에 개입한 공무원과 군인들이 대표적인 예이다. 이들은 권위를 따랐을 뿐 신뢰할 수 있는 심층적인 원리들을 준수하지 않았다. 우리는 어떤 사람이 규칙의 근거를 묻는 사람인지 아니면 제재와 이익에만 관심이 있는 사람인지 알아봄으로써 그의 인품을 어느 정도 판단할 수 있다.

셋째, 타인에 대한 최소한의 인격적 존중이 타인이 가진 속성이나 가치에 따라 변하지 않는다. 권리에 대한 존중뿐만 아니라 인간적 가치에 대한 존중도 중요한 단서이다. 만일 어떤 사람이 못생긴 사람의 재산을 빼앗은 적은 없지만 그를 대놓고 경멸하고 무시한다면, 그는 기본적인 인간적 가치를 존중하지 않는 것이다. 외모 대신에 부, 지성이 들어가도 마찬가지다. 자신보다 약하고 친하지 않은 사람을 어떻게 대하는지를 보면 알 수 있다. 물론 경멸과 한심함의 감정은 무엇이 가치 있는 삶인가를 확립하면 자연스럽게 생겨나기도 한다. 여기서 중요한 기준은 두 가지다. 경멸과 한심함의 감정이 진정으로 가치에 기반을 두고 있는가 아니면 힘의 위계에 기반을 두고 있는가. 그리고 경멸과 한심함을 자연스러운 감정으로 느끼고 지나갈 뿐인가 아니면 상대를 상처 주고 자신의 우월감을 느끼는 수단으로 표출하는가.

넷째, 타인의 고통과 불행에 공감하는 기본적인 감수성이 있다. 우리는 때때로 타인이 어떤 사람인가에 따라 동정하고 공감하는 감정을 달리 느낀다. 중범죄를 저지른 사람이라면 그가 감옥에서 겪을 고통에 대해 덜 동정하게 된다. 그렇다 하더라도 감옥에서의 고통에 대한 기본적인 인식이 배경으로 있어야 한다. 타인이 어떤 종류의 사람인가에 따라 아예 그 고통을 없는 것으로 여기는 이들은, 결국 자신의 주관적인 분류에 따라 타인을 대하는 태도가 급변한다. '지진으로 일본 사람들이 죽어서 좋다.'고 댓글을 다는 사람, 불륜에 의한 성관계를 갖다가 발각된 끝에 아파트 난간에서 추락해서 죽은 목사를 고소해하고 비웃는 사람은 타인의 고통에 한없이 냉담할 수 있다. 타인의 불행에 기본적으로 어떤 자세를 취하는가로 사람의 인품을 판단할 수 있다.

다섯째, 타인이 가진 삶에 대한 결정권을 빼앗으려고 하지 않는다. 같은 사회 구성원들에 대하여 불평을 늘어놓으며, 자신이 좋아하는 성향을 가지지 않았다는 이유로 타인의 생각과 행동을 강제로 바꾸어야 한다고 보는 이들은 타인을 사물로 보는 성향이 있다. 그리하여 그들의 세계관에서 비난받을 만한 행동을 하는 자들은, 타인의 권리와 양립 가능한 행동을 했더라도 처벌받아 마땅하다고 생각한다. 즉, 그들은 잠재적이건 현실적이건 타인의 삶을 강제로 말살하고 빼앗으려고 기도한다. 이런 성향은 구체적인 상황에 따라 여러 모습으로 발현된다. 평소 식민지 총독이라도 된 듯한 태도로 사회 구성원들을 평가하는지, 아니면 자신과 동등한 자격에서 논증을 주고받는 주체로 대하는지로 그들의 정체를 판단할 수 있다.

다시 앞의 복권 도난 사례로 돌아가 보자. 아마도 이 사건에서 A는 B가 자신과 아주 친하고 자신에게 속내를 솔직하게 털어 놓고 자신에게 잘해 준다는 이유로, B가 보였던 다섯 가지 특성 중 일부를 눈치채지 못했을 가능성이 높다. 그러나 그 사람에게 기대할 수 있는 한결같은 인품이란, 바로 그런 특별한 관계가 아닐 때의 태도에서 드러나기 마련이다. A가 복권에 당첨되어 B의 눈앞에 수천만 원이 놓이자, A와 B의 '특별한 관계'의 여건은 변경되었다. 변경되지 않은 것은 B가 어떤 사람인지, 즉 그가 무엇을 존중하고 준수하며 살아가는지, 자신의 인생의 의미를 무엇으로 구성하고 있는지다.

큰 배신을 당한다면 자신이 '인품을 보는 눈'이 없는 것은 아닌지 돌이켜 보아야 한다. 인간에 대한 존중이 친밀함에 따라 달라지는 사람, 규범을 단지 그것이 지배적으로 통용되고 있거나 제재가 있다는 이유로 지키는 사람, 타인이 보유한 속성에 따라 그 사람의 가치를 평가하고 특별한 관계가 아닌 타인의 고통에는 무심하거나 심지어 기뻐하기도 하는 사람이라는 증거가 여러 곳에서 발견되었음에도 불구하고, 우연히 지금 그가 나와 친밀하고 생각이 비슷하다는 이유로 눈감은 적이 없었는지 돌이켜 보아야 한다. 자주 배신당하는 사람이라면 스스로의 인품을 돌아보아야 한다. 자신이 준 것은 과장하거나 정확하게 기억하고, 타인이 베푼 것은 잊거나 축소해서 기억한다면 자신이 늘 배신당한다고 느낄 것이다. 그리고 내가 무언가를 주었으니 타인이 나에게 빚을 졌다는 식으로 생각하고 행동한다면, 그런 생각은 알게 모르게 다른 사람들에게 전달되기 마련이다. 그러므로 전략적으로 행위하는 사람이 전략적으로 대우받는 것은 그렇게 놀라운 일이 아니다.

배경적 가치와 내용적 가치로 삶의 중심을 잡지 않는 사람은, 그때그때의 변덕스러운 기분에 따라 관계가 펄럭인다. 그런 사람은 친구로 신뢰할 수 없다. 친구는 단지 지인보다 친밀도가 조금 더 높은 관계가 아니다. 우정은 다른 관계와 구별되는 독특한 애착과 유대를 포함한다. 다음과 같은 일은 '친구'와는 가능하지만 '친밀한 지인'과는 가능하지 않다.

첫째, 친구에게는 자신의 말이 미래에 불리하게 되돌아오리라는 걱정을 하지 않고 비밀을 털어 놓을 수 있다. 비밀의 상호 공유는, 인격의 통합성을 유지하면서 발전시킬 수 있는 기회를 준다. 친구 앞에서는 가면을 쓰지 않아도 되며, 인격을 상황에 따라 분리하지 않아도 된다. 둘째, 친구에게는 단정적인 비난과 배척을 예상하지 않고 자신의 견해를 솔직하게 밝힐 수 있다. 친구의 조언은 사심이 없는 것이 당연하기 때문에 자연스레 경청하게 된다. 따라서 자신을 객관적인 시선에서 돌아보는 데는, 친구의 조언이 가장 좋다. 셋째, 친구와는 진심으로 서로를 존경한다. 보통은 존경할 만한 점을 하나 이상 가지고 있다. 친구를 살펴보고, 자신의 단점을 줄일 방법을 익히거나, 최소한 그 단점이 타인을 괴롭게 하지 않을 방법을 익힌다. 친구를 살펴보고 자신의 장점을 더 발전시키고, 친구의 장점과 나의 장점을 합해 함께 일할 수도 있다. 넷째, 친구의 즐거움은 나의 즐거움이 되고, 친구의 슬픔과 고통은 나의 슬픔과 고통이 된다. 행위를 결정할 때 친구의 즐거움과 슬픔은 중요한 고려 사항이 된다. 고통을 나누면 반이 되고, 즐거움을 나누면 배가 된다. 힘든 상황에서 나의 행위를 조절하는 데 친구가 많은 도움을 준다. 다섯째, 친구가 큰일이 났다며 한밤중에 찾아온다면, 무슨 일이 있었는지 이야기를 일단 들어준다.

쉽게 알 수 있듯이, 친구와 가장 거리가 먼 관계는 쓸모가 있으면 가깝게 지내다가 쓸모가 없으면 멀어지는 전략적이고 불안정한 관계이다. 우정의 핵심은 안심하고 자신의 인격의 통합성을 유지하면서 자아를 발전시키고 인생을 함께 펼칠 수 있는 토대적 애착 관계이다.

이런 특성 때문에, 친구가 가진 특별한 장점들이 진가를 발휘하게 되는 것이다. 보통 친구와 함께 있는 시간은 친구와 함께 하지 않는 시간보다 낫다. 고통스러울 때 친구가 곁에 있으면 덜 고통스럽고, 일이 힘겨울 때 친구와 함께 일하면 덜 힘겹다. 내가 어떤 실수를 하여 친구에게 털어 놓는다면 친구는 일단 들어줄 것이다. 친구는 삶의 우여곡절 속에서 함께 있어 줄 것이다.

우정과 정반대되는 관계는 어떤 것일까? 극단적인 예시를 들어 보자. 깡패와 커피숍 주인의 관계이다. 깡패는 아침마다 이웃 동네에서 커피를 마신다. 커피가 맛있기 때문에 굳이 커피숍 주인을 겁줄 생각이 없다. 단골이 된 깡패는 주인에게 자신의 인생사를 털어 놓기도 하고, 주인이 가게 문을 여닫을 때 돕기도 한다. 어느 날 깡패는 기분이 매우 좋지 않았다. 마침 몸 상태가 좋지 않은 주인이 맛없는 커피를 내놓자, 깡패는 짜증을 참지 못하고 가게를 엉망으로 만들어 버린다.

이 관계에는 우정이 들어서기 힘들다. 왜냐하면 커피숍 주인은 결코 안심할 수 없기 때문이다. 주인은 함부로 자신의 속내를 이야기할 수도 없다. 주인은 상대가 힘이 있기 때문에 관계를 유지할 뿐, 자신의 인격을 내보이지 않는다. 깡패는 늘 같은 커피를 좋아하기 때문에 주인이 업종을 바꾼다면 관계는 완전히 틀어질 것이다. 깡패는 커피숍 주인을 우연히 마음에 들어 할 뿐, 주인이 본질적으로 존엄한 인간이라고 여기지 않는다. 우연성이 관계의 기초가 되면, 삶의 복잡성으로 인해 그 우연성이 깨질 때 관계도 깨진다. 현대의 역동적 다원주의 사회에서 일시적인 우연성은 언제나 깨질 위험에 노출되어 있다.

미국의 철학자 로널드 드워킨은 인간 존엄성의 두 가지 원칙을 "모든 사람들의 삶이 잘 진행되는 것은 동등한 객관적 가치를 가지고 있으며", "각자는 자신의 삶을 성공적으로 수행할 책임을 갖고 있다"고 표현한 바 있다.[7] 이 원칙들은 배경적 가치와 내용적 가치를 모두 강조하고 있다.

진정한 접촉과 소통을 해치는 신념들은, 이 원칙들보다 더 우선하는 것이 있다고 본다. 그렇기 때문에 좋은 곡을 작곡하기 위해서는 남의 집에 불을 질러도 괜찮으며, 더 나은 가치를 타인의 삶에 심어 주기 위해 강제력을 행사해서 행위의 자유를 후견주의적^{paternalism}으로 제약해도 된다고 본다. 사람들은 일종의 그릇이 되며, 누군가와 친구가 되는 것은 친구의 그릇에 담긴 가치가 내가 지지하는 가치와 우연히 일치하기 때문이다. 만일 나의 신념이 친구와 우연히 일치하여 사이좋게 지내지만, 나의 신념이 변하고 친구가 국가가 강제력을 동원해 나의 신념을 처벌하는 것을 지지한다면, 둘은 친구 관계라고 할 수 없다.

토머스 스캔론은 우정의 미덕이 따로 있고, 보편적인 도덕적 의무가 그것을 제약한다는 발상이 잘못되었다고 말한다. 오히려 우정이라고 할 수 있으려면, 먼저 친구를 보편적인 도덕적 지위를 가진 존재로 바라보아야 한다.

적어도 필자가 이해하는 범위에서 우정은, 상대가 친구라는 이유 때문에 성립되는 것이 아니라 정당화를 요구하는 별개의 인격체로서 도덕적인 지위를 가지고 있다는 인식을 포함한다. 친구만 이런 지위를 가진 것으로 보는 사람은 필자가 말하는 의미의 친구가 없는 셈이 될 것이다. 즉, 그들의 도덕적인 지위는 자신의 감정이라는 우연적인 사실에 과도하게 의존할 것이다. 예를 들어 당신에게 신장이 필요하다면 당신을 위해서 남의 신장을 훔쳐 올 '친구'에게는 뭔가 사람을 황당하게 하고 김빠지게 하는 면이 있지 않은가? 신장을 도둑맞은 사람에 대해서 당신이 죄책감을 느껴서만이 아니라, '그 친구'가 당신의 신체 부위에 대한 당신의 권리를 어떻게 여기고 있는지를 알려 주는 일이기 때문이기도 하다. 물론 당신의 신체 부위를 훔쳐가지는 않을 것이다. 그래도 그건 우연히 당신을 좋아하게 되어서 그런 것뿐이지 않은가? (…) 친구에게 갖는 특별한 감정과 관심 때문에 친구를 위해 뭔가 하고 싶은 것은 우정에 중요한 요소이긴 하다. 그러나 신장의 예가 말해 주듯이, 우정은 그뿐만 아니라 우리의 행동에도 제약이 되기 때문에, 우정과는 독립적으로 친구들을 인격적인 존재로서 도덕적인 지위를 가진 사람들로 보아야 한다.[8]

마찬가지로 칸트는 도덕적 우애에서 인격의 존중에 대한 확신, 즉 자유롭고 평등한 법적 지위가 본질적이라는 점을 지적했다.

도덕적인 우애는 (미감적 우애와는 달리) 서로에 대한 양편의 존경과 공존할 수 있는 한에서, 그들의 속마음의 판단과 감각을 교호적으로 열어 보임에 있어서 두 인격의 온전한 신뢰이다. (…) 인간은 (…) 자신을 타인에게 열어 보일 필요를 강하게 느낀다. 그러나 다른 한편으로 인간은 이러한 자기 생각의 노출을 타인들이 악용할 수도 있다는 두려움으로 인해 위축되고 경계하면서 그 자신의 판단들(특히 타인들에 대한 판단들)의 상당 부분을 그 자신 안에 감출 수밖에 없다고 본다. 인간은 그가 교제하는 주변의 사람들에 관해, 그리고 그가 정부와 종교 등등에 관해 어떻게 생각하는지에 관해 누구와라도 기꺼이 말하고 싶어 하지만, 그러나 그는 감히 그렇게 하지를 못한다. 한편으로는 조심스럽게 자기 생각을 삼가는 타인이 이것을 그를 해하는 데 사용할 것이고, 다른 한편으로는 자기 자신의 결점을 열어 보인 것에 관해 타인은 자기의 결점들을 숨기고 그래서 그가 타인에 대해 아주 허심탄회하게 자기를 드러낸다면, 그만큼 존경을 잃을 것이기 때문이다. 그러므로 그가 저러한 위험에 대해서 전혀 우려할 필요가 없고, 오히려 온전한 신뢰를 가지고 자신을 열어 보일 수 있는 이해를 가진, 게다가 또한 그와 합치하는, 사물들을 판정하는 방식을 그 자체로 가지고 있는 어떤 이를 발견하면, 그는 자기 생각을 공개할 수 있을 것이다. 이제 그는 감옥 안에 있는듯이 자기 생각과만 온전히 혼자서 있지 않고, 자기를 자기 자신 안에 감출 수밖에 없는 대중 속에서 결여하고 있는 자유를 향유한다.[9]

그러므로 특별한 애착 관계는 보편적인 존중의 관계를 전제로 해야만 진정으로 성립할 수 있다. 애착 관계와 보편적 존중의 관계가 마치 상충되는 것처럼 단절하는 이념은 이 점에서 틀린 것이다. 또한 보편적인 존중의 관계는 허공의 충동과 의무감에 사로잡혀 있는 사람들 사이에서는 나올 수 없다. 그들의 관계는 불안정한 전략적 관계의 풍미에 강하게 절어 있다.

의미 없는 상호작용, 접속

접촉도 소통도 아닌 상호작용이 존재한다. 그것은 '접속'이다. 자신의 생활 반경에서 접촉과 소통을 경험하지 못하는 이들일수록, 사람들과 접속되어 있는 것에 매달린다. 그들은 온라인상에서 사람들이 자신에게 보이는 관심에 일희일비하고, 의미 없는 정보의 파편을 찾아 읽고 전파하며, 자신도 정보의 파편을 생산한다. 누군가는 그 파편을 읽겠지만 둘 사이에서는 접촉도 소통도 존재하지 않는다. 그들은 실존적 공허함의 원인을 접속이 부족한 데서 찾기 때문에 잘못된 대응을 하고 있는 것이다. 타인의 복지에 관심을 가지고 직접 접촉하고, 스스로 진리와 아름다움에 기여하고 타인과 공유할 만한 것을 만들어 함께 음미하는 일이 필요한데도 기계적으로 그리고 강박적으로 접속을 거듭한다.

접속에 중독된 사람은 접속하지 않으면 불안해한다. 그러나 불안의 실제 원인은, 홀로 몰두하여 가치 있는 것에 기여할 능력을 크게 잃어버린 데 있다. 그런 능력을 갖추지 못했기 때문에 접속에 매달리게 되고, 접속에 매달리면서 능력을 키우지 못하는 악순환이 발생한다. 외로움은 접속한 사람의 숫자에 달려 있는 것이 아니다. 두세 명의 친구와 깊이 있게 소통하는 것보다, 속물 근성을 내보이며 서로를 과시하고 경멸하는 수백 명의 사람과 접속해 있는 것이 덜 외로운 것이 결코 아니다. 오히려 단순한 접속은 불안과 외로움을 가중하고, 그 결과 더더욱 접속에서 탈출로를 찾고자 한다. 그러나 인간은 호기심과 탐구 정신, 그리고 창작의 충동으로 가득 찬 존재이므로, 누구라도 배움의 길에 진지하게 들어서면 이 악순환에서 탈출할 수 있다.

속물 근성의 세계관에 사로잡힌 이들에게는 탈출이 특별히 어렵다. 그들은 자신이 경멸하는 사람들과 스스로를 비교하며 과시할 수 있어야 매 순간 불안감을 지우고 자기 가치를 확신할 수 있는데, 접속하지 않으면 과시와 경멸이 불가능하기 때문이다. 그래서 이들은 특별히 접속에 중독되기 쉽고 빠져나오기도 어렵다.

타인의 시간을 훔치다

무의미하게 접속에 매달리거나, 접속의 통로를 이런저런 이유로 확대 재생산하는 사람들은 타인의 시간을 소중히 여길 줄 모른다. 대표적인 경우가 별 내용도 없거나 전혀 타당하지 않은 책을 쓰는 저자들이다. 그들은 지적 의무를 수행하지 않고 글부터 쓴다.

쇼펜하우어는 이런 책을 피하는 방법을 주의 깊게 설명했다. 이런 책을 읽게 되면 명민한 독자는 "그들이 원고지를 메우기 위해 글을 쓴다는 것을 곧장 눈치챈다. (…) 그런 모습이 보이면 곧장 책을 손에서 놓아야 한다. 시간은 소중하기 때문이다. 사실 저자가 원고지를 메우기 위해 글을 쓰는 것만으로도 독자를 속이는 셈이다." 이러한 책은 세상에 아예 존재하지 않는 것이 세계를 더 낫게 만든다. 왜냐하면 그 책을 접하는 모든 시간이 낭비이고, 그 시간만큼 독자는 진정한 사고를 접할 기회를 상실하기 때문이다. "전적으로 오직 사안 그 자체 때문에 글을 쓰는 사람만 가치가 있는 글을 쓰는 것이다. 저작물의 모든 영역에 걸쳐 단 몇 회의 탁월한 책만 있어도 그 이익은 헤아릴 수 없을 정도일 것이다."[10]

그런데도 사고하지 않는 저자들이 살아남고 오히려 그 수가 사고하는 저자들을 훨씬 압도하는 이유가 무엇일까? "질이 떨어지는 수많은 저술가는 신간 책만 읽으려 하는 대중의 어리석음에 의존해 살아간다. 즉, 그들이 저널리스트다. 그들을 일컫는 적절한 명칭이 있다. 바로 '날품팔이'다."[11] 날품팔이는 책의 저자들만 있는 것이 아니다. 칼럼을 쓴다고 하면서 문제의 구조를 짚고 해결책을 제시하는 대신, 외래의 개념을 두세 가지 언급만 하거나 자신이 발명한 개념을 가지고 인상비평을 하며 넋두리를 늘어놓는 논평가들도 역시 날품 팔이다. 날품팔이는 사고 없는 글을 소비하게 만들 뿐, 독자가 스스로 사고하도록 만들지 않는다. 결국 독자는 다음과 같은 점을 명확히 알고 책에 접근해야 한다.

> 세상에는 세 가지 종류의 저자가 있다. (…) 첫 번째 유형은 사고를 하지 않고 글을 쓴다. (…) 두 번째 유형은 글을 쓰면서 사고하는 사람들이다. 그들은 쓰기 위해 사고한다. (…) 세 번째 유형은 사고하고 나서 집필에 착수하는 사람들이다. 그들은 사고를 했기 때문에 글을 쓸 뿐이다. 그런데 그런 사람은 드물다. (…) 미리 생각하고 글을 쓰는 소수의 저술가 중에서도 사물들 자체에 대해 생각하는 사람은 극소수다. 그 외의 사람은 단지 책이나 다른 사람이 이미 말한 것에 대해서만 생각할 뿐이다. (…) 반면에 극소수의 사람들은 사물들 자체를 통해 생각하도록 자극을 받는다. 그 때문에 그들은 직접 사물들 자체를 생각한다.[12]

말이 아니라 세계 자체를 다루기 위해 주의 깊게 사고한 저자들의 책이 아니라면, 읽으면 손해일 뿐이다. 엉터리 같은 말에 정신이 산란해질 뿐만 아니라 다른 소중한 책을 읽을 시간을 빼앗기기 때문이다. 그 시간에 운동을 하거나, 좋아하는 사람과 안부 전화를 하거나, 인생의 가치에 기여하는 다른 일을 할 수 있었다.

시간은 인생의 제약이자 자원이다. 그것은 극히 한정되어 있다. 우주의 시간은 무한히 열려 있음에 비해, 삶의 시간은 몇십 년 만에 끝나 버린다. 그런데도 삶에서 가치를 구현할 수 있게 하는 자원을 가치 없는 일에 소모하도록 만드는 사람들이 존재한다.

그러나 책을 사례로 드는 것은 불공정한 일인 것 같다. 오늘날 사람들은 쓸모없는 책조차 거의 읽지 않기 때문이다. 다른 사람들의 주의를 잡아끌고 시간을 소모시키는 훨씬 더 고전적이고 강력한 방법이 있다. 바로 스스로 자동 발화 기계가 되는 것이다. 때가 되면 울리는 시계처럼 발화의 조건이 성립하면 꼬박꼬박 타인의 자의식을 발화로 자극하면 된다. 예전에는 대면하는 사람들 사이에서 하루 중 일부의 시간 동안만 가능했던 무의미한 상호작용이 지금은 하루 종일, 불특정한 다수와 가능하게 되었다. 인터넷 사이트 댓글란과 소셜 네트워크서비스에 무의미한 정보와 하나 마나 한 소리를 시도 때도 없이 남기고, 자극받은 자의식을 토로하고, 타인에 대한 적대감을 내비치고, 낙인찍고 비하하고 혐오하는 내용을 전파한다. 여기에 자극받은 다른 사람들도 접속의 춤을 추고, 이들의 활약은 전 세계에서 하루 종일 계속된다. 그러는 사이에 접속된 사람들의 시간은 흔적도 없이 사라진다.

무의미한 접속으로 타인의 시간을 갈취하는 사람들은 자신의 시간을 소중히 여기지 않는다. 자신도 어차피 산만하고 불쾌한 것을 무의미하게 접하면서 시간을 보내기 때문에, 타인도 같은 식으로 대한다. 시간을 소중히 여긴다는 것은 불필요하게 정신을 긴장시키는 일이 아니다. 오히려 자신과 타인의 시간을 함부로 다룰 때 불필요하게 정신을 긴장시키게 된다. 적대와 혐오의 발화와 무의미한 정보로 항상 신경이 곤두서기 때문이다. 그 결과 긴장하고 경직된 채로 일상을 무의미하게 경험한다. 가치 있는 경험으로 하루를 채우려면 생활의 리듬에 따라 정신이 이완되는 순간이 많아야 한다. 그래야만 조회하고, 방향을 새로 설정하고, 요령들을 곱씹어 볼 수 있다.

10장

사람들과

어떻게

교류할 것인가

교류의 대상을 고르는 일

사람들과의 관계는 우리를 충만하게 하고 활기 있게 하며, 든든한 느낌을 준다. 함께 있다는 느낌, 소중히 여기는 좋은 것을 나눌 때의 기쁨, 함께 성장한다는 사실을 깨달을 때의 환희는 무엇과도 바꿀 수 없다. 그러나 또한 사람들과의 관계는 가장 신경 쓰이는 일이며, 마음의 평화를 해치고 마음을 내려앉게 하는 원인이 되기도 한다. 우리가 속물 근성에 빠진 사람들에게 휘둘리기 쉬운 이유는 우리가 상처받기 쉽기 때문이다. 우리가 상처받기 쉬운 까닭은 삶을 살아간다는 실천이 사람들 사이의 관계와 떨어질 수 없기 때문이다. 우리는 사람들로부터 어떤 방식으로든 긍정적으로 인정받지 않으면 자존감을 갖고 살아갈 수 없다. 그렇기 때문에 우리는 사람들 사이의 관계를 갈구한다.

속물 근성의 세계관은 이 갈구를 통해 힘을 얻는다. 그리하여 사람들 사이의 관계를 타고 우리의 정신을 점령한다. 권력이나 돈이 있으면 사람들은 당신의 말에 귀 기울이고, 당신의 몸짓에 신경 쓰며, 당신의 기분을 살핀다. 반면에 권력이나 돈이 없으면 당신의 말을 한 귀로 듣고 흘리거나 무시하며, 당신의 기분 따위는 별로 신경 쓰지 않는다.

그러나 현실을 근거로 속물 근성의 세계관을 받아들이고 인생의 목적으로 삼는 것은 비약이다. 권력이나 돈이 사람들이 나를 존중하게 만들기는 하지만, 그 존중은 허공의 충동과 의무감에 의해 생기고 확산된 것이기 때문이다. 많은 사람들이 강박과 이용 행동 증상을 보인다고 해서 그 증상이 이성적 이유에 기반한 것일 수는 없다. 반성의 방향은 거꾸로여야 한다. 속물 근성의 세계관이 지배적이기 때문에 우리가 그것을 받아들이는 것이 아니라, 이유에 근거한 세계관을 기준으로 삼고 가치 있는 상호작용을 확립해야 한다.

사람들은 자신이 깊이 있게 소통하는 사람으로부터의 존중을 가장 중시하고, 자주 대면해서 접촉하는 사람, 단지 접속하는 사람들의 존중을 차례로 중시한다. 접속조차 하지 않는 누군가의 생각은 우리의 자기 확신에 아무런 영향을 미치지 않는다.

따라서 우리에게 속물 근성의 세계관에 지배받지 않고 가치에 기반한 상호작용을 확립할 수 있는 탈출구가 생긴다. 우리는 함께 소통하는 사람들, 자주 대면해서 접촉하는 사람들을 능동적으로 구성하고 그들과의 관계를 적극적으로 형성할 수 있다. 진리를 탐구하고 아름다운 것을 음미하는 사람들, 자신의 삶뿐 아니라 상대의 삶에 진지한 관심을 가진 사람들과 더 많이 상호작용할 수 있도록 삶의 방향을 더 잘 설정할 수 있다. 단기적으로 곧장 큰 변화를 가져오지는 않겠지만, 장기적으로는 실천자이자 참여자로서 가치를 함께 경험하고 구현하는 상호작용으로 삶을 이끌 수 있다.

'깊이 있는 소통과 접촉'을 묶어 '교류'라고 부를 때, 우리는 상호작용하는 타인을 세 가지 부류로 나눌 수 있다. 잠재적으로 교류하는 사람, 현재 교류하는 사람, 간접적으로만 교류하는 사람이다.

대부분의 사람들은 잠재적 교류 대상에 속한다. 이들과의 관계는 잠정적이고 유동적인 상태로, 아직까지는 깊이 있는 상호작용을 하지 않는다. 이 관계의 바탕에는 모든 인간에 대한 기본적인 존중이 깔려 있다. 철물점에 전등을 사러 갔을 때 철물점 주인을 대하는 태도가 그렇다. 예의 바르고 정중하게 대하고, 투명하게 정보와 물건을 교환하고, 같은 시간과 공간 속에 공존한다.

잠재적 교류 대상 중에서 접촉면이 넓어지고 서로의 삶에 진지하게 관심을 기울이게 되면 현재적 교류 대상이 된다. 또는 '좋은 것'을 함께 음미하고 창출할 수 있는 존재임을 서로 알아보고 함께한다면, 현재적 교류 대상이 된다. 현재적 교류 대상과 활발하게 상호작용하는 것은 인생의 내용적 의미의 중심축이다. 이 상호작용은 상대의 고통을 줄이고 쾌락을 늘이는 데 함께 관심을 갖고 실천하는 것이며, '좋은 것'을 함께 음미하고 창작하는 활동이다. 그리고 이 과정에서 실천의 지향적 대상과 별개의 가치인 '애칙과 유내의 형성'이 생긴다.

간접적 교류 대상은 속물 근성의 세계관에 매몰되어 있는 사람들이다. 이들은 자신의 삶에 대해서도 타인의 삶에 대해서도 내용적 의미에 별 관심을 기울이지 않는다. 그러나 이들도 상호작용에서 단

절된 존재는 아니다. 이들과도 인간에 대한 기본적인 존중을 전제로
한 상호작용이 이루어진다. 간접적 교류 대상이 잠재적 교류 대상과
다른 점은, 그들과 직접적으로 소통하거나 접촉하려는 노력을 지금
으로서는 줄인다는 점이다. 우리가 철인이 아닌 이상, 그들과의 접촉
면이 넓어질수록 자의식이 자극받고 허공의 충동과 의무감에 고통
을 겪을 가능성이 커진다. 특히 간접적 교류 대상이 되는 사람들이
속물 근성의 세계관을 계속해서 강요하며 폄훼와 경멸을 표출한다
면 말이다.

이들을 '간접적'인 교류 대상이라고 부르는 이유는, 우리 모두가
기여하는 문화의 재생산 속에서 인생의 의미에 대한 그들의 생각도
우리와 간접적으로 연결되어 있기 때문이다. 예를 들어 여성이 남성
과 평등한 존재라는 신념, 동성애자는 이성애자와 다른 성적 지향을
가진 평등한 존재라는 신념이 오늘날에는 어느 정도 널리 수용되고
있다. 남성과 여성은 불평등하며 동성애자를 처벌해야 한다는 신념
을 가진 사람들을 볼링장의 핀을 쓰러뜨리듯 일일이 설득하여 그렇
게 된 것이 아니다. 우리는 책, 뉴스, 드라마, 영화, 게시판의 글, 오고
가는 대화에서 구성되는 거대한 문화의 저수지에서 삶의 지침을 찾
고 다시 영향을 미치며 살아간다. 그러므로 문화를 생산하는 생활 세
계에서 가치에 근거한 삶의 서사를 일구고, 옹호하고, 잘못을 비판하
는 행위는 간접적 교류 대상들에게도 도달한다. 어떤 사람도 문화적
진공 상태에서 살아가지 않는다. 공동으로 형성하는 생활 세계의 거
대한 문화적 저수지에 자신의 몫만큼을 성실하게, 이성에 기초하여
공정하게 기여한다면, 그 행위와 신념이 모여 올바른 상호작용의 틀
과 인생의 의미에 관한 진실이 보다 널리 퍼져 나갈 수 있다. 반대로

자신의 몫을 수행하지도 않고 성급하게 타인을 납득시키려는 욕구에 빠져 과잉 반응을 주고받는다면, 오히려 퇴행을 부추기는 것과 마찬가지 결과를 낳는다.

상호작용하는 타인에 대한 세 가지 분류는 실천에서 은연중에 전제되는 데 그칠 뿐, 누군가를 딱지 붙이는 데 쓰여서는 안 된다. 그러므로 대부분의 사람들을 잠재적인 교류 대상으로 두고, 기본적인 존중을 바탕으로 온화하고 유쾌하게 상호작용하는 것이 좋다. 어떤 사람이 배경적 가치를 크게 위반하거나, 속물 근성을 드러내며 나의 삶을 비난하려고 할 때 그는 비로소 간접적 교류 대상이 되는 것이다. 구체적인 의견이 자신과 완전히 같지 않다는 이유로 곧바로 공공연하게 사람을 분류하는 것은 오만하고 저속한 행위다. 그러는 동안 그 자신이 바로 간접적 교류 대상이 되어 가는 것이다. 지배적 속성의 속물 근성에 자극을 받아 속물이 되는 것이다.

간접적 교류 대상에 대해서도 인간과 시민으로서의 기본적인 존중은 필수적이다. 이 점을 부인하면 그들이 교류의 대상인 인간이라는 사실을 무시하게 된다. 배경적 가치를 위반한 가장 분명한 사례인 범죄를 저지른 경우에, 그가 자신의 이득을 위하여 타인의 권리를 침해했다는 점에서 비난과 처벌은 피할 수 없을 것이다. 하지만 범죄자가 훼손한 평등하고 자유로운 시민들 사이의 관계를 복구하는 것을 넘어 범죄자는 인간이 아니며 그를 재사회할 필요도 없다고 생각한다면, 그런 신념은 모든 가치의 공적 토대를 허무는 독단이다.

인생은 짧다. 간접적 교류 대상에게 최소한의 인간적 존중과 전략적 존중 이외에 다른 관심을 기울이지 않는 것은, 삶의 중심을 잡고 가치 있는 상호작용을 늘려 나가기 위해서 필요한 기초 작업이다.

인생의 가치를 정확하게 분간하고 있지 않다면 이 일을 실천하기가 어렵다. 간접적 교류 대상이 자극한 자의식의 괴로움에 매몰되어서, 배경적 가치를 함부로 위반하는가 하면 내용적 가치를 진득하게 구현하지도 못하고, 애착과 유대를 풍부하게 형성하지도 못할 것이다.

산업사회에서 생활의 리듬은 가족, 학교 동기와 선후배, 직장 동료로 인간관계를 국한하는 경향이 있다. 이 관계에서 접촉은 어느 정도 보장되겠지만, 소통이 부족할 가능성이 높다. 그러므로 '좋은 것'을 함께 음미하고 창출하는 사람들의 모임, 그리고 배경적 가치를 적극적으로 구현하는 사람들의 모임에 참여하는 것이 중요하다. 이런 참여를 통해서 산업사회가 형성한 상호작용의 관계 외에도 접속을 넘어선 인간적 상호작용을 할 수 있다.

이상한 사람

인간이라면 누구나 다음과 같은 약점을 어느 정도는 가지고 있다.

- **규범을 일관되지 않게 적용하기.** 남이 하면 용서할 수 없지만 내가 하면 사정과 이유가 있는 것이다.
- **인지 왜곡.** 다른 사람의 티끌은 지적하면서 자기 눈의 들보는 못보는 태도이다. 자신에게 유리하게 인지 자체를 왜곡하는 것이다. 일단 자신이 어떤 속성을 갖거나 어떤 일을 하면, 그것이 좋은 것이라고 생각한다.
- **적반하장.** 잘못을 저질러 놓고 인정하기는커녕, 엉뚱한 문제를 제기하면서 타인을 비난한다.

- 아전인수. 근거를 왜곡해서 활용한다.

- 어불성설. 조리 없는 말을 하고, 그 말을 이해하지 못하는 타인을 멍청하다고 여긴다.

- **종로에서 뺨 맞고 한강에서 화풀이하기.** 책임이 없는 사람을 따지고 공격하며, 다른 일에서 생긴 화를 자기보다 약한 자에게 푼다.

- **견해에 대한 공격을 인격에 대한 공격으로 받아들이기.** 신념을 근거를 교환하며 수정하는 것이 아니라 자신의 정체성을 이루는 완벽한 구성물이라고 착각한다. 이런 사람들과는 합리적인 논증 대화가 불가능하다. 논증 대화는 신념을 변경할 가능성을 전제로 해야 의미가 있는데, 주장의 논거를 제시하라는 요청을 인신공격으로 받아들이기 때문이다.

- **속물 근성.** 인간의 활동을 활동 자체의 가치가 아니라, 서열을 추구하고 과시하는 수단으로 보는 성향. 또한 인간의 가치가 속성의 위계에 따라 정해진다고 본다.

- **잘되면 내 탓, 잘못되면 조상 탓.** 자신의 능력과 장점, 공로를 과대평가하고 타인의 것은 과소평가한다.

- **독심술.** 타인의 생각과 말을 지레짐작하고 비난하여, 자신이 우월한 위치에 있음을 확인하려 든다.

- **유아적인 매몰.** '세상은 나를 중심으로 돌아가야 한다.' 나의 세계관과 타인의 세계관은 일치해야 하며, 이를 위해 동원할 수 있는 수단에 한계는 없다고 본다. 그리고 나의 세계관을 기준으로 타인의 삶의 의무와 방향을 도출하며, 결과가 일치하지 않으면 불같이 화를 내거나 철저한 염세에 빠진다. 반면에 타인도 같은 태도를 가지고 자신에게 요구할 수 있다는 생각은 추호도 하지 않는다.

우리는 이런 약점이 진화적으로 인간에게 내재한 성향이라는 것을 이해한다. 그래서 때때로 우리 자신이 이런 약점에 시달린다는 것도 안다. 이런 약점은 의미 있는 인생을 사는 데 장애가 된다. 그것은 진리, 아름다움, 권리의 존중, 풍요로운 관계를 방해한다. 그래서 약점을 조금이라도 개선하기 위해 쓸모 있는 요령, 규칙, 사고방식을 배우고 익힌다.

그러나 사람들이 흔히 가지는 약점이라는 사실을 인정한다 해도, 살다 보면 너무 지나친 사람들을 종종 만난다. 이들이 바로 '이상한 사람들'이다. 이상한 사람들은 인간의 약점 중 몇 가지가 도드라져 타인과 양립 가능한 통상적인 생활이 쉽지 않은 사람들이다. 사람이라면 다 그렇다고 여기기엔 지나치다. 이상한 사람들은 평범한 사람들이 자연스럽게 타고나거나 학습하는 어떤 성향이 부족하다. 그 성향은 바로 강제적인 압박이 없어도 타인의 권리와 이익, 평가를 고려하여 자신의 행동을 조정하는 성향이다. 그들은 힘으로 강제하거나 이익과 제한이 관련될 때만 자신의 행동을 조정하고, 그렇지 않으면 기분이 내키는 대로 상상할 뿐 이성적으로 반성하지 않기 때문에 시간이 지나도 약점이 개선되지 않는다. 따라서 이상한 사람들이 권력을 가지면 이상한 행동이 일상에 만연한다.

이상한 사람들은 간접적 교류 대상의 대표 주자이다. 이들을 어떻게 대처할지 고민하는 과정에서, 간접적 교류 대상의 존재에도 불구하고 인간적 상호작용을 포기하지 않고 확립해 나가는 요령을 배울 수 있다. 순자와 에픽테토스, 두 고대 철학자는 아래와 같이 조언한다.

순자는 한결같이 예禮를 구현하라고 말한다. 예란 인간에 대한 최소한의 존중을 의미한다. 사회적 지위가 높은 사람에게도 낮은 사람에게도, 나이가 많은 사람에게도 적은 사람에게도, 가장 가깝게 부대끼는 사람에게도 한 번 보고 말 사람에게도 언제나 예를 지켜야 한다. 한결같은 예는 바로 상대방이 인간이라는 사실에서 나오는 기본적 존중의 행위다. 구체적이지만 사소하지 않은 예를 들자면, 지위가 낮다고 이름을 함부로 부르고 지위가 높다고 '선생님' 같은 호칭으로 높여 부르지 않고, 언제나 상대방을 선생님으로 높여 부르며 일관되게 존중을 보이는 것이다. 사회에서 만난 사람이 자신보다 나이가 어리다고 스스로 말을 놓거나 말을 놓자고 제안하는 행위를 그만두어야 한다. 그렇게 해야 어린 사람 앞에서 강해지지 않고 나이 든 사람 앞에서 약해지지 않는다. 다른 모든 위계 관계와 인간관계에서도 마찬가지다. 한 번 보고 말 사람이라고 해서 이상한 면모를 보이고 예를 어겼다가는 결국 이상한 사람에게 자신의 소중한 시간을 빼앗기고 가치 있는 인간관계에 대한 희망마저 잃는 자승자박의 결과를 불러온다.

한결같이 예로 대하기 때문에, 때때로 이상한 사람들이 우리를 거슬리게 해도 정면으로 맞부딪히지 않을 수 있다. 물론 예는 경직된 규칙이 아니다. 그것은 기본적인 존중을 바탕에 두고, 상황과 사람에 따라 적절하게 대응하는 태도이다. 순자는 예를 다음과 같이 설명했다.

〔예에 어긋난〕 거친 것을 물어오면 알려주지 말고, 거친 것을 알려고 오면 물어보지 말며, 거친 것을 말하면 듣지 말고, 기세 싸움을 하려는 사람과는 말다툼하지 말라. 그러니 반드시 〔예의〕 도로 다가

오는 사람을 가까이할 것이며, 바른 도가 아니면 그를 피한다. 예의 바르고 공손해야 그와 더불어 도의 방향에 대해 이야기할 수 있고, 말투가 화순해야 그와 더불어 도의 원리를 이야기할 수 있으며, 낯빛이 〔도에〕 순종해야 그와 더불어 도의 극치를 이야기할 수 있다. 따라서 더불어 이야기할 수 없는 사람과 이야기하는 것을 조급하다고 하고, 더불어 이야기할 수 있는 사람과 이야기하지 않는 것을 숨긴다고 하며, 〔상대방의〕 기색을 살피지 않고 이야기하는 것을 장님이라고 한다. 따라서 군자는 조급하지 않고, 숨기지 않으며, 장님도 아니니 〔이야기할 때〕 제 몸을 삼가 순서에 따른다. 『시』에 가로되 "조급하지 말라, 태만하지 말라. 천자가 내려주신 바이니"는 이 말이다.[1]

중국학자 장현근은 위 구절을 다음과 같이 설명한다. "거칠다는 의미로 씌어진 고檄는 악하다, 못되다 등의 의미도 들어 있다. 순자가 고 자를 쓴 것은 예에 어긋나는 모든 행위를 예의 형식을 갖추지 않은 거친 행위로 보았기 때문이다. 예의가 아닌 데 대응하지 말라는 이 구절은 『순자』 8편 『유효』의 '제후가 정치에 대해 물을 때 그가 안정된 정치를 이룰 인물이 아니면 알려주지 않고, 필부가 학문에 대해 물을 때 그가 선비가 될 인물이 아니면 가르쳐주지 않는다'는 구절과 일맥상통한다."[2]

거친 말의 흔한 예를 들어 보자. 모임에서 처음 만난 여성에게 대뜸 "혼자 사세요?"라고 묻는 남성은 예를 지키지 않은 것이다. 거주지 같은 사적인 정보는 친해서 스스로 밝히지 않으면 묻는 것이 아니며, 여성이 혼자 산다고 하면 수작을 부리는 남성이 한국 사회에서 흔하기 때문이다. 이 경우 예로 대하려면 곧장 그를 비난하며 목소리를 높이는 것이 아니라 가족과 같이 산다는 식의 대답이 좋다. 거친 것을 알려고 오는 사람에게 적절하게 거친 말, 즉 거짓말로 공손하게 답하는 것이다. 이것이 "바른 도가 아니면 그를 피한다."는 뜻이다.

순자가 위에서 "더불어 이야기할 수 없는 사람과 이야기하는 것"을 "조급하다"고 표현했다는 점에 주목하자. 그는 소용이 없다거나 화가 나는 일, 금지된 일이라고 하지 않았다. 사람은 변화의 가능성이 있다. 그래서 지금 바로 진지한 대화를 나누기는 힘들어도 언젠가는 좋은 대화 상대가 될 수도 있다. 그래서 그들은 미래의 잠재적 교류 대상이다. 또한 그들 역시 문화 속에서 살고 있으며, 타인에게 영향을 받을 가능성이 있다. 그러므로 어느 순간 그들이 어떤 주제에 관하여 진지한 물음을 표할 때 진지한 태도로 응하면 된다. "피한다"는 표현이 단어 그대로 대답하지 않고, 질문을 무시하고, 자리를 피한다는 뜻이 아니다. 그와는 "도"에 대해서, 즉 가치 있는 것에 대해서 지금 당장 진지하게 논의하지 않는다는 뜻이다.

직장 상사가 업무와 무관한 사항에 관해 무례한 어투로 나를 훈계한다면, "그러게요." 같은 아무런 의미 없는 말로 담백하게 답하는 것이 예로 대하는 것이다. "그러게요.", "그러게 말입니다."는 간접적 교류 대상과 대화할 때 예를 지키면서 대화를 끝내는 효과적인 표현이다. 상사가 아니라 부하라고 해도 마찬가지다. 소통의 태도를 갖추지 않은 사람과 당장 인생의 의미를 논하고 설득하려는 태도가 조급한 것이다. 세네카는 말했다. "자기가 무슨 말을 하는지도 모르는 사람들과는 앞으로는 얽히지 마라. 이제까지 아무것도 배우지 못한 자는 앞으로도 배우기를 원치 않는다. (…) 너는 그 사람의 잘못을 고친 것이 아니라 기분만 상하게 했을 뿐이다. 다음에는 네가 하는 말이 진실이냐 아니냐만 염두에 두지 말고, 그 말을 듣는 상대가 진실을 받아들일 수 있는 사람인지도 함께 생각해라. 좋은 사람은 충고를 기꺼이 받아들이지만 그렇지 못한 사람은 지적을 받으면 이를 분하게 생각한다."[3]

당장 직접적으로 사람들과 소통하지 않는다고 해서 소통을 방기하는 것은 아니다. 소통에는 직접적이고 대면적인 의사소통뿐만 아니라 간접적, 여건 형성적conditioning 의사소통도 있다. 예를 들어 블로그에 자신이 가치 있다고 생각하는 주제에 대해 여러 편의 글을 쓴다면, 사람들이 그 글을 읽을 수 있다. 사람들은 익숙한 것에 너그러워지고, 자주 접하는 것을 한 번쯤 달리 생각해 보기 마련이다. 사람들이 이미 받아들이고 있는 신념을 지렛대로 삼아 문화 생산물을 만들어 내는 경우에는 효과가 더 클 것이다. 북유럽 사람들 한 명 한 명이 타인과 직접 소통한 끝에 성평등 지지자, 복지를 중시하는 사회민주주의자가 된 것이 아니다. 수많은 사람들이 간접적, 여건 형성적 의사소통을 해 온 결과, 사회 제도와 의사소통의 여건이 성평등과 사회민주주의에 친화적인 문화로 변화했기 때문이다. 이런 일은 아무 노력 없이 자연스럽게 일어나지 않는다.

무례한 사람들을 경멸하는 마음이 생기고 한심하다고 생각하는 것은 자연스러운 일이다. 그러나 자연스러운 반응이 예를 멈출 이유가 되지는 않는다. 칸트는 이 점을 분명히 했다. "인간 일반에게 마땅히 보여야 할 존경을 타인에 대해 거부하는 것은 어느 경우에도 의무에 반하는 일이다. 사람들을 다른 사람들과 비교해서 내적으로 경시함[업신여김]은 때때로 불가피한 일이긴 하지만, 그럼에도 경시를 밖으로 표명하는 것은 모욕이다. (…) 만약 패악한 자의 공격에 대한 우위성이 나로 하여금 '나는 저 자를 경멸한다.'고 말하는 것을 정당화해 준다면, 그것이 의미하는 바는 단지, 내가 비록 그에 대해 전혀 아무런 방어 채비를 하고 있지 않다 해도, 그는 스스로 구제불능의 상태에 있음을 보이고 있기 때문에, 아무런 위험이 없다는 것이다. 그럼에도 불구하고 나 자신은 패악자에게, 설령 그가 자기의 행실로 말미암아 스스로 그러한 품격을 떨어뜨린다 해도, 적어도 인간의 자질에서 빼낼 수 없는 일체의 존경을 거절할 수는 없다."[4]

간접적 교류 대상을 대하는 일에 대한 두 번째 조언은, 자신의 신념과 행동이 가치 있는가에 집중하는 것이다. 스토아 철학자 에픽테토스는 이 조언을 아름다운 문장으로 표명했다. 그의 저작 『엥케이리디온』은 다음과 같은 문장으로 시작한다.

존재하는 것들 가운데 어떤 것들은 우리에게 달려 있는 것들이고, 다른 어떤 것들은 우리에게 달려 있는 것들이 아니다.
우리에게 달려 있는 것들은 믿음, 충동, 욕구, 혐오, 한마디로 말해서 우리 자신이 행하는 그러한 모든 일이다. 반면에 우리에게 달려 있지 않은 것들은 육체, 소유물, 평판, 지위, 한마디로 말해서 우리 자신이 행하지 않는 그러한 모든 일이다.
게다가 우리에게 달려 있는 것들은 본성적으로 자유롭고, 훼방받지 않고, 방해받지 않지만, 우리에게 달려 있지 않은 것들은 무력하고, 노예적이고, 훼방을 받으며, 다른 것들에 속한다.
그러므로 만일 네가 본성적으로 노예적인 것들을 자유로운 것으로 생각하고, 또 다른 것에 속하는 것들을 너 자신의 것으로 생각한다면, 너는 장애에 부딪힐 것이고, 고통을 당할 것이고, 심란해지고, 신들과 인간들을 비난하게 될 것이라는 점을 기억하라.[5]

이상한 사람들의 자극에 자의식이 자동 반응하면 나 자신이 이상한 사람이 된다. 함께 이상한 사람의 수준으로 떨어지는 것이다. 왜냐하면 우리가 다른 사람들에게 정중한 태도를 기대했는데, 그 기대가 어긋나서 분노와 짜증을 느끼기 때문이다. 에픽테토스가 말했듯이, 타인이 나의 기대에 따라야 한다는 자연법칙은 없다. 그들은 물론 바르지 않은 행동을 했지만, 지금 당장 그들이 행동을 바르게 하는 것은 우리에게 달려 있는 일이 아니다. 그러나 사람들의 행동에 확고한 기대를 갖지 않고 단지 잠정적인 기대만 갖는 일은 우리에게 달려 있는 일이다. 기대는 행위의 전제이지만, 기대가 어긋났다고 해서 지나치게 놀라거나 흥분하지 않아야 한다. 그 상황에서 우리에게 달린 것이 무엇인지를 파악하고 예에 맞게 담담히 그것을 수행하면 된다. 그들이 바르지 않은 행동을 한 이유가 무엇인지 생각해 보면, 우리가 할 수 있는 일은 의사소통의 여건을 형성하는 일임을 깨닫게 될 것이다. 타인의 분노나 짜증 어린 지적을 듣고 잘못을 깨달아 행동을 고치는 사람은 없다. 이상한 사람이라면 더욱 그렇고, 이상한 사람이 권력까지 가지고 있다면 더더욱 그럴 것이다. 타인의 행동은 우리에게 속하지 않은 것이다. 에픽테토스는 친절하게, 여러 부분에서 일상의 예를 든다.

네가 바야흐로 어떤 일을 시작하려 할 때, 그 일이 어떤 종류의 것인지를 너 자신에게 상기시켜라. 만일 네가 목욕을 하기 위해 나서려고 한다면, 공중목욕탕에서 일어날 것들을 너 자신에게 미리 내놓아 보라. 즉, 물을 튀기는 사람들, 몸을 부딪치는 사람들, 헐뜯는 사람들, 훔치는 사람들을. 이와 같이 만일 애초부터 너 자신에게 '나는 목욕하기를 원하며, 또 자연에 따르는 나 자신의 '선택의지'를 유지하기 원한다.'고 말한다면, 더 안전하게 그 일을 착수할 수 있을 것이다. 모든 일에 대해서도 이와 마찬가지로 해야 한다.[6]

헬레니즘 시대에 공중목욕탕에서 누군가 물을 튀긴다고 상상해 보자. 처음에는 속으로 참다가 두 번 세 번 반복되자 결국 폭발해서 싸움을 벌인다. 끝까지 참는 데 성공했다고 해도, 집에 돌아와서 잠들 때까지 목욕탕에서 만난 이상한 사람들을 생각하느라 가치 있는 다른 일이 손에 잡히지 않는다. 에픽테토스는 이 모든 어리석은 일들이, 자신에게 속하지 않는 것을 자신에게 속하는 것으로 착각했기 때문에 일어나는 정념의 운동이라고 보았다.

이런 일은 헬레니즘 시대가 아니더라도 언제든지 일어날 수 있다. 다음은 한국의 한 공중화장실에서 벌어진 실제 사건이다. 덩치 큰 유도부 학생이 그날 아침 전역한 조그만 예비군 청년 앞으로 새치기를 했다. 예비군 청년은 새치기를 지적하며 화를 냈다. 유도부 학생은 덩치를 믿고 비켜 주지 않았고, 둘이 눈을 부라리며 말다툼을 하기 시작했다. 가라데를 배운 적 있는 예비군 청년이 분을 참지 못하고 유도부 학생의 목덜미 윗부분을 가격했는데, 유도부 학생은 그만 목석이 된 것처럼 넘어지더니 그 자리에서 사망하고 말았다. 두 사람이 모두 정념의 운동에 몸을 내맡긴 결과, 유도부 학생은 목숨을 잃었고 예비군 청년도 인생의 대부분을 잃게 되었다.

　새치기한 사람에게 아무 말도 하지 않고 자리를 피하라는 뜻이 아니다. 그런 사람에게 사회적 규범을 상기시키는 일은 현장에서 일어나야 한다. 주위에 사람들이 있으면 더욱 그렇다. "뒤에서 기다리는 사람이 있고 줄이 이어져 있는데, 잘못 보신 것 같네요."라고 말하면 효과가 있을 때도 있고 없을 때도 있다. 그 사람이 "잘못 본 게 아닌데. 불만 있어?"라고 노려볼 수도 있다. 예로 대하는 것은, 만사형통하기 위해서가 아니다. 예는 원하는 것을 얻는 방법이 아니다. 예를 교묘한 기술로 생각하는 것은 인간적 선의 상호작용의 취지를 잘못 이해하는 것이다. 예는 타인을 존중하지 않는 이상한 사람들과 대면하면서도 가치 있는 삶을 지속하는 방법이다. 사람들은 직접적 의사소통이 곧바로 효과를 내지 않는다고 해서 절망하곤 한다. 그 결과 자신도 똑같이 예의 없는 사람이 되기로 결심하게 된다. 비인간적인 상호작용이 들불처럼 번져 나간다.

　우리는 비인간적인 상호작용이 만연한 사회에서 한 명의 시민으로서 공공예절을 유지하고 강화하는 문화를 만들기 위해 무엇을 해야 하는지 생각해 보아야 한다. 노력했지만 효과가 없다고 하더라도 분개할 필요가 없다. 왜냐하면 그런 일을 꾸준히 하는 것은 가치 있기 때문이다. 자기보다 덩치가 작다고 "새치기하지 마!"라고 소리치고, 자기보다 덩치가 크다고 해서 아무 말도 않는 것은 어리석은 일이다. 예로 대한다면 상대의 덩치에 상관없이 "줄이 뒤에 있는데, 잘못 보신 것 같네요."라고 정중하게 말할 수 있다. 당장에는 효과가 있건 없건, 이 행위가 사회적으로 반복되면 일종의 여건을 형성하게 된다. 이것이 바로 간접적 의사소통의 방법이다. 새치기를 했을 때 지적당하는 상황을 자주 겪게 되면, 사람들은 새치기할 생각을 억누르게 될 것이다. 만일 새치기한 사람이 적대감 어린 시선으로 노려본다면 대꾸하지 않고 침묵하면 된다. 더 이상 할 수 있는 일은 없기 때문이다. 다만 주위의 다른 사람들, 그 앞의 사람이나 뒤의 사람이 처음 말을 꺼낸 사람을 거들어 줄 책임이 있다.

새치기의 예시는, 타인을 한결같이 존중으로 대하는 일이 어떻게 간접적으로 의사소통의 여건을 형성하는지 설명해 준다. 핵심은 다음과 같다. 우리는 다른 사람들이 내가 기대한 대로 행동하기를 바라고, 내가 기대하는 행동이 타당한 것이라고 생각한다. 하지만 그 기대가 실현되는 것은 우리에게 속하지 않는다. 우리 자신에게 속한 것은, 나의 신념과 행위가 가치와 이성을 따르고 허공의 충동과 의무감에 지배되거나 그런 사람들에게 좌우되지 않도록 하는 것이다. 자신에게 속하지 않는 것을 속한 것으로 착각하지 않고, 자신에게 속한 것을 남들이 변덕스럽게 좌우하도록 내버려 두지 않아야 한다. 순자는 이에 대해 다음과 같이 말한다.

> 선비 군자는 할 수 있는 바가 있고 할 수 없는 바가 있다. 군자는 [도덕적으로] 존중받을 수는 있으나 다른 사람으로 하여금 반드시 자신을 존중하도록 할 수는 없다. 신뢰를 받을 수는 있으나 다른 사람으로 하여금 반드시 자신을 신뢰하도록 할 수는 없다. 쓰이게 될 수는 있으나 다른 사람으로 하여금 반드시 자신을 쓰도록 할 수는 없다. 따라서 스스로 수양하지 못함을 부끄러워하지 남이 욕보인다고 부끄러워하지는 않는다. 군자는 스스로 믿지 못함을 부끄러워하지 남이 믿어 주지 않는다고 부끄러워하지는 않는다. 군자는 스스로 할

수 없음을 부끄러워하지 남이 써 주지 않는다고 부끄러워하지는 않는다. 그리하여 명예에 유혹 받지 않고 비방을 두려워하지 않으며, 바른 길을 따라서 움직이고 단정하게 자신을 바로잡으며, 바깥 사물 때문에 기울지 않는다. 이를 가리켜 진정한 군자라 한다.[7]

마지막으로 유념할 것이 있다. 만일 자신이 이상한 사람들을 너무 많이 만난다면, 자기 자신이 이상한 사람일 가능성이 높다. 버트런드 러셀은 이 점을 재치 있게 지적했다. 사람들의 인생 경험은 대체로 비슷하기 마련이고, 통계적으로 볼 때 세상에 일정한 수의 이상한 사람들이 있다면 사람들은 살아가면서 비슷한 수의 이상한 사람을 만나기 마련이다. 그런데 어떤 사람이 자신이 만나는 사람이 족족 이상한 사람이고 자신은 늘 불쌍한 피해자라고 이야기한다면, 그 사람 자신이 이상한 사람일 확률이 높다.

인간을 극도로 혐오하는 사람들은 대체로 그 자신이 혐오스럽다. 그들은 스스로에게는 적용하지 않는 기준으로 타인을 재단한다. 누구라도 그런 사람을 만나면 "정말 이상한 사람을 만났다."고 말할 것이다. 예를 들어 한국 사회에는 "이민 가야겠다."는 말이 일종의 관용어로 굳어졌다. 이 말은 '이 사회의 거의 모든 것이 마음에 들지 않는다.'는 뜻이다. 그런데 재미있는 점은 이민 가고 싶다는 사람들의 이유를 들어보면 그 이유가 상반된다는 사실이다. 보수는 진보가 득세해서 이민을 가야겠다고 말하고, 진보는 보수가 득세해서 이민을 가야겠다고 말한다. 어떤 사람은 한국 사람들이 타인에 대해 지나치게 참견한다면서 이민을 가야겠다고 말하고, 어떤 사람은 한국인이 자기만 아는 이기적인 사람들이라서 이민을 가야겠다고 말한다. 이런 상충하는 주장들을 곰곰이 살펴보면, 오로지 자신만 멀쩡하고 주위엔 죄다 이상한 사람들뿐이라는 결론이 나온다. 그러나 실상은 그렇게 느끼는 사람 본인이 이상할 사람일 확률이 높다.

이상한 사람과 피치 못하게 마주칠 때는 소설의 자료를 수집한다고 생각해 보는 것도 좋다. 그렇게 생각하면 이상한 사람의 특징은 흥미로운 관찰 대상이 된다. 소설의 중요한 기능은, 한 사람을 생생하게 묘사하면서도 그 사람 안에 인간의 보편성이 내재해 있음을 보여 주는 것이다. 이상한 사람, 그래서 지금은 우리가 간접적으로만 교류하는 사람들의 단점은, 우리 역시 정도는 다르지만 조금씩 가지고 있는 단점이다. 타인의 단점을 관찰함으로써 자신의 행동을 고칠수도 있고, 관용의 폭을 넓힐 수도 있다. 간접적 교류 대상은 교류에서 완전히 단절된 주체들이 아니다. 언제나 예로써 대하고, 그들에게 어울리는 대답을 돌려주며, 그들이 우리의 정신을 점유하지 않도록해야 한다. 그들 때문에 가치 있는 것을 포기하고 인생이 잠식당하는 일 없이, 가치를 경험하고 가치에 기여하는 삶을 살면 된다.

인간 혐오

우리는 현실에서 부조리를 본다. 특히 그 부조리가 인간의 악덕에서 비롯된 경우, 우리는 악덕에 대한 분노를 인간에 대한 분노로 옮기기도 한다. 분노가 전면적인 것이 되었을 때, 우리는 인간 혐오에 빠진다.

로마의 사상가 플리니우스는 다음과 같이 말했다. "악덕을 증오하는 사람은 인간을 증오한다." 처음에는 하나둘 보이던 악덕은 이제 일반화된 명제를 통해 전면적으로 파악되며, 이 정도까지 이른 인간 혐오는 "우리를 비참하고 의지할 곳이 없게 만들 수 있고, 정신적인 구역질이 나게 하며, 우리에게 독설을 제외한 모든 기쁨을 빼앗는다."[8]

인간 혐오는 다양한 계기를 갖는다. 그리고 무엇 때문에 인간을 혐오하게 되었는가에 따라 사람들은 각기 다른 종류의 인간 혐오자가 된다. 미국의 철학자 주디스 슈클라는 인간 혐오자를 세 가지 유형으로 분류한다. 첫째, 자기 자신을 포함하여 모든 인간을 열렬히 혐오하는 사람. 둘째, 자기 자신은 좋아하면서 나머지 인간의 저능함과 어리석음을 냉소하고 풍자하는 사람. 셋째, 동시대 사람들이나 같은 사회의 사람들만을 옹호하거나, 반대로 과거나 미래 혹은 다른 사회에서는 준수된다고 생각하는 기준으로 자신이 속한 곳을 격렬히 혐오하는 사람.[9]

그러나 슈클라가 '인간 혐오'라는 표제 아래 함께 묶은 여러 모습들은 사실은 두 가지 태도로 분류할 수 있다. 이 두 가지 태도는 삶에 대한 서로 다른 전제에서 나누어진다.

한 가지 태도는, 홀로 인간들을 이리저리 뜯어 보는 관찰자의 입장이다. 이 관찰자는 대개 인간에 관한 자신만의 기준을 가지고 있기 마련이다. 그리고 대부분의 인간은 그 기준에 미치지 못한다. 따라서 관찰자의 인간 혐오는 다른 인간 존재를 대등한 대화 상대로 상정하는 모든 논리에서 벗어난다. 관찰자는 다른 인간 존재를 분류하고, 등급 매기고, 자격 미달의 존재로 풍자하고, 경멸하고, 나아가 그들로부터 벗어나려고 할 뿐이다. 이것은 사회적 실천이 아니라, 어느 곳에서도 가치를 확인받을 수 없는 유아적인 실천이다. 또한 관찰자는 오로지 이미 존재하는 것을 부정하는 데 그치고 어떤 가치 있는 것도 적극적으로 구현하지 못한다. 그 끝은 허무주의이다.

다른 태도는, 이 세계에서 계속해서 살아가며 행위를 조정하는 처지를 회피하지 않고 참여자로서의 입장을 받아들이는 태도이다. 슈클라는 이 태도를 인간 혐오의 "자유주의 판본"이라고 부른다. "자유주의적 인간 혐오는 (⋯) 공적인 잔혹성"에 대한 증오이다.[10] 특수한 의미로 제한된 이 인간 혐오는 인간의 취약성을 인정하지만 취약성을 핑계로 인간 자체를 혐오하지 않는다. 오히려 이 태도는 인간의 비인간적인 행위를 제어하고 행위의 피해자를 줄일 방법에 초점을 맞춘다.

> 인간애에 대한 널리 퍼진 불신은 특히 미국에서 입헌 정부의 토대가 됐다. (⋯) 정부는 정부의 고유한 최악의 악덕들, 즉 잔혹성과 부정의를 막기 위해 계획돼야 했다. 그래서 그것은 보다 나쁜 악덕들을 막기 위해서 그다지 나쁘지 않은 악덕들에 불가피하게 만족할 수 있었던 국민에 의해, 그리고 국민을 위해 창설됐다.[11]

이것이 바로 참여자의 태도이다. 실천자이자 참여자로서 삶을 대하는 사람은 인간의 악덕을 그것이 초래하는 공적 참상을 막기 위해 방비책을 세우는 계기로 삼는다. 참여자의 인간 혐오는 "인간의 불합리성의 바다 속에 이성의 섬을 창조"하고자 하는 열망과 연결된다.[12]

따라서 슈클라가 "자유주의적 인간 혐오"라고 다소 부정확하게 분류한 태도는, 인간의 취약성이라는 실존적 여건을 직시한 결과일 뿐이다. 사회적 관계의 제도적인 틀이 미처 정비되지 않은 상태에서는 인간의 취약한 특징이 발현될 수 있다. 이 점을 직시한다면 자연히 공적인 방비책을 마련하기 위한 정치적 책임으로 눈길을 돌리게 된다. 이 태도는 모든 인간을 아예 제거하려고 하거나, 또는 자신이 혐오하는 성질에 오염되어 있지 않은 사람들만의 세계를 도모하려는 열망—허무주의적 인간 혐오—과는 무관하다.

인간의 악덕에 충격받는다면, 두 가지 태도가 그 앞에 놓인다. 한 가지 태도는 관찰자의 입장으로 도피하면서, 사실은 인간 혐오라는 악덕에 빠져 자기 자신 역시 악덕을 저지르는 선택지다. 인간 혐오는 타인과 자신 사이에 거리를 둠으로써, 타인에게서 발견한 취약성을 이유로 가치를 구현하는 삶을 배척한다. 인간 조건을 허투루 검토하고는 정서적인 충동에 정신을 내맡겨 자신과 타인의 삶에 대한 책임을 손쉽게 저버린다. 실천하고 참여하는 삶에서 이 태도는 수행적으로 모순된다.

다른 태도는, 인간의 취약한 성향을 직시하고, 인간이 본질적으로 변하지 않으면서도 조화롭고 평화롭게 살아갈 수 있는 공적 조정책이 있는지 고민하고 실현하기 위해 노력하는 선택지다. 우리는 두 가지 중 하나를 선택해야 한다.

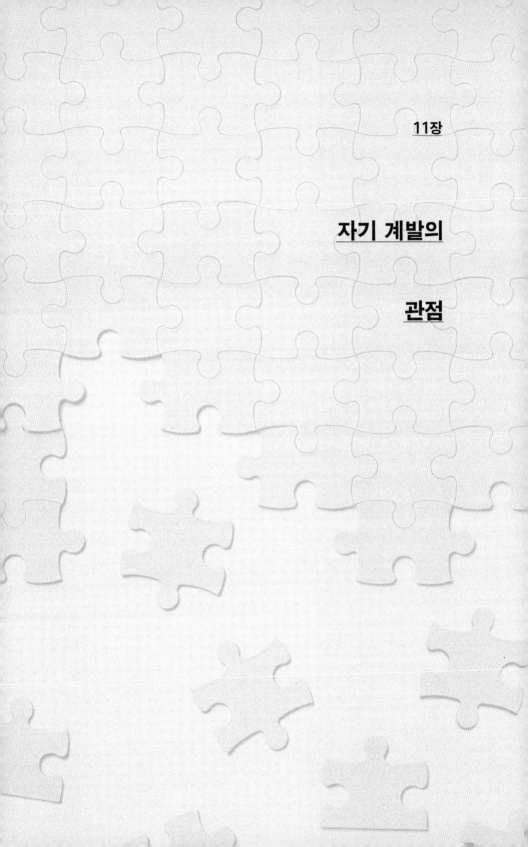

11장

자기 계발의

관점

자기 탐닉

『21세기 자본』의 저자인 프랑스 경제학자 토마 피케티가 국내의 한 대학에서 강연을 한 적이 있다. 피케티가 한 시간 남짓 자본주의 사회에서 불평등의 추세와 그 이론적 배경을 열띠게 설명하고, 질의응답 시간이 되었다. 학생 한 명이 손을 들고 질문을 던졌다.

선생님은 살면서 가장 힘든 때가 언제였나요?

피케티는 이 질문에 잠시 어쩔 줄 몰라 하는 기색이 역력했다. 아마도 그는 전 세계를 돌아다니는 동안 이런 질문은 처음 받아 본 것 같았다. 질문이 맥락에 맞지 않는다는 사실을 깨달은 일부 청중은 얼굴을 붉혔다.

이 질문은 우리 사회의 많은 사람들이 일원적인 정신 세계에서 살고 있음을 보여 준다. 이 세계에서는 인생의 서사와 학문적 체계가 단 하나의 질문으로 압축된다. '이것을 교훈 삼아 나는 어떻게 살아야 성공할 수 있는가?' 자기 탐닉적 관점에서는 많은 의미와 내용이 소실된다.

피케티는 전하고 싶은 내용이 따로 있었다. 그는 자본의 수익률이 경제성장률보다 더 빨리 증가하는 경향이 있음을, 따라서 정부가 평등주의적 관심을 갖고 효과적인 조치를 취하지 않는다면 불평등이 크게 확대되어 나간다는 점을 설명하고 싶었다. 그러나 질문을 던진 청중은 그가 전하고 싶은 바로 그 내용보다, '어떻게 살면 세계적으로 저명한 학자가 될 수 있을까?', '저만큼 저명한 학자는 얼만큼 노력하고 있을까?', '저 학자는 어떤 자기 계발 기술을 갖고 있을까?'에 관심이 있었다.

현실을 이해하는 틀을 하나로 고정하면 의미는 소실되기 마련이다. 예를 들어 우리는 피케티의 강의에서 나오는 모든 음을 음계상의 위치로 환원해서 표시할 수 있다. 피케티의 움직임이나 소리를 모두 원자가 움직이는 궤적으로 표시할 수 있을지도 모른다. 그러나 그렇게 하면 실제 강의의 의미는 사라진다. 다소 황당한 이야기 같지만, 특정 관점으로만 내용을 받아들이고 이해하면 이런 결과를 낳는다는 뜻이다. 특히 자기 계발의 관점에서만 사태를 바라보면, 자기 계발에 도움이 되지 않는 내용은 맹점에 맺힌 풍경처럼 보이지 않게 된다.

피케티를 당황케 한 질문이 지나고 또 다른 질문이 나왔다.

선생님은 자녀를 교육할 때, 가장 중요하게 강조하는 가치가 무엇인가요?

피케티는 이제, 그전의 질문이 예외가 아니라 전형임을 깨달았을 것이다. 어떻게 살아야 하는가가 주된 고민일 수는 있다. 그러나 화자가 전달하는 내용이 그 관점에 맞지 않는다면, 그 관점은 잠시 내려놓고 전달하는 내용을 이해할 수 있는 틀에서 들어야 한다. 피케티는 당황했지만 질문에 응했다. 첫 번째 질문에 대해서는 자신은 인생에서 특별히 힘든 적이 없었다고 대답했다. 왜냐하면 자신은 돈 걱정을 하고 산 적이 없었기 때문이라고 했다. 그는 자신이 상대적으로 사회 안전망이 잘 갖추어져 있는 프랑스에서 태어나 상대적으로 유복한 가정에서 자랐으며, 그래서 자신은 세계의 다른 나라들도 돈 걱정에 시달리지 않고 개인의 삶을 꾸려 나갈 수 있는 사회가 되기를 바란다고 말했다. 두 번째 질문에 대해서는, 자녀가 누리고 있는 상대적인 풍요가 당연한 자연의 질서가 아니라 불평등의 구조 내에 있는 것임을 알려 주고, 부당한 불평등을 줄이는 데 일조하는 것이 삶의 중요한 부분임을 이야기해 준다고 대답했다. 우문현답이 아닐 수 없다.

자기 계발서의 함정

친구의 지인이 미국 애틀랜틱시티로 출장을 가게 되었다. 그는 체류 기간을 하루 남겨 두고 일을 모두 마쳤고, 근처 술집에서 여유 있게 시간을 보내고 있었다. 그런데 눈부신 미녀가 다가오더니 그에게 술

한잔을 사고 싶다며 말을 걸었다. 우쭐한 기분에 좋다고 하자, 미녀가 스탠드로 가서 술을 들고 돌아왔다. 눈빛을 교환하며 둘은 술을 쭉 들이켰다. 그것이 그가 기억하는 그날의 마지막 장면이었다.

　다음 날 아침 그는 깨어나 소스라치게 놀랐다. 차가운 얼음으로 가득 찬 호텔 욕조 안에 누운 채 눈을 뜬 것이다. 덜덜 떨며 주위를 둘러보다가 "움직이지 말 것! 911에 전화하시오."라는 쪽지를 발견했다. 욕조 옆 탁자 위에 놓인 휴대전화로 전화를 걸자 교환원이 전화를 받았다. 자초지종을 설명하는데 이상하게도 교환원이 그 상황에 꽤 익숙한 듯 느껴졌다. 교환원이 말했다. "선생님, 등 뒤로 손을 천천히 뻗어보세요. 혹시 허리에서 고무관이 튀어나와 있나요?" 그가 손을 더듬거리자 허리 뒤쪽에서 고무관이 만져졌다. 교환원이 말했다. "놀라지 마세요. 선생님은 어젯밤 신장을 도둑맞으신 겁니다. 요즘 이 도시에서 장기 절도 조직이 활동 중인데, 선생님이 유감스럽게 피해자가 되었어요. 즉시 구조대원을 보내드릴 테니 절대 움직이지 말고 계세요."

　이것이 사건의 전말이다. 이 이야기를 한 번 들으면 웬만해선 잊을 수가 없다. 한 달이 지난 뒤에 주위 사람에게 이 이야기를 해 보라. 세부 사항은 조금씩 변하겠지만 핵심 내용은 그대로 전달할 수 있을 것이다. 낯선 사람의 술, 얼음으로 가득 찬 호텔 욕조, 그리고 교환원의 지시에 따라 고무관을 만지고 나서 알게 된 충격적인 결말. 다행스럽게도 이 이야기는 미국 작가 칩 히스와 댄 히스가 『스틱!』이라는 책에서 착 달라붙는 메시지의 예로 든 괴담이다.[1] 이런 일은 사실 한 번도 일어난 적이 없다. 그러나 이 이야기가 허구라는 점을 확인하지 않았다면, 당연히 이 이야기는 우리의 행동에 영향을 미칠 것이다. 아마 낯선 이성이 권하는 술을 크게 경계할 것이고, 합법적인 것까지 포함해 장기 이식 전반에 대해서 큰 두려움을 가질 것이다.

『스틱!』에서 저자들이 착 달라붙는 메시지의 특성으로 든 것은 다음 여섯 가지다. 단순성, 의외성, 구체성, 신뢰성, 감성, 스토리. 그런데 이 여섯 가지 특성은 메시지의 타당성과는 무관하다. 참과 거짓을 불문하고, 메시지를 효과적으로 전달하는 데 도움이 되는 특성일 뿐이다. 미녀에게 장기를 도둑맞은 이야기는 완전히 허구이지만 뇌리에 박혀 잊히지 않는다.

우리는 많은 곳에서 목적과 수단이 도치된 세계에 살고 있다. 앎의 영역도 예외가 아니다. 우리 시대의 저자들은 글을 쓸 때 주장의 참과 거짓을 따지기보다 어떻게 하면 많은 사람에게 글의 주장을 효과적으로 전달할지를 고민한다. 그 결과 사회적인 압력이 나선을 그리며 더욱 강력해진다. 저자도 보다 많은 독자를 만나는 데 주력하며, 독자도 그렇게 쓰인 글에 길들여진다. 길들여진 독자들은 더 착 달라붙는 글을 찾고, 따라서 저자는 그런 글을 써서 판다.

더 많은 사람이 읽을 수 있는 글을 쓰고 그런 글이 읽히는 것 자체는 아무런 문제가 없다. 그러나 착 달라붙는 이야기 중에는 독자를 오도하는 글과 그렇지 않은 글이 있다. 그러므로 이 두 가지를 가려낼 수 있어야 한다. 그렇지 않으면 거짓된 주장을 근거로 인생의 방향을 설정하고 스스로를 몰아붙이는 비극에 빠질 수 있다. 오로지 재미와 쉬움이 주된 초점과 요구 사항이 됨으로써, 참과 거짓을 따지는 방법이 실종되는 현상이 벌어진다.

메시지가 얼마나 재밌고 쉬운가에만 관심을 기울이는 사람들은 메시지의 타당성을 '그럴듯함'으로 판단한다. 깨달음을 주는 듯하거나 확신을 제시하는 글은 그럴듯한 글이다. 싫거나, 어렵거나, 동의하고 싶지 않은 글은 그럴듯하지 않은 글이다. 사람들은 아첨하는 글을 좋아한다. 이것이 바로 오늘날 대중적인 지식 유통의 현실이다.

'스스로를 더 나은 존재로 개선하는 것'을 자기 계발이라고 정의한다면, 이런 의미에서 자기 계발을 돕는 책들은 아무 문제가 없다. 살아간다는 것은 힘든 일이다. 일정한 나이가 되면, 자신의 인생을 스스로 책임져야 한다. 자기 자신을 보살피고 격려하고 이끄는 것은 기본적으로 자신의 몫이다. 하지만 쉽지 않은 일이다. 누가 친절하게 일일이 가르쳐 주지도 않는다. 그래서 인생을 살아가는 요령과 자세에 관해, 다른 사람의 경험이나 조언이 담긴 책을 읽고 익히는 행위는 충분히 이해할 만하다.

하지만 타당한 조언과 타당하지 않은 조언을 구분할 수 없다면 차라리 읽지 않는 것이 낫다. 많은 자기 계발 베스트셀러는 효과적인 메시지를 제시하면서, 독자의 현실이 그만큼 쉽게 바뀔 것이라고 조언한다. 이 책들은 무엇보다도 사람들이 직관에 의지해 메시지의 타당성을 판단한다는 점을 이용해 사실을 왜곡한다. 직관이란 얼마나 믿음직스러운가?

직관은 아첨에 약하다. 대부분의 사람들은 자신이 보통 사람들보다 우수하다고 생각한다. 고등학교 고학년 학생 백만 명 중 70퍼센트는 자신의 통솔력이 평균보다 높다고 생각했다. 평균 이하라고 생각한 학생은 놀랍게도 2퍼센트에 불과했다. 대학의 교수들은 94퍼센트가 자신이 다른 교수들보다 잘 가르친다는 생각을 갖고 있었다.[2]

아첨에 취약한 인간의 성향은 직관을 거의 쓸모없는 것으로 만든다. 미국의 심리학자 피터 글릭은 한 실험에서, '점성학이 개인의 인성을 정확히 설명해 준다.'는 이야기를 믿지 않는 학생들에게 두 종류의 천궁도를 읽어 주었다. 해당 학생을 부정적으로 묘사한 천궁도는 부정확하다는 비판을 받았다. 반면에 처음에는 점성학을 믿지 않던 학생도 긍정적인 내용의 천궁도를 접한 후에는 점성학에 대단한 믿음을 보였다.[3] 이것을 바넘 효과Barnum Effect 혹은 포러 효과Forer Effect라고 부른다. 애매하고 일반적인 내용을 자신에 대한 설명으로 받아들이는 것이다. 만일 '늘 손해 보며 사는 당신을 위하여'라는 제목의 책이 있다면, '손해'의 기준이 애매하고 사람들은 받은 것보다는 준 것을 잘 기억하기 때문에 누구나 자신을 위한 책이라고 생각할 것이다. 책의 내용 역시 바넘 효과를 십분 활용할 것이다.

몇몇 자기 계발 베스트셀러는 책의 지침을 따르면 목표를 손쉽게 이룰 수 있다고 말한다. 대표적인 사례로 2007년 한국 사회를 휩쓴 베스트셀러 『시크릿』을 들 수 있다. 이 책은 성공한 사람들의 비밀을 가르쳐 준다고 말한다. 비밀은 간단하다. 원하는 것을 얻는다는 강한 확신의 긍정적 파동을 우주로 쏘아 올리는 것이다. 그러면 현실이 그에 맞추어 변화한다. 인터넷 서점에 들어가서 이 책의 서평을 보면 큰 효과를 보았다는 증언이 무수히 남겨져 있다. 저자는 쓰나미의 피해자들은 쓰나미를 끌어들이는 파동을 우주로 쏘았고, 가난으로 고통을 겪는 이들은 가난을 끌어들이는 파동을 우주로 쏘았다고 말한다. 물론 파동의 존재는 전혀 증명되지 않고, 모든 결과를 주장에 끼워 맞출 뿐이다. 이 형이상학은 망상을 통하여 세계를 변화시킬 수 있다는 미신을 가르쳐 줌으로써, 잘못된 정치철학적 결론을 내놓는다. 모든 사람은 자신이 끌어들인 파동의 결과를 얻을 뿐이며, 이

자업자득의 세계에서는 각자가 원하는 것을 얻게 되므로 집단적 노력을 기울일 필요가 없다.

이런 이야기는 사람들을 무서울 정도로 쉽게 홀린다. 앞서 소개한 『스틱!』에서는 착 달라붙는 메시지는 이야기의 형태를 띠고 있어야 한다고 말한다. 인간은 이야기를 좋아하는 동물이다. 그래서 일화적 증언의 가치를 거의 절대적으로 받아들인다. 어떤 것이 효과가 좋다는 증언이 열 개가 넘는다면 금세 빠진다. "기 치료를 하는 사람들은 인체에서 발산되는 에너지가 에너지 장을 만드는데, 치료사가 환자의 몸 위에서 손을 움직여 에너지 장을 조절하면 병을 고칠 수가 있다고 한다. 그리고 아픈 사람이 있었는데 기 치료를 받은 후 상태가 좋아졌다. 이런 사례가 수천 건이나 된다. 이보다 더 분명한 증거가 있나?"[4] 이 예시는 이야기 증거가 얼마나 위험한지 보여 준다. 기 치료사가 보지 못하는 장막 반대 편에서 환자의 손이 치료사의 왼손 위에 있는지 오른손 위에 있는지 맞추는 실험을 실시했다. 그 결과 치료사들이 정답을 맞춘 확률은 절반도 되지 않는 44퍼센트였다. 손이 있는지 없는지조차 모르는데 에너지 장을 조절할 수는 없다. 어떤 치료 행위의 효과 유무는 통제된 실험을 하지 않으면 알 수 없지만,[5] 사람들은 이야기 증언이 여러 번 반복되면 그것으로 충분하다고 생각한다.

물론 이런 비판에 대해서 사람들은 어렵지 않게 답변을 제시한다. 과학은 세상의 모든 현상을 설명할 수 없으며, 세상에는 이성으로 알 수 없는 일들이 많이 있다고 말한다. 이 당연하고 뻔한 답변이 정말로 논리적인 반론이 된다고 생각한다면, 그 사람은 그야말로 받아들이지 못할 주장이 없을 것이다. 과학과 이성은 어떤 경우에도 개인이 아침에 둘러싸여 내리는 직관적인 판단보다 낫다. 영국의 철학자 스티븐 로는 『왜 똑똑한 사람들이 헛소리를 믿게 될까』에서 이런 '지적 블랙홀'을 몇 가지 사례를 들어 설명했다.[6] 그중 하나가 '그건 과학이나 이성이 결정할 수 있는 영역 밖의 일이에요!'라고 말하는 전략이다. 이 전략을 스티븐 로는 "미스터리 카드 전략"이라고 불렀다. 물론 과학이나 이성이 결정할 수 있는 영역은 넓지 않다. 그러나 그렇다고 해서 우리는 바다에 사는 요정이 태풍을 일으킨다고 생각하지 않는다. 우리는 제한된 범위 내에서 최선을 다해 더 나은 판단을 할 뿐이다. "미스터리 카드 전략"을 쓰는 사람은 보통 그 전략을 쓰는 동시에 계속해서 증거를 언급한다. 이 태도는 수행적 모순에 해당한다. 증거를 언급한다는 것은 증거가 주장을 뒷받침한다는 점을 인정하는 것이고, 그렇다면 어떤 증거가 어떤 방식으로 주장을 지지해야 타당한지를 평가한다는 뜻이기 때문이다. 하지만 증거를 평가하는 방법은 무시하고, 귀에 쏙쏙 들어오는 유혹적인 일화적 증거를 들이대는 경우가 대부분이다. 이것이 바로 "어쨌든 들어맞잖아!" 전략이다. 이런 전략들이 통하지 않고 궁지에 몰리면, 최후의 카드를 꺼내 든다. 근본적이고 최종적인 근거를 갖고 있는 주장은 없으며, 그래서 옳고 그름도 존재하지 않고 서로 다른 주장만 있을 뿐이라고 응수하는 것이다. 이것을 "핵폭탄 터뜨리기 전략"이라고 한다. 이 전략은 자신의 신념을 보호하기 위해 지식의 토대를 상대주의로 붕괴시킨다.

그러나 이 전략들의 논리적인 구조를 찬찬히 뜯어보지 않았다면, 이 카드들은 언제든 편한 방향으로 생각을 구부리는 유혹의 원천이 될 수 있다. 결국 도달하는 곳은 애초 생각하던 바와 같은 방향이고, 아무런 근거 없이 처음 생각이 옳았음을 확인한다. 몇몇 자기 계발 베스트셀러는 이런 생각의 습관을 심화시킨다.

　이처럼 자기 계발서 분야에서 '판단의 약점'을 이용해 독자를 오도하는 책들이 계속해서 나타난다. 이 책들의 주된 내용은 구조상 구성원의 일부만이 획득할 수 있는 한정된 지위재를 약속하는 것이다. 위계에서 다른 사람들의 위에 올라서는 방법을 알려 주겠다고 약속한다. 당연히 이 방법을 충실히 실행한다고 해도 약속한 결과가 나올 리는 만무하다.

　이 책들은 우연과 확률에 대한 사람들의 착각을 이용한다. 천 명이 모여 토너먼트로 가위바위보를 진행한다면 누군가 일 등이 될 확률은 얼마일까? 천 분의 일이다. 그런데 놀랍게도 승자가 나왔다. 어떤 사람이 그를 인터뷰한다. "당신의 가위바위보 비결은 무엇입니까?" 그리고 그 비결을 책으로 낸다. '황금을 거머쥐는 가위바위보의 비법' 같은 제목이 어울릴 것이다. 그러나 천 명이 참가한 가위바위보 토너먼트에서 우승자가 탄생할 확률은 백 퍼센트이다. 천 명이 아니라 그보다 훨씬 많은 수, 예를 들어 수백만 명이 모여도 마찬가지다. 그 정도의 어마어마한 수의 사람들이 참가한 경기에서 상위권을 차지한 사람들을 찾아 인터뷰한 끝에 공통된 특성을 뽑아냈다. 그 방법을 실행한다고 해서 가위바위보 대회에서 우승자가 될 수 있을까? 오도하는 자기 계발서가 약속하는 것이 바로 그것이다. 이 방법을 따르면 누구나 다른 사람의 위에 설 수 있으며, 방법을 따르지 않아 다른 사람의 아래에 놓이는 것은 응당한 결과라고 말한다. 모두가 그 방법을 따른다면, 다른 사람의 아래에 놓일 사람은 아무도 없는데도 어떤 일이 벌어질지 전혀 이야기해 주지 않는다.

프랑스 물리학자 장필리프 부쇼와 마르크 메자르드는 인공 세계를 모의실험했다. 이 세계의 주민들은 다른 사람들과 거래하면서 부를 교환하고, 투자를 통해서 부를 새로 얻거나 잃는다. 이 주민들은 동일한 재능과 초기 자산을 가지고, 동일한 노력을 기울여 거래에 나선다. 시간이 어느 정도 흐른 뒤에도 모두 같은 자산을 유지하고 있을까? 실험 결과, 시간이 흐르면 자동적으로 부가 매우 불평등하게 분포되었다. 그 이유는 거래 과정에서 행운으로 남들보다 돈을 조금 더 많이 갖게 된 사람들이 생기고, 많은 돈은 더 많은 돈을 보장하기 때문이다. 그들은 돈을 조금 잃더라도 타격이 크지 않기 때문에 투자에 적극적이게 되고 돈을 벌 기회가 그만큼 많아진다. 돈이 더 많아질수록 돈은 제곱으로 불어난다.[7] 현실의 거대한 경제적 승자들은 노력이나 비법 때문에 그렇게 된 것이 아니다. 그들은 단지 돈이 돈을 부르는 단순한 원리가 지배하는 토너먼트에서 우연히 상위권에 올랐을 뿐이다. 물론 그들은 오로지 자신의 재능과 노력으로 그렇게 되었다고 주장할 것이다. 이 또한 자기 계발서의 해악이다.

이 방법을 따르면 최고의 대학에 갈 수 있다거나 시험에 통과할 수 있다고 약속하는 책들도 마찬가지다. 이는 확률에 관한 착각을 이용한 혹세무민이다. 자기 계발서가 정직하게 약속할 수 있는 최대한은 이것이다. '나에게 쓸모 있었고 근거가 있는 방법을 공유하니, 이 방법들을 활용하면 예전보다는 좀 더 효율적이고 쉽게 과세를 수행할 수 있을 것'이라고 권하는 것이다.

결론적으로 오도하는 자기 계발서들은 '구성의 오류'를 모른다. 한 사람이 어떤 방법을 써서 무언가를 얻을 수 있다고 해서, 다른 사람이 같은 방법을 써서 동일한 것을 달성할 수 있다는 보장은 없다.

보통은 그 반대이다. 목표로 삼은 성공이 본질적으로 희소한 것일 때, 사람들이 다 같이 최선의 전략을 쓰더라도 소수만이 성공의 달콤함을 맛볼 뿐이다. 예를 들어 행정고시에 합격하는 확실한 방법을 여러 수험생들이 어김없이 따라한다면? 합격자의 수는 정해져 있다. 자기 계발 분야의 베스트셀러는 이 점을 말하지 않는다. 독자들이 착각하지 않으면 돈을 벌 수 없기 때문이다.

통제의 환상

자기 계발서의 또 다른 문제점은, '통제'라는 개념을 가지고 잘못된 구분과 환상을 심어 준다는 점이다. 이 책들은 통제할 수 있는 결과와 통제할 수 없는 결과를 단호하게 구분한다. 그리고 통제할 수 있는 결과만을 바라고 달성하기 위해 노력하라고 조언한다.

　얼핏 이 조언은 스토아 철학자인 에픽테토스가 강조한 "나에게 속하는 것"과 "나에게 속하지 않는 것"의 구분과 비슷해 보인다. 그러나 두 가지 구분은 전혀 다르다. 자기 계발서는 '결과'를 약속하기 때문에, 통제할 수 있는 가시적인 결과와 통제할 수 없는 가시적인 결과를 구분한다. 반면 스토아 학파는 이성에 맞는 '행위'를 할 것을 권고하므로, 나에게 속하는 사고와 행위와 나에게 속하지 않는 타인의 사고와 행위 그리고 세계의 실존적 여건을 구분한다.

　자기 계발서의 구분에 의하면, 심화된 불평등과 자유가 침해되는 현실을 개선하기 위해 정치적으로 노력하는 것은 헛된 짓이다. 쓸데없는 일에 에너지를 쏟을 뿐이다. 왜냐하면 내가 정치적으로 노력한다고 해서 정치 현실이 바뀐다고 보장할 수 없기 때문이다. 사회의 진보와 후퇴는 통제 불가능하다. 반면에 돈을 버는 것은 다르다. 내가 노력만 하면 돈을 벌 수 있다. 내가 돈을 버는 일은 통제 가능하다. 어려운 시험에 합격하는 것도, 승진하는 것도 모두 통제 가능하다.

반면 스토아 학파의 구분에 의하면, 불평등과 부자유를 제거하려는 정치적 노력은 이성에 근거한 행위다. 왜냐하면 부당한 고통을 줄이고 인간의 보편적인 존엄을 보장하는, 가치 있는 일이기 때문이다. 어쩌면 권력을 쥔 무도한 사람들, 가치에 관심 없는 사람들이 우세하여 나의 행위가 의도한 결과를 내지 못할지도 모른다. 그러나 그 이유에서 자신이 이성에 근거하여 가치 있다고 생각한 일을 하지 않는다면, 무도한 사람들과 무가치한 세계관을 가진 사람들이 나의 행위를 바꾸도록 내버려 두는 것이다. 나에게 속하지 않는 것에 대한 실망 때문에 나에게 속한 것을 제대로 실천하지 않는 것이다. "스토아 학파는, 인간이 사회적인 존재이며, 또 인간이 자기 자신을 찾으려면 동시에 남들도 찾아야 한다는 것을 잘 알고 있었다. 그 이유는 그와 그 동포들에게 동시에 동일한 로고스(이성)가 주어져 있기 때문이다. 따라서 그는 평안한 사생활을 하지 않고, 공공생활에 끼여들며, 이 공공생활에서 자기의 의무를 다한다는 것이다."[8]

스토아 학파의 '구분'과 자기 계발서의 '구분'이 다르다는 것은 이제 분명해졌으리라 생각한다. 그리고 이 두 가지는 다를 뿐 아니라, 실천자이자 참여자로서 우리 인생의 방향을 설정하는 구분으로서 자기 계발서의 구분은 지탱될 수 없고, 스토아 학파의 구분만이 적합하다.

경작지의 토양이 점점 침식되고 있는 농경 사회가 있다. 농민들이 모두 협력해서 강변에 둑을 쌓고 관리해야 침식을 막을 수 있다.

하지만 농민들은 둑을 쌓기보다, 더 많이 일하고 더 많이 공부하려고 한다. 책을 사서 읽고, 그렇게 해서 몸과 마음이 피곤해지면 위로가 되는 책도 사서 읽는다. 농민 한 사람 한 사람에게 협력해서 둑을 쌓는 일은, 자신이 통제할 수 없는 일처럼 보이고 그래서 관심을 갖지 않는다. 하지만 그들은 자기 토지의 수확량을 통제할 수 있다고 생각한다. 토양 침식은 계속해서 심해지고, 농민들은 더 많이 일해야 하고, 더 많은 위로가 필요해진다.

그러나 '결과'는 절대적인 의미에서는 통제할 수 없는 것이다. 인간 세계의 '결과'는 무수한 세계의 무수한 행위가 결합되어 나온다. '수험 방법론' 책은 방법을 알려 주면서 시험 합격이라는 결과가 통제 가능하다고 약속한다. 그러나 설사 책의 방법론이 공부의 효율을 높여 준다고 할지라도, 다른 사람들이 그 책을 읽고 열심히 따른다면 합격은 요원하다. 시험 자체가 부당한 정치적 이유로 폐지되는 경우도 있다. 현대인의 생활은 다른 사람들의 협조가 없으면 성립되지 않는다. 다른 사람들이 자신의 직무와 의무를 게을리하거나, 허투루 하거나, 사기를 치면, 통제 가능하다고 생각한 결과들은 무너진다. 자기 계발서가 전형적으로 통제 불가능하다고 여기는 '사람들 사이의 행위를 조정하는 일'이야말로, 시험에 합격한다거나 돈을 번다거나 하는 일들의 전제 조건이다.

오도하는 자기 계발서는 이야기를 퍼뜨리고 책을 팔기 위해 통제 가능한 결과의 고정점이 존재한다고 확신을 주어야 한다. 그러므로 그들은 성공이라는 결과를 절대적으로 보장한다. 파동을 보내거나 비법을 지키면, 성공은 보장된다고 말한다. 그러나 이것은 바람에 불과한 망상이다. 사람들이 이 망상에 집착할 때, 협력으로 가능한 수많은 인간 행위의 영역이 완전히 배제된다. 둑을 쌓아 침식을 방지하는 것과 같은 일이, 통제 가능성과 통제 불가능성의 자의적인 구분에 의해 배제되는 것이다. 반면에 실제로는 보장되지도 않는 결과를 향해, 착 달라붙어서 잊히지 않는 유혹적인 의례를 되풀이하면서, 쉼 없이 달려간다.

물론 농경 사회에서 농민들은 둑을 쌓고 관리하는 일만으로 살 수 없다. 각자 농사를 지어야 함은 당연하다. '다른 조건에 변화가 없다면' 농사를 잘 짓는 법을 아는 것은 좋은 일이다. 그러나 '조건 자체'가 침식되고 있을 때는, 조건을 복구하는 데 공동으로 노력해야 한다. 공동의 노력이 결과를 달성하리라는 보장은 없다. 그러나 개인의 노력이 결과를 달성하리라는 보장도 없다. 혼자서 아무리 노력하고 심신을 달래 보았자 자신이 상황을 통제할 수 없다. 자기 계발 베스트셀러가 지배하는 우리 사회의 독서 풍경은 자기 땅의 수확량만 걱정하는 농민들의 사회를 닮았다. 자신을 계발하는 것도 좋고 위로를 얻는 것도 좋지만, 유혹적인 결과를 약속한다는 이유로 왜곡된 사실을 덥썩 믿고, 통제할 수 없는 '결과'를 개인적인 지위재로 범위를 좁혀 통제할 수 있다고 착각하거나, 이성에 근거하여 실행해야 하는 공동의 노력을 경시하는 태도에 빠지는 것은 인생을 완전히 잘못된 방향에 놓는 것이다. 당의糖衣는 그 안에 든 것이 독인지 약인지 결정해 주지 않는다. 달콤함으로 참과 거짓을 판별해서는 안 되며, 거짓 구분으로 인생의 측면을 잘라 버려서도 안 된다.

12장

철이 든다는

것

'철 좀 들어라'

우리 사회에서 '철들다'라는 말은 보통 이런 뜻이다. '허튼 짓을 하지 않고, 자신과 가족을 부양하고 번영하게 하기 위해 감수해야 할 일을 감수한다.' 감수해야 할 일에는 인간 세계에서 보편적으로 불가피한 일뿐만 아니라(직장 동료들을 존중하며 지내기), 특수한 사회에서 인위적으로 요구되는 일(수당 없는 야근, 상사의 부당한 명령에 복종하는 것)까지 포함된다. 소극적인 명령도 있다. 가족의 부양과 번영에 쓰일 수 있는 기회와 시간을 그 이외의 일에 써서 낭비하지 않을 것과, 더 많이 감수함으로써 이룰 수 있는 목표를 포기하지 않을 것 등이다. 따라서 수당 없이 야근하는 현실을 바꾸기 위해 노동조합을 조직하는 사람은 철들지 못한 사람이며, 반면에 승진을 위해 상사의 부당한 명령에 따르는 사람은 철든 사람이다. 말하자면 '철든 사람'은 '부양과 번영의 책임을 다하기 위해 지배적인 권력의 규율에 순응하는 인간'이다. 그러므로 "군대에 갔다 오면 철이 든다."는 민담은 '철들다'의 의미를 정확하게 포착하고 있다.

그런데 '철들다'는 단순히 기술적인descriptive 서술이 아니다. 긍정적인 승인의 의미가 포함된, 규범적인 서술이다. 우리 사회는 철들 것을 권하는 사회이며, 철든 사람은 칭찬받고 철들지 않은 사람은 비난과 모욕, 경멸과 무시에 부딪히는 사회이다.

철듦과 철들지 않음의 구분은 어디서나 평가하고 지시하고 유도하는 발화의 토대를 이루며, 우리 사회 다수의 평범한 정신을 구성한다. 만약 현실이 부조리하다면, 바뀌어야 할 것은 부조리한 현실이 아니라 조리를 따지는 사람이다. 그가 부조리한 현실에 이의를 제기할 때마다, 현실이 아니라 이의를 제기한 사람 자신이 바뀌어야 한다는 말을 평범한 사람들은 자동적으로 발화한다.

이것은 분명한 전도顚倒이다. 무언가가 가치로서 규범적인 기준이 되려면, 그 기준은 공적인 것이어야 한다. 다른 사람은 기준을 지키기를 바라면서 자신은 지키지 않고 이익을 얻으려는 태도는 무임승차자와 다를 바 없다. 따라서 어떤 기준이 온전한 의미에서 가치 있다고 할 수 있으려면, 사람들이 보편적으로 그 기준을 지켰을 때 사회가 더 나은 곳이 되어야 한다.

그런데 정당한 것을 주장하지 않고, 부당한 것을 수긍하고 감수하는 일이 반복된다면 어떻게 되겠는가? 정당함은 축소되고 부당함은 늘어날 것이다. 그리고 그 체제를 좌우하는 사람들은 지금 이 순간 힘이 있는 사람들일 것이다. 그러므로 모두가 철든 사람들의 사회는 권력의 전횡이 보편화된 사회이다. 철듦이 '허튼 짓을 하지 않고,

자신과 가족을 부양하고 번영하게 하기 위해 감수해야 할 일을 감수한다.'는 뜻의 규범이 될 때, 그것은 부당하다.

'철들다'가 규범적인 무게를 가지려면 인생의 의미를 구성하는 타당한 가치에 바탕을 두고 있어야 한다. 이에 따라 규범으로서 '철들다'의 의미를 다시 구성해 보면 다음과 같을 것이다. '투명한 노동을 하며, 정치적 책임을 다하면서, 실존의 부담을 직시한다.'

투명한 노동

세상에는 투명한 노동과 불투명한 노동이 있다. 투명한 노동은 다른 사람의 도덕적 권리를 침해하거나 권리의 질서를 왜곡하지 않을 뿐더러 가치를 구현한다. 우산을 파는 일은 투명한 노동이다. 비가 올 때 우산을 판다. 우산의 가격은 구매자가 누구냐에 따라 달라지지 않는다. 정해진 돈을 건네면 우산을 넘겨 준다. 아무런 속임수도 없다. 우산은 비를 막아 준다. 우산을 쓰면 쓰지 않을 때보다 더 낫다. 감기에 걸릴 가능성이 줄어들고 옷을 세탁할 필요도 없다.

불투명한 노동은 반대이다. 대출 심사를 부실하게 하거나 채무자에게 불리한 계약을 맺으려는 은행 직원은, 채무자가 가지고 있는 인식의 착각을 이용한다. 속임수가 어느 정도 개입할 수밖에 없다. 약탈적인 대출이 성공적일수록 나중에 자산을 빼앗기는 사람이 더 늘어난다. 채무자의 신용 기반이 건전하지 않으므로 크고 작은 금융 위기가 올 가능성도 높아진다. 그 일을 하면 할수록 세상은 더 나빠진다.

그러므로 투명한 노동과 불투명한 노동은 직업의 '종류'로 분류

되지 않는다. 보험 상품을 설계하고 판매하는 일이라도 투명한 노동이 될 수 있고 불투명한 노동이 될 수도 있다.

여기서 '복지 이익의 여건condition of welfare interest'이라는 개념이 중요해진다. 헤비메탈 음악을 싫어하는 사람은, 헤비메탈이 새로 작곡되고, 불리고, 배포되는 것으로 세상이 더 나아졌다고 생각하기 어렵다. 이 정도로 구체적인 '자기 중심적 관점'에서는 사람에 따라 상대적으로 거의 모든 노동을 가치 없다고 격하할 수 있다. 그 결과 자신의 선의 관점을 다른 모든 사람에게 강요하게 된다. 따라서 사람들이 정당한 권리 질서의 범위 내에서, 합리적인 의사결정의 토대를 훼손하지 않고 오히려 투명하게 드러내 놓은 채 서로 협동하고 분업하여 무언가를 생산하고 교환하는 활동은 모두 '복지 이익의 여건'을 개선하는 것이다. 왜냐하면 그렇게 생산된 재화와 용역은 그것을 원하는 사람에게 도움을 주기 때문이다. 그리고 이 여건에 따라 누구나 자신이 원하는 것에 더 쉽게 접근할 수 있게 된다.

그렇기 때문에 투명한 노동은, 모두가 구체적으로 좋다고 인정하는 노동, 즉 버스를 운전하고, 화물을 운송하며, 다리를 설계하고, 청소를 하는 일뿐만 아니라 그것이 속임수나 강압 같은 불투명의 요소를 포함하지 않는 한, 헤비메탈 음악과 만화를 만드는 노동도 포함한다. 반면에 요리처럼 일반적으로 투명하게 이루어지는 노동이라고 해도, 원산지를 속이거나 유효 기간이 지난 재료를 넣는다면 그것은 불투명한 노동이 되어 버린다. 아이를 양육하는 의미 있는 노동 또한, 아이에게 독단을 주입하여 미신과 편견 속에 살아가도록 한다면 불투명한 노동이 되어 버린다.

결국 투명한 노동과 불투명한 노동을 가르는 핵심은 '정당한 권리의 존중'이다. 여기서 권리는 현실에서 현재 힘을 발휘하고 있는 질서에 따른 권리가 아니라, 자유롭고 평등한 인간이 정당하게 가져야 하는 '도덕적 권리'다. 두 가지가 일치할 때는 아무 문제가 없지만, 그렇지 않을 때는 도덕적 권리가 기준이다. 그래서 원주민을 사냥하여 자기 나라에서 노예로 파는 노예 상인은, 노예 제도가 합법인 사회에서도 불투명한 노동을 하고 있는 것이다. 그 사람이 더 열심히 일할수록, 그와 같은 일을 하는 사람이 더 많아질수록 세계는 더 나빠진다. 그 사회의 보통 사람들은 노예가 된 원주민이 노예주에게 반항하여 탈출할 권리가 없다고 말할 것이다. 따라서 그곳에서는 노예 상인이 타인의 권리를 존중하며 일하고 있다는 이상한 결론이 도출된다.

그러나 이 결론은 현실에서 힘을 발휘하고 있는 질서가 인정하는 권리를 언급한 것뿐이다. 이 질서는 정당성이 없다. 정당성이 없는 질서는 규범이 아니라 힘의 형태일 뿐이다. 그러므로 정당한 규범의 관점에서, 노예 상인은 매우 불투명한 노동을 하고 있다. 그렇기 때문에 정당성을 주장할 수 있는 도덕적 권리의 기준선이야말로, 투명한 노동의 기준선이 된다.

책임, 특히 정치적 책임

사람들은 눈에 보이는 책임에 대해서는 잘 안다. 가족에 대한 책임, 친구에 대한 책임, 약속한 상대방에 대한 책임, 고객에 대한 책임. 그러나 개인에게 뚜렷하게 주어진 책임만 따질 때는 오히려 보이지 않게 되는 책임도 있다.

그것이 바로 '정치적 책임'이다. 현실에서 힘을 발휘하는 질서가 사람들의 정당한 권리를 억압할 때, 권리를 존중하는 질서로 바꾸기 위해서는 정치적 책임을 다해야 한다. 정당한 권리를 논증하고, 권리를 억압당하여 고통받는 사람들을 이해하고 공감하며 그들의 이야기를 알리고, 그들의 권리가 존중받을 수 있도록 최선의 해석을 도출하고, 당사자를 돕고 도움을 모으는 데 필요한 노동과 돈을 보태며, 대안적인 법률을 제정하기 위해 애쓰는 것이다. 전도된 의미의 '철든 사람들의 사회'에서는 이 책임이 완전히 삭제된다.

미국의 정치철학자 아이리스 영은 정치적 책임을 보이지 않게 하는 잘못된 가정을 세 가지로 지목한다.[1] 첫째, 빈곤 같은 고통과 곤경의 원인은 전적으로 개인의 책임이거나 전적으로 구조의 책임이거나, 둘 중 하나이지 둘 다일 수는 없다. 둘째, 노력과 의지로 부를 일군 사람들이 실제로 존재하므로, 개인에게 기회가 충분히 주어진다면 사회는 불공정하지 않다. 셋째, 개인의 책임이 존재하기 때문에 구조에는 책임이 없다.

영은 세 가지 가정을 명료하게 다음과 같이 비판한다. 첫째, 두 가지 중 하나여야만 한다는 논리는 오류이다. 개인의 책임을 인정하면서도 구조적 요인이 작동할 수 있다. 따라서 개인들이 나쁜 의도 없이 정상적인 방식으로 자신의 일을 하더라도 구조적인 부정의가 생길 수 있다. 둘째, 오늘날 사회는 개인이 능력을 발휘할 기회를 찾는 데 심각한 구조적인 문제가 있다. 예를 들어 가난한 사람들은 불가능은 아니더라도, 자신의 생활 수준을 끌어 올리는 데 심각한 어려움을 겪는다. 셋째, 따라서 개인적 책임과 구조적 책임이 함께 존재할 수 있으므로, 개인에게 책임이 있으므로 구조에 책임이 없다는 결론은 논리적으로 오류이다. 그렇기 때문에 시장 경제에서 윤리적 책임은, 타인의 도움에 의존하지 않아야 한다가 아니다. 반대로 현재의 질서에서 개인의 행위들이 생각지도 못한 곤경과 어려움을 만들어 내는 것은 아닌지 주의하고, 사회의 기본적인 조건의 불공정을 개선하기 위해 자기 몫의 행동에 나서는 것을 의미한다.

영은 우리 주위에서 흔히 볼 수 있는 사례를 통해서 정치적 책임을 입증한다.[2] 혼자서 두 아이를 기르는 미국인 여성 샌디는 아파트에 살고 있다. 어느 날, 개발업자가 이 아파트를 관광용 콘도로 바꾸기로 결심하고 퇴거를 기획하고 실시한다. 샌디는 이 집에서 나가야 한다. 샌디는 가능하다면 직장 근처로 거주지를 바꾸고 싶어 하지만, 그곳은 임대료가 지나치게 비싸다. 겨우 그나마 적당한 데를 찾긴 했으나 결정적으로 임대료 세 달치를 보증금으로 내는 데 실패하여 들어가지 못한다. 샌디는 두 아이와 함께 노숙자가 된다.

샌디의 이야기는 개별적 상호작용과는 관련이 없다. 샌디가 주택 문제를 해결하기 위해 만난 모든 개인은 정직하고 샌디를 존중한다. "각각의 개별 입장을 살펴보면, 샌디는 부정의를 겪고 있지만 샌디가 조우했던 어떤 특정 행위자도 그녀에게 특별히 잘못하지 않았다."[3] 그러므로 "샌디가 겪는 부정의를 판단하려면 샌디의 특정한 삶이 아니라 샌디가 처해 있는 지위를 살펴보아야 한다. 샌디의 상황은 다른 많은 이들의 상황과 유사하다. 샌디를 비롯한 많은 사람이 무주택이거나 살고 있는 집에서 언제든 쫓겨날 수 있는 취약한 위치에 놓여 있다. 집을 소유하지 못한 취약한 존재로서의 위치는 사회구조적인 위치이다. 이러한 위치에 놓여 있는 사람은 다른 위치에 있는 사람과 비교해 볼 때 사용 가능한 선택의 범위와 행동에 따르는 제약의 성질에 차이가 있다. 주택을 소유할 가능성이 낮은 사회 구조적 위치에 있는 이들이 실제로 무주택자가 되는지의 문제는 부분적으로 그들의 행동, 부분적으로는 운, 부분적으로는 다른 사람의 행동에 달린 문제다. 다른 구조적 위치에 있는 사람들의 경우에는 비슷한 방식으로 행동을 하더라도 무주택자가 되는 위험을 무릅쓰진 않을 것이다."[4] 즉 법제도의 테두리망 안에서 타인에게 불법적인 잘못을 저지르지 않고 사리를 추구한 행위들이 합해져 누군가가 감수할 수 없는 곤경에 빠진다면, 그 법제도에는 구조적 부정의가 존재하는 것이다.

구조적 부정의는 법제도 내에서 개인이 개별적으로 품위 있게 타인을 존중하며 행위하는 것으로는 개선되지 않는다. 집단에 있는 역량을 결집하고 그 힘을 통하여 행위를 조정하는 틀 자체를 변경해야만 한다. 집단적 책임을 부정하는 사고방식은 하나같이 논리적으로 오류이다. 그중 첫 번째 오류는 '사물화'이다. 구조적 부정의가 만들어지는 과정을 마치 자연적인 질서처럼 불가피하고 변경될 수 없는 것으로 가정하는 사고방식이다. 그러나 구조적 부정의는 사람들의 권리와 의무, 선택지와 가능성을 규정한 인간의 법제도에 의해 발생한다. 법제도는 바뀔 수 있다. 두 번째 오류는 범죄 여부로 행위를 분류하고 책임을 매기는 사고방식이다. 그러나 범죄를 저지르지 않았을 때도 집단적 책임이 존재한다. 배경적 가치는 법제도의 영역보다 더 크다. 세 번째 오류는 '직접성의 요구'이다. 자신이 직접 저지른 일이 아니라면 자신과 무관한 일이라는 사고방식이다. 그러나 우리는 사회나 집단의 구성원으로서 책임이 있다. 둑이 없어 농토가 침식되고 있다면, 설사 먼저 침식되는 농토가 다른 사람의 것이더라도 그것은 모두의 일이다. 농토가 침식되는 현상은 사회구조적 과정에서 발생하는 구조적인 곤경이다. 구조적 곤경은 작위나 부작위로 우리 모두가 연루되어 재생산하고 있는 것이다.

구성원으로서의 책임은 직접적이고 개별적인 상호작용에서 특별히 나쁘거나 이기적인 짓을 하지 않는 것으로 축소될 수 없다. 구성원의 책임이 축소될 수 있다고 보는 사고방식은, 사람들의 지위가 오로지 개별적 상호작용과 개별적 책임에서만 정해진다고 보는 논리적 오류에 바탕을 두고 있다. 오류를 옆으로 치우고 나면 객관적이고 사회적인 요인에 의해서 유지되고 강화되는 집합적인 결과에 희생되는 사람들을 볼 수 있다. 즉, 구조적 부정의를 직시할 수 있게 되는 것이다.

구조적 부정의는 '집단적 행위 조정'이라는 특유한 과제를 낳는다. 개인적 상호작용에서 불의를 저지른 경우, 즉 명확하게 인정되는 질서에서 권리와 의무를 위반한 경우와는 달리, 사회구조적 부정의를 해결하기 위해서는 특별히 아래의 다섯 가지 태도를 유념해야 한다. 첫째는 '격리하지 않기'다. "책임을 져야 할 제삼자를 찾았다고 해서 우리가 책임에서 면제되는 건 아니다."[5] 왜냐하면 구조적 부정의는 개별적 상호작용에서 저지른 잘못으로 환원되지 않기 때문이다. 둘째, 배경 조건에 주의를 기울이고 판단해야 한다. 구조적 부정의는 권리와 의무를 할당하는 법 같은 현존하는 공적 구조 자체의 잘못에 연결되어 있기 때문이다. 셋째, 과거를 돌아보기보다 미래를 생각해야 한다. 책임 있는 자를 찾아내 분노를 표출하고 모든 책임을 전가하거나, 비난을 피하기 위해 방어적으로 변명하는 데 머무르지 않아야 한다. 구조적 부정의의 상황을 개선하기 위해 무엇을 할 수 있고 어떻게 해야 하는가에 주의를 기울여야 한다. 넷째, 책임을 공유한다. 개별적 상호작용 과정에서 이기적으로 행위하지 않으면 모든 책임을 다한 것이라는 생각은 착각이다. 다섯째, 정치적 책임은 오로지 집단 행동을 통해서만 이행할 수 있다는 사실을 자각한다. "사회적 연결모델에서 구조적 부정의에 책임을 진다는 것은 구조를 바꾸는 집단 행동을 조직하기 위해 다른 이들과 협력하는 것이다. 가장 근본적으로, 여기서 '정치적'이라는 말은 관계를 조직하고 행동을 더 정당하게 조율하기 위해 다른 이들과 공적인 소통에 참여하는 것을 뜻한다."[6]

그렇다면, 각각의 구성원이 가진 책임은 모두 같은 크기일까? 그렇지 않다. 세 가지 변수에 따라서 책임의 크기도 달라진다. 첫째, 가지고 있는 힘이 클수록, 즉 심각한 박탈을 경험하지 않고 구조적인 변화를 촉진하는 행위를 할 수 있는 사람은 그만큼 더 큰 책임을 진다. 힘에는 단지 권력이나 물질적인 재산뿐만 아니라, 지식과 정보도 포함된다. 둘째, 자신의 이익과 관련이 있을수록 큰 책임을 진다. "구조적 부정의의 희생자는 부정의가 약화될 경우 특별한 이익을 얻으며, 그렇기 때문에 책임을 져야 한다." 이를테면 아무 조건이든 고용주의 명령을 기꺼이 따르고, 고용주가 자신의 권리를 불법적으로 침해하는 데도 명령을 수용한다면 희생자는 고용주의 권력을 유지하고 강화하는 과정에 참여하는 것이다. 대가 없는 야근이 일상적인 회사에서 오래 일해 온 선배가 신입 사원에게 말한다. "사원은 회사의 지시에 당연히 따라야 하고, 지시를 따르지 않는 사원은 회사와 동료를 무시하는 것이다." 법적으로 임금 노동자란, 노동계약에 따라 임금을 받고 자유의지로 일하는 사람이다. 거부할 자유 없이 명령에 따라 대가 없이 일해야 하는 사람은 노예이다. 따라서 노동계약을 유지하기 위해 대가 없는 야근 지시에 따라야 하는 사람은 부분적 노예이다. 선배는 부분적 노예 상태의 피해자이지만, 자신의 상태를 자연적인 질서라도 되는 양 받아들이고 타인의 이의 제기를 억압하는 상호작용을 반복함으로써 자신의 상태를 유지하는 일에 자신도 참여하고 있는 것이다. 따라서 부정의로 인해 곤경을 겪는 피해자도 구조에 도전하는 일에 책임을 져야 한다. 게다가 자신이 겪는 피해는 자신이 가장 잘 안다. 따라서 노동자로서 자신이 처한 상황을 알리고 그 상황을 부정의로 이름 붙이는 행위는 노동자 자신에게 달려 있다. "희생자 본인이 상황을 개선시키려는 노력을 하지 않는다면, 외부인은 아무리 좋은 뜻을 지녔다 할지라도 희생자에게 의도하지 않은 피해를 입힐 수 있으며 개혁 과정에서 오히려 역효과만 낳을 수도 있다." 마지막으로 셋째, 활용할 수 있는 집단적 역량이 많을수록 큰 책임을 진다. 단체의 자원을 끌어다 쓰거나 새로운 방식으로 자원을 사용할 수 있는 지위에 있는 사람은 그만큼 더 큰 책임을 진다.[7]

　구성원으로서의 이러한 정치적 책임을 이행하지 않는 것은 현재의 구조적 부정의를 유지하거나 강화하는 과정에 참여하는 것이다. 만약 책임을 이행하지 않고 시간과 정력, 권한 같은 자원을 자신만을 위한 일에 쓴다면, 그는 배경적 가치를 위반하고 그 대신 내용적 가치를 추구한 것이다. 두 가지 가치가 인생에서 분리될 수 없다는 점을 감안할 때, 그것은 전체적으로 보아 가치가 없는 일이다. 즉, 다른 사람이 구조적 부정의로 인해 억울한 고통을 당하고 신음하는 상태로 내버려지는 대가로 자신이 내용적 가치를 추가로 조금 더 추구하는 것을 '가치'로 공적으로 승인받고 확인받을 수는 없다. 정치적 책임은 의미 있는 삶을 살고자 하는 사람이 부인할 수 없는 책임이다. 이 책임을 이행하는 사람만이, 성숙한 삶을 사는 것이다.

실존의 부담을 직시하는 것

성숙한 삶의 마지막 요건은, 부조리한 실존에 던져진 부담을 직시하되, 현실을 합리적으로 변화시키려는 용기를 잃지 않는 일이다.

실존의 부담이란 지금 주어진 여건에서 무언가 가치 있는 일을 실제로 했을 때, 그 과정에서 어쩔 수 없이 져야 하는 부담을 의미한다. 현대 사회에서는 많은 사람들이 운동과 다이어트에서 '실존의 부담'을 느낀다. 당신은 지금 복부 비만으로 배만 볼록 나와 있다. 체중은 별로 나가지 않지만, 건강에는 적신호이다. 현실을 부정하는 데 에너지를 소모해 보았자 소용이 없다. 실존을 부정하는 데 에너지를 소모하는 것, "~라면 얼마나 좋을까!", "~라서 정말 우울하다."라는 식의 사고방식은 자연스러운 것이지만, 곧장 실존의 부담을 직시하지 않으면 인생을 낭비하게 된다. 인생의 실천자이자 참여자의 관점에서 중요한 것은, 지금 무엇을 할 가치가 있는가이다. 미래에도 복부 비만으로 인해 배가 나와 있는 것은 가능한 현실일 뿐 실존은 아니다. 그러나 미래에 배를 줄이기 위해서는 음식을 조절하고 운동을 해야 한다. 음식을 조절하고 운동을 하는 것은 보다 건강해지기 위해서 피할 수 없는 부담이다.

실존에는, 현재의 모든 상태와 그 상태를 변화시키기 위해서 감수해야 할 부담이 포함된다. 만약 미래의 목표 상태를 위해 부담을 감수할 만한 가치가 없다면, 현재의 상태를 감수해야 한다. 목표 상태가 이룰 만한 가치가 있다면, 부담을 감수해야 한다.

　현재가 완벽하지 않은 것도, 부담을 감수하지 않으면 현재가 나아지지 않는 것도 부조리하다. 정의롭지 않은 이 세계에 우리가 던져진 것은 부조리하다. 그리고 부정의한 세계가 상당한 부담과 노력 없이는 정의로운 세계로 한 발자국도 움직이지 않는다는 사실도 부조리하다. 이 세계는 이성에 의해 세워지지 않았으며, 이성에 앞서 존재한다. 이것 자체가 이미 부조리한 일이다. 그러나 부조리를 직시하지 않는다면, 그리하여 부조리에 대한 반항, 즉 자신이 지향하는 상태로 나아가려고 행위하지 않는다면, 인생을 살아가는 것이 아니다.

　어린아이는 실존의 부담을 모른다. 아이들은 무거운 장난감이 무겁다는 이유로 울고 떼를 쓴다. 무거운 장난감이 무거우므로, 가벼운 장난감을 가지고 놀면 되지 않냐고 달래도 자신이 마음에 들어 한 장난감이 아니기 때문에 만족하지 않는다. 잠이 오지 않는다고 운다. 밥을 먹기 싫은데 배가 고프다고 운다.

　정신적으로 미성년인 사람은 어린아이의 성격을 계속 유지한다. 이 사람들은 불평등이 지배하는 사회에서 최상층의 사람들이 누리는 것을 자신도 누리고 싶어 한다. 그러나 현실은 그렇지 못하다. 그래서 그들은 끊임없이 불평한다. 길거리에서 선남선녀를 보면, 감탄하지 않고 그들과 사귀지 못하는 처지를 한탄한다. 눈앞에 놓인 음식을 천천히 맛있게 음미하려 하지 않고, 왜 자신은 최고급 음식을 원할 때마다 먹지 못하는지 애달픈 얼굴이 된다. 이 사람들은 주위를 끊임없이 기운 처지게 만든다. 나아가 자신을 걱정해 주는 사람마저 속물 근성의 세계관으로 끌고 들어가려 한다. 속물 근성의 세계관을 전파하는 방법에는 자랑과 경멸만이 있는 것이 아니다. 자신이 낮은 처지에 있다는 바로 그 이유 때문에 세계가 잘못되었다고 한탄하면서, 자신의 말을 들어 주는 주위 사람마저도 자신이 설정한 속물 위계 속에 억지로 자리매김하려 한다. 이 사람들은 자신의 잠재력을 가치 있는 방향으로 발휘하기가 힘들다. 왜냐하면 하루하루 노력한다해도 자신이 원하는 것, 즉 구조적으로 소수의 사람들만이 누릴 수있는 것을 얻는 데는 한없이 모자라기 때문이다. 이 사람들은 늘 화내고 있다.

물론 누구나 푸념을 한다. 누구나 실존의 부담이 무겁다는 점을친구에게 토로한다. 사소한 일에 짜증을 내고 화를 낼 때도 있다. 그러나 거기에 매몰되어 살지는 않는다. 친구에게 어려움을 토로하고서로 위로하고 기분을 풀고 나서는, 다시 자신의 기질과 능력, 여건에서 무엇이 할 만한 일인지 검토하고, 방향을 설정하고, 나아간다.반면에 늘 화를 내고 있는 사람들은 타인을 질투한다. 칸트는 다음과같이 설명했다. "질투는 타인의 평안으로 인해 그의 평안이 아무런손실을 입지 않음에도 불구하고 타인의 평안을 고통으로 바라보는성벽性癖이다." 그리하여 "평안의 척도를 그것의 내적 가치에서가 아니라, 단지 타인의 평안과의 비교에서만 평가"하게 된다. "질투의 활동들은 인간의 자연본성 안에 들어" 있을 때에는 별 문제가 없지만,그것이 "폭발"하게 되면 "그 활동들을 음울한, 자기 자신을 괴롭히고,적어도 소망하기로는, 타인의 행복의 파괴를 노리는 욕정의 흉측한패악으로 만든다."[8]

그런데 이런 미성년의 상태를 극복하는 방안이 자기 계발서에서 이야기하는 '긍정의 정신'이 결코 아님을 주의해야 한다. '긍정의정신'이라는 말은 애매한 말이어서 합리적인 것뿐만 아니라 각종 비합리적인 것들도 포함한다. 그것은 현재 가지고 있거나 경험하는 것들의 좋은 면에 집중하는 바람직한 태도일 수도 있다. 그러나 다른 한편으로는 '~가 아니다'라는 형식으로 기술되는 사실이라면 무엇이든 부인하고 그것을 '~이다'라고 고쳐 말하거나, 불확실한 미래의 일을 확실한 낙관적 전망으로 간주해 버리는 비합리적인 정신일 수도 있다. 속물 근성의 세계관은 그대로 긍정하면서 자신이 그 위계에서 꽤나 괜찮은 위치를 차지하고 있다고 반복해서 되뇌는 정신일 수도 있다. 이런 '긍정'의 방법들은 도움이 안 되는데, 속물 근성의 세계관을 전제하면서 자신의 위치를 억지로 높은 위치로 긍정하는 순간, 그렇지 않다는 증거와 반론이 곧바로 마음속에 떠오르기 때문이다. 더 나아가, 긍정의 정신은 비판을 묵살하고 현존하는 질서를 무조건 정당화하는, 합당하지 않은 정신일 수도 있다. 이것은 '긍정'이라는 것이 단지 '예'라고 말하는 것, 그래서 현재의 사실과 미래의 사실 그리고 규범에 관하여 질문을 던졌을 때 '예'라고 말하는 것을 막연히 의미할 뿐이기 때문이다. 그래서 '긍정의 정신'이라는 것은 아무래도 지성적으로 이해하기 힘든 말이며 때때로는 녹지 사업을 한다면서 산에 녹색 페인트칠을 하는 것과 마찬가지인 방법으로 빠지기도 한다.

우리에게 필요한 것은 오로지 현재의 사실적·규범적 사태와 미래의 불확실성을 그대로 직시하고 할 만한 가치가 있는 일들을 파악하는 '정확한 정신'이자 '가치에 집중하는 정신'이다. 자기 계발서들은 '긍정'이라는 말의 성격을 착취한다. 그 모든 의미를 구별하지 않은 채 혼돈 속에 '긍정'이라는 말을 사용한다. 애매모호함의 한쪽에서 설득력을 갖는 사례들을 지렛대로 삼아, 나머지 비합리적인 것까지 떠받치려고 한다. 그 결과 여기저기 세상 온갖 곳에서 '긍정의 정신'이라는 구호가, 모든 상태가 현재 최상으로 맞추어져 있으며, 현재 지배적인 규칙을 수용해야 하며, 미래에 높은 위계를 차지하게 될 것이라고 비합리적으로 믿는 정신을 강요한다. 이것은 볼테르가『캉디드 혹은 낙관주의』에서 그토록 신랄하게 조롱한 팡글로스 박사의 세계관보다 더 나쁜 것이다. 팡글로스 박사는 그를 존경하는 주위 사람들에게 실재하는 세계는 가능한 최상의 세계라고 일관되게 설파하지만, 그들은 뿔뿔이 흩어지고, 고문당하고, 처형당하고, 병에 걸리는 등 천신만고의 고통을 겪는다. 물론 팡글로스 박사는 그 이후에도 역시 그것이 최선이었다고 여긴다.『아Q정전』의 아Q 역시 무고하게 사형을 당하면서, '사람이 살다 보면 사형을 당할 수 있지.'라고 생각하며 그렇게 나쁜 일은 아니라고 받아들인다.

우리 사회의 미처 분화되지 못한 언어는 실존의 부담을 받아들이는 것과, 실존의 여건이 아닌 것을 소망적 사고로 망상하는 것 사이의 차이를 알지 못한다. 또한 좋은 것에 감사하는 것과, 개선해야 하는 상태를 무분별하게 통틀어 합리화하는 것 사이의 차이를 알지 못한다.

2008년 금융 위기 이전 미국에서는 부동산 거품, 부동산과 연계해 복잡하게 설계한 금융 파생상품, 그 파생상품들에 깊숙이 개입하는 은행의 행태에 대해 경고하는 목소리가 적지 않았다. 당시 많은 미국인들은 부동산을 대출금으로 샀는데 그들 대부분은 대출금을 자기 소득으로 갚을 수 없었다. 그들은 오로지 부동산 가격이 계속해서 오른다는 전제에서, 따라서 나중에 부동산을 팔아서 얻은 이익으로 대출금을 갚겠다는 생각에 많은 돈을 빌렸다. 은행이 사람들을 설득하고 부채질했다. 은행과 금융 회사는 부동산 가격이 계속해서 오르지 않으면 도저히 받아 낼 수 없는 채권을 조각조각 쪼개 파생상품으로 만들고, 그 파생상품들을 다른 금융 상품과 섞어 안전한 금융 자산으로 둔갑시켰다. 그 결과 이 상품들은 금융기관의 자산 거래와 자산 구성에 깊숙이 침투했던 것이다. 당연히 이러한 현상은 위험해 보였고, 경고는 정당했다. 그러나 당시 미국의 은행과 금융 업계, 많은 채무자들은 이 경고를 부정적인 생각으로 치부하면서 금융 규제를 되살리려는 노력을 전혀 하지 않았다. 결국 대규모 경제 위기가 발생하고 이어서 불황이 닥치자 몇몇 사람들은 규제가 문제라며 규제를 혁파해야 불황에서 벗어날 수 있다고 주장했다. 이 현존하는 팡글로스 박사들이 소설 속 팡글로스 박사와 다른 점은, 그들은 그다지 고통을 직접 겪지 않는다는 사실이다. 왜냐하면 고통을 겪는 이들이 그들에게 이 고마운 교리를 설파해 준 대가로 인세와 수강료를, 그리고 그들에게 유리한 법질서를 가져다 바치기 때문이다.

어떤 큰 다리의 안전이 의문시된다고 하자. 이미 금이 가고 불안정하다는 증거들이 있다. 그런데도 안전 점검이나 조치는 제대로 이루어지지 않고 있다. 그러나 긍정의 정신이라는 애매모호한 말을 모든 일에 전가의 보도처럼 사용하는 사람은 다음과 같이 말할지도 모른다. "도로와 다리의 안전에 의문을 제기하는 것은 부정적인 생각이며, 그러한 부정적인 생각이 우주에 파동을 보내어, 또는 파괴 법칙을 끌어당겨, 이 다리를 붕괴시킬 수 있으니 '이 다리는 절대 안전하다.'는 긍정적인 생각을 하자. 안전 점검을 제대로 하는 것은 다리가 무너질지도 모른다는 부정적인 생각을 전제로 하는 것이므로, 이미 안전 점검을 하는 것 자체가 다리를 붕괴시키는 사건을 끌어당기고 파동을 쏘는 것이다. 하지 않아도 되는 안전 점검을 하자고 계속 비판하는 사람들은 '비판'이라는 부정적인 행동을 하고 있는 사람들이자, 자신이 통제할 수도 없는 정치적 일과 이념에 매몰되어 쓸데없이 몰두하는 사람들이다." 이런 비합리적 망상의 연쇄로 이루어진 사유를 이성적 인간이 받아들여야 할 이유는 아무것도 없다. 이것은 "반항의 외침을 열광적인 동의로 바꾸어 버림으로 (…) 부조리를 무시"하고 "유일한 확신, 즉 비합리를 신격화하기에 이른" 것이다.[9]

'긍정'이라는 개념을 한도까지 붙드는 사람들은 언어를 억지 주장을 은폐하기 위해 사용한다. '좋은 것'도 '좋은 것'이고 '나쁜 것'도 결국 '좋은 것'이라면, 도대체 '좋은 것'이라는 말이 가지는 고유한 의미가 무엇이란 말인가.

속물 근성의 세계관을 온전히 받아들이면서, 자신은 피라미드의 하층에 머무를 수밖에 없다고 자학하는 것도, 자신만은 열심히 하니까 상층에 꼭 갈 것이라고 망상하는 것도, 어느 쪽이나 이성적 인간이 취할 태도가 아니다. 더 나아가 현재의 상태와 미래에 예상되는 사태 전체를 뭉뚱그려 규범적으로 "좋다"고 말하며 언어를 무너뜨리고 현존하는 부당한 고통을 묵살하거나, "좋은 일만 일어날 것이다."라고 소망적 사고로 가득 찬 비합리적 망상을 하면서 지금 필요한 조치들을 묵살하는 것 역시 이성적 인간이 취할 태도가 아니다. 이것은 거짓에 기반하여 세계를 색칠하는 것을 기꺼이 희망하는 긍정 광신도가 도달하는 파국이다.

왜 꼭 속물 근성의 세계관을 받아들이면서 동시에 망상적 비판주의와 망상적 낙관주의 가운데 하나를 택해야 하는가. 이성적 인간은 허공의 충동과 의무감을 부인하면서 동시에 이성적 실재론자, 현실주의자가 되는 것이 자연스럽다. 이성적 실재론자는 다음과 같이 사고할 것이다.

첫째, 우리가 원할 만한 사태와 바라지 않는 사태는 동시에 존재한다. 둘째, 원할 만한 사태가 존재한다는 것은 감사할 일이다. 그리고 그 사태가 가능하게 하는 가치를 오롯이 향유하는 것은 좋다. 셋째, 바라지 않는 사태가 현재 존재한다는 것은 부인할 수 없는 사실이다. 비판받아야 하는 부당한 것들도 많이 존재하며, 이것 또한 부인할 수 없는 사실이다. 또한 이 때문에 미래에도 동일한, 또는 더 좋지 않거나 부당한 일이 생길 가능성이 있다. 넷째, 좋은 것을 더 발전시키고, 나쁜 것을 줄이기 위해 할 수 있는 무언가가 있다. 그리고 무언가를 하는 데는 부담이 따른다. 이 여건과 부담은 모두 실존이 딛고 있는 것으로 피할 수 없다. 다섯째, 불확실성 역시 실존의 한 측면이다. 미래는 항상 불확실하다. 그러나 우리는 어떤 방향으로 현실을 이끄는 데 도움이 된다고 믿는 여러 일들을 할 수 있다. 그리고 그러한 일들을 하는 것은 가치 있다. 그 일들을 충실히 수행하고 있다면, 그 밖의 걱정을 하는 것은 무용하다.

이성적 실재론자가 파악하는 좋은 면과 나쁜 면은 속물 근성의 세계관에서 평가되는 것이 아니라, 고통의 감소와 회피, 쾌락, 아름다움, 진리, 애착과 유대, 정의와 정당함 같은 가치들에서 평가되는 것이다. 따라서 좋은 면은 감사히 생각하고 유지하고 발전시키는 것이 가치 있고, 나쁜 면에는 실망하고 이것을 바꾸기 위한 행위에 나서는 것이 가치 있다. 우리에게 가치를 구현할 잠재성이 있는 한, 이 추가적인 모든 행위는 할 만한 것이다. 물론 미래는 불확실하지만 불확실성의 정도나 방향은 우리가 지금 하는 일에 따라 상당 부분 바

뛸 것이며, 그렇기 때문에 지금 가치 있는 행위를 하는 것이 중요하다. 이것은 거짓 위에서 삶을 살아가고 싶지 않은 사람이 택할 수 있는 유일한 태도이다.

배경적 가치를 준수하기 위해서 정치적 책임을 수행할 때 실존의 부담을 직시하는 일은 더욱 어렵다. 개인적인 문제에서는 이 점을 잘 알면서도 집합적인 문제에서는 망각하기가 쉽다. 오도하는 자기 계발서의 영향도 있다. 기존의 질서 아래에서 개인적인 목적을 달성하는지는 확실히 통제할 수 있지만, 질서 자체를 바꾸는 것은 결코 통제할 수 없다는 구분 말이다. 그러나 앞에서 자세히 짚었듯이, 미래는 불확실하며 결과를 보증할 수 있는 것은 아무것도 없기 때문에 자기 계발서의 구분은 논리적으로 오류이다. 이 구분 이외에도, 정치적 책임을 수행할 때 실존의 부담을 직시하지 못하도록 방해하는 이유들이 있다.

실존의 부조리에는 오늘날 사회가 부정의하다는 사실도 포함된다. 이치로 따져서는 도저히 납득할 수 없는 억울한 일들이 벌어지기도 한다. 불의한 자가 포상을 받고 의로운 자가 처벌을 받는다. 이러한 일들은 실존의 여건이다. 우리는 우리 자신의 계획 없이 세상에 던져졌다. 세상의 많은 것이 불완전하고, 부정의하고, 부조리하다. 그러나 현실이 이상에 어긋난다고 언제나 화를 내는 태도는, 내가 현실에 속해 있으며 현실이 내가 태어날 때부터 나를 둘러싼 실존의 여건이라는 사실을 진지하게 고려하지 않은 것이다. "책망해야 할 일이 그의 눈에 띄지 않는 순간이 단 한순간이라도 있을까? 집을 나설 때마다 그는 죄짓는 자들, 탐욕스러운 자들, 방탕아들, 파렴치한들, 그리고 그런 악덕에 편승해 이익을 챙기는 사람들 사이를 헤치고 걸어

가야 할 것이다. 아마 분개할 광경과 마주치지 않고서는 어디 한군데 눈길 둘 곳조차 없을 것이다. 그럴 때마다 번번이 화를 터뜨려야 한다면 그는 이내 녹초가 되고 말 것이다."[10] 그러나 실존의 부조리를 현실로서 직시하는 것은 그것을 정당한 것으로 인정한다거나, 미래에도 필연적이라고 예상하는 것이 아니다. 현실과 이상의 격차에 지나치게 감정적으로 연루되는 것도, 부조리에서 오는 긴장을 피하기 위해 부조리가 없다고 망상하고 도피하는 것도 의미하지 않는다. 이성에 근거하여 행위하는 사람은, 이성에 어긋난 것들이 이성을 활용하지 않는 평계로 쓰이는 것을 용납하지 않는다. 인생의 의미에 주목하는 사람은, 부조리한 현실을 바꾸는 행위가 가치 있는 일이며, 또한 그 행위가 배경적 가치를 이룬다는 점을 깨달을 수밖에 없다.

부조리한 현실을 바꾸기 위해서는, 즉 더 나은 상태를 달성하는 데 자신의 몫을 다하기 위해서는 부정의에 고통받는 사람들의 이야기를 듣고, 타인에게 들려주고, 그것이 왜 부정의한지를 논증하고, 함께 바꾸자고 말하고, 반대하는 사람과 맞서고 그들을 납득시키는 일들을 피할 수 없다. 이 일들 역시 실존의 부담이다. 가장 합리적인 경로라도, 최선의 효과적인 경로라도 피할 수 없는 부담이다. 그리고 이 부담은 질 가치가 있다. 상당한 수의 사람들이 이 부담을 지지 않는 사회는, 침식되는 농토에 망연자실하면서도 남아 있는 자기 농지의 수확 생산성에만 골몰하는 사회이자, 모두가 일상의 책임을 악의 없이 수행하지만 억울한 고통을 겪는 사람들이 부지기수로 생기는 사회일 뿐이다.

그것은 고통의 만연, 쾌락의 감소, 진리의 억압, 아름다움의 왜곡, 권리의 침해, 착취적인 인간들의 지배를 가져오게 된다. 이런 일들을 반전시키는 일에 협력하고 몫을 하는 것은 배경적 가치가 된다. 그러한 일을 조금도 하지 않는 삶은, 타인의 부담과 노력을 배가시키고, 거기에 무임승차하면서도 무임승차하는 줄도 깨닫지 못하는 삶이다. 그것은 눈앞에 보이는 일과 관련하여 자신이 불의를 저지르지 않았다고 여기며 자신은 아무런 잘못도 없다고 착각하는 삶이다.

미국의 철학자 조엘 파인버그는 부작위에 의해 책임을 수행하지 않아 타인의 고통을 초래하는 것은, 작위로 고통을 초래하는 것만큼이나 도덕적 중대성이 크다는 점을 심장병 환자의 사례를 들어 설명한다. 심장병 환자가 심정지 직전의 위급한 상황에서 약병을 더듬더듬 손으로 잡으려고 한다. 첫째, 옆에 있던 사람이 환자의 손이 닿지 않는 곳으로 약병을 조금 밀어 버리고 환자가 사망하는 경우이다. 둘째, 그가 약병을 손끝으로 조금만 밀어 주면 심장병 환자의 손이 닿을 수 있는 범위 내에 들어가게 되는데 굳이 그러지 않고 환자가 죽게 내버려두는 경우이다. 옆에 있던 사람은 첫째의 경우 작위로 행위했고 둘째의 경우 부작위로 행위했지만, 두 경우는 도덕적으로 거의 차이가 없다. 두 경우 모두 자신에게 거의 아무런 부담도 되지 않는 선택지―약병을 그대로 두는 것, 약병을 밀어 주는 것―를 선택하지 않고 다른 선택지―약병을 약간 미는 것, 약병 밀어 주는 대신 다른 행위를 하는 것―를 선택함으로써 환자를 사망에 이르게 했다.[11]

정치적 책임에 관한 문제도 마찬가지다. 각자의 몫을 수행하지 않는 경우에 발생하는 집합적 결과에 대해서, 우리 각자는 도덕적 책임을 지게 된다. 심장병 환자의 사례에서 약병 근처에 있던 사람이, 심장병 환자 곁에서 게임을 하고 있었다고 해 보자. 그는 게임을 몇

초 더 하기 위해 환자에게 약병을 밀어 주지 않았다. 그가 게임을 즐긴 것은, 환자에게 약병을 주지 않은 것과 떼어 놓을 수 없다. 그 시간은 무가치하다. 아주 적은 비용으로 타인의 고통을 구제할 수 있을 때는 그렇게 해야 한다는 배경적 가치의 제약을 위반했기 때문이다. 그리고 배경적 제약을 위반한 행위는 사적인 충동에 부합하는 행위는 될 수 있어도, '가치'에 근거한 행위가 될 수는 없다. 마찬가지로 정치적 책임을 수행하지 않으면서 내용적 가치를 추구하는 경우에 그것은 제약을 위반하여 무가치하게 되어 버린다.

프랑스의 실존주의 철학자 장폴 사르트르는 인간이란 '시튜아시옹^la situation', 즉 유기적인 상황 속에 얽혀 들어가 있어서, 참여자로서 상황을 변경시킨다고 했다. 이것이 사르트르가 말한 '앙가주망^engagement'이다. 인간은 앙가주망을 피할 수 없다. 결혼하지 않는다고 해서 결혼과 관련된 어떤 선택도 하지 않았다고 볼 수 없다. "그는 선택을 피할 수가 없다. 그는 동정인 채로 있거나, 결혼은 해도 자식은 갖지 않거나, 그렇지 않으면 결혼을 해서 자식을 낳을 수밖에 없다. 그가 어떻게 하건 도저히 이 문제에 대해서 전적인 책임을 면할 수가 없다." 마찬가지로 입헌 민주주의 사회의 시민은 현재의 질서에 무관심함으로써 퇴락에 기여하거나, 자신의 몫을 다함으로써 개선에 기여하거나 잘못된 방향으로 이끌어 가거나, 참여자로서 상황을 변경시킨다. 자신의 몫을 하지 않는다면 배경적 가치가 위반되는 현실에 책임을 져야 한다. 실천자이자 참여자로서 "인간은 앙가주망에 비추어서만 정의"된다.[12]

모든 사람이 자기 몫의 정치적 책임을 다하여 질서가 개선되고 집단적으로 행위가 조정되지 않는 한, 구조적 부정의는 유지되거나 강화될 것이다. 따라서 실존의 부담을 직시하는 일은 그런 결과까지 직시하는 것이다. 정치적 책임을 받아들이는 것은 실존의 부담을 직시하는 일에서 필수적인 일부분이다.

13장

정치적 책임을

이행하는 일이

즐거울 수

있을까

우리가 주저하는 세 가지 이유

정치적 책임을 다함으로써 사회의 질서를 개선하는 일은 가치 있다. 그러나 우리는 그 사실을 알면서도 정치적 책임을 수행하는 일을 저어하곤 한다. 우리가 주저하고 저어하는 원인이 무엇일까? 그 원인은 타당한 것일까?

첫 번째 원인은 우리가 좋은 의도를 가지고 책임을 수행하더라도 다른 사람들의 반대와 비난에 부닥친다는 것이다. 타인의 반대와 비난은 우리를 힘들게 한다. 세계의 불의를 교정하는 일이 아무런 장애 없이 매끄럽게 이루어지는 세계는 정말 멋진 세계일 것이다. 그러나 그것은 환상일 뿐이다. 우리가 사는 세계는 그러한 세계가 아니다. 현실의 장애를 이유로 정치적 책임을 수행하지 않는 것은 실존을 부정하는 자기 탐닉이다. 세계가 자신을 중심으로 돌아가야 하는데 그렇지 않으므로 세계의 불의와 부당함, 고통을 줄이는 일은 무의미하다는 사고방식이다. 애초에 이 전제는 증명된 적 없다. 세계가 한 사람을 중심으로 돌아갈 리는 만무하다. 설사 그 사람이 명석하고, 훌륭한 대안을 가지고 있더라도 말이다. 그의 바람은 운동을 하지 않고 복부 비만이 해결되리라고 기대하는 것과 동일하다. 따라서 정치적 반대와 장애는 우리가 좋은 삶을 살기 위해 도전할 대상일 뿐, 도전을 포기할 이유는 되지 못한다.

두 번째 원인은 냉소와 절망이다. 지성으로 사회를 관찰하는 사람은 큰 실망감을 느끼게 된다. 좌절스러운 일들이 계속해서 벌어진다. 민주주의의 절차적 정당성의 토대가 허물어지고, 그 중요성이 경시되고 있다. 민주주의의 절차적 정당성은 투표가 이루어지고 그 결과 다수결로 승자가 나왔다는 사실로 환원되어 버린다. 투표 과정에서 사회의 문제점들을 발견하고 해결책이 무엇인지 투명하고 진지하게 토론하지 않더라도 괜찮다고 생각한다. 심지어 우리 사회의 많은 사람들이 국가 기관이 선거에서 여론을 조작하고 선동하더라도 최종적으로 사람들이 직접 투표한 이상, 아무 문제가 없다고 생각하고 있다. 우리 사회에서는 민주주의의 의미가 이미 많이 사라졌다. 우리 사회에서 민주주의란 경제 성장을 극대화할 수 있는 권위주의적인 지배자를 뽑는 일로 흔히 여겨지고 있다. 사회의 정당성 또한 경제 성장에 좌우된다. 그 결과 사람들의 부당한 고통을 줄이고 각자가 더 풍요로운 가치를 실현하기 위한 조건, 즉 자유의 조건을 형성한다는 민주주의의 가장 중대한 목표가 소홀히 다루어진다.

그 결과 '정치'와 '민생'을 전혀 별개로 파악하는 용법이 사회에 만연해 있다. 정치는 정치인들의 파벌 싸움이나 여야 간의 무익한 대립 같은 의미로 축소 왜곡되고, 민생이란 민주적인 정치 절차를 거치지 않고도 곧바로 직관으로 파악할 수 있는 것이라고 착각하는 것이다. 사전에서 '민생'은 구성원들의 삶이라는 뜻이다. 그런데 구성원들은 각자 다른 신념과 선에 대한 관점, 사회적 위치를 갖고 있으며, 구성원들의 삶과 관련하여 국가가 추구해야 하는 목적이나 동원하는 정책 수단의 규범적 타당성과 효과에 관해서도 상이한 생각을 갖고 있다. 따라서 사람들이 주장하는 더 나은 삶을 위한 조건은 서로 다르기 마련이다. 그러므로 실은 민생이란 민주적 정치 과정을 거치지 않고서는 내용을 파악할 수 없는 개념이다. 그러나 민생과 정치를 서로 별개의, 오히려 충돌하는 개념으로 대립시킬 때 민생이란 경제 성장의 극대화를 주도할 권위주의적 지배자가 지정하는 정책적 해결책으로 환원된다. 그러므로 '민생 문제' 자체가 무엇이며 어떻게 해결되어야 하는가를 결정하는 일은 정치의 영역에서 배제된다. 이 배제를 통해 광범위한 영역에서 참정권, 자유권, 사회권으로 구성된 시민의 지위가 반복적으로 침해되고 있다.

이러한 상황은 양심적인 시민에게 냉소와 절망을 안긴다. 자신이 할 수 있는 일과 그 일로 이룰 수 있는 결과의 간극이 심각한 무력감을 낳는 것이다. 스스로의 삶이 점차 노예화되고 있다는 사실을 깨달으면서, 노예에게나 어울릴 법한 삶을 '어쩔 수 없는' 숙명으로 여기게 된다. 민주주의 같은 집단의 문제를 다루는 일은 누군가 다른 사람의 책임이라고 치부하고, 자신은 사회를 품평하고 비평하는 소비자의 자세에 만족한다. 우리 각자는 자신의 안위를 살피기에도 바쁘지 않은가. 아이리스 영은 이런 생각이 잘못임을 지적한다.

잘못이 일어나는 대부분의 사회적 상황에서 대다수 사람들은 자신이 할 수 있는 것은 아무것도 없다고 말할 만한 이유들이 있었다. 고립되어 있는 개인이 기관들, 강력한 관료들, 국가 간의 상호작용을 바꾸기 위해 할 수 있는 것이라곤 아무것도 없다. 그러나 정치적 책임은 혼자서 무언가를 하는 게 아니라 타인에게 집단행동을 함께 할 것을 권하는 것이다. 이런 일은 비교적 드물게 일어나지만 일단 일어나기만 하면 운동에 참여한 사람들은 자기들이 가지고 있던 국면 전환의 힘에 종종 크게 놀라곤 한다.[1]

구조는 인간 행위의 집합적 결과이며, 우리 모두는 어쨌거나 지금 이 순간에도 구조를 형성하고 있다. 상호작용으로 인한 변화는 국면 전환의 불꽃 같은 순간에만 일어나는 것이 아니라, 그 이전부터 꾸준히 진행되는 것이다. 기저의 변화가 축적될 때만 겉으로 보이는 뚜렷한 변화도 발생할 수 있다. 반대로 아무것도 하지 않는 행위에 의해서도 변화가 축적된다. 이 변화는 토대를 침식하고 퇴락시키는 변화이다. 이 변화가 토대에서 발생하면, 국면 전환은 반대 방향으로 작동한다. 즉, 당연하게 여겼던 공식적 질서 아래 보장되었던 시민의 지위가 한순간에 붕괴하는 것이다. 냉소와 절망은 토대를 변화시키는 상호작용의 중요성을 인식하지 못하기 때문에 생긴다. 상호작용을 일으키고 확산할 잠재력을 우리가 가지고 있다는 사실은, 우리 자신의 몫을 수행할 이유를 제공한다.

우리가 정치적 책임을 수행하는 데 주저하는 세 번째 원인은 윤리적 자의식의 과잉이다. 윤리적 자의식이 지나치다는 말은, 윤리주의—'질서를 더 나은 방향으로 바꾸려는 사람은 동기와 생활의 세세한 면이 이타적인 내용으로 채워져야 한다.'─를 받아들이고 자신이 어떤 사람으로 비칠까를 늘 의식하며, 타인의 윤리적인 평가를 행위의 주된 지침으로 삼는 상태이다. 윤리주의는 두 가지 악영향을 미친다. 우선 제도로부터 사람에게로 관심을 옮겨, 사람의 품성, 자질, 미덕을 심사하고 비난하며 문제 삼는다. 공적인 일을 하려는 사람에게 위선자라는 비난을 퍼부음으로써, 아무 일도 하지 않는 사람들로 하여금 자신은 도덕적으로 비난받지 않으니 문제 없이 살고 있다고 만족하도록 만든다.

　대표적인 사례가 공적인 문제를 둘러싼 사회적인 갈등을 두고 '밥그릇 싸움'이라고 치부하며 갈등과 관련된 사람들 모두가 부패했다고 딱지 붙이고, 갈등의 실제 내용이나 정책, 원리는 살펴보려고 하지 않는 나태한 정치 허무주의이다. '밥그릇'이라는 표현은 갈등을 무조건 억누르고 묵살할 수 있는 전가의 보도가 아니다. 예를 들어 사회의 나머지 구성원들이 어떤 사람의 재산을 정당한 이유도 없이 단지 이익을 나누어 갖기 위해 빼앗는다고 해 보자. 재산을 빼앗긴 사람은 당연히 부당하다고 항의할 것이다. 그는 일차적으로 자기 재산을 위해 투쟁하는 것이지, 누군가 다른 사람의 재산을 위해 투쟁하는 것은 아니다. 그러나 그가 자신의 재산을 주장하는 근거가, 그가 권리를 주장하는 논리의 핵심이, 자유롭고 평등한 시민으로서 인정받아야 하는 지위에 근거를 두고 있다면 그의 권리 주장은 모두를 위한 권리 주장이 된다. 그의 권리 주장을 그 사람 자신의 이익과 관련이 있다는 점을 근거로 일축할 수 없다. 그 권리 주장을 타당하지 않은 것으로 거부하려면, 타당한 원리에 근거한 논증을 제시해야 한다. 그런데도 윤리주의에 함몰된 사람은, 갈등의 당사자나 권리를 주장하는 사람, 또는 타인을 위해 운동하는 사람이 모든 면에서 이타적이지 않다는 이유로 주장과 활동을 가치 없는 것으로 깎아내린다. 결국 윤리주의는 정치적 허무주의와 무차별한 냉소로 흐른다.

일본의 인문학자 오구마 에이지^{小熊英二}는 일본의 전후 학생운동이 몰락하는 데 기여한 윤리주의를 "나는 지식인이다, 학생이다, 특권계급이다. 그러므로 특권과 사생활을 버리고 노동자에게 봉사하지 않으면 안 된다."라는 말로 요약했다.[2] 윤리주의의 관점에서는 모든 것이 흑과 백, 전부와 전무로 나뉘며, 강경하게 발언하고 행동하는 사람이 더 많은 발언권과 힘을 얻는다. 윤리주의는 운동의 전망을 가망 없게 만들고 참여에 높은 장벽을 쌓는다. 따라서 참가자는 적어진다. 참가자가 적어지므로 비난과 죄책감으로 참가자를 끌어내리려는 시도가 강해진다. "각오"가 되어 있는지를 끊임없이 묻고, "너는 데모하러 오지 않았잖아?", "바리케이드에서 빠져나가는 거야?"라고 힐난한다. "그런 데에 정나미가 떨어져 사람들이 떨어져 나가고, 남은 자들 사이에서는 더더욱 윤리주의가 기승을 부리는 악순환이 발생한다." "스스로도 괴롭고 확신을 지닐 수 없으므로" 타협에 혐오감을 보이고 "타인을 세차게 몰아붙이기 쉽다." 그 결과 "내부 대립과 배신자 취급이 마구 벌어"진다. 정치적 책임을 수행하며 자신과 타인의 발전을 함께 도모하는 활동이 "윤리를 내세워 견뎌내야 하는 일종의 인내심 경연대회 비슷하게 되어" 버린다.[3] 윤리주의는 새로운 속물을 창출한다. 이 속물들은 자신이 몸담고 있는 단체나 조직에서 윤리의 위계를 세우고, 그 위계에서 차지하는 위치가 인간의 가치라고 생각하고 행동한다.

지배적 속물 근성의 세계관에 자극받은 반동으로 생긴 이 강고

한 도덕적 속물 근성의 세계관은 인간의 정신과, 정신이 받아들이는 신념을 한없이 약하게 만든다. 정신은 이성을 사용할 용기를 잃어버린다. 그 결과 신념은 타인과 근거를 교환하며 이성을 활용하여 추론한 것이 아니라, 윤리의 위계에서 소외되고 무시당하지 않기 위해 불안해하고 눈치 본 결과로 얻은 사고의 덩어리가 된다. 만인이 만인에 대해, 이 준거 집단에서 사람들의 지배적인 의견은 무엇인지를 감지하는 투명 더듬이를 예민하게 세운다. 서로 눈치 보는 사람들의 세계에서 횡행하는 윤리적 언어, 타협 없는 언어는, 강경하게 발언하고 타인을 낙인찍고 몰아세우는 사람들이 손쉽게 사용하는 자원이자 무기다. 이들은 눈치 보는 자들 사이에 널리 퍼진 두려움과 불안을, 타인을 낙인찍고 몰아세우는 태도에 분명하게 반대하지 못하는 정신적인 취약성을 이용한다. 이 사람들은 근본주의적인 언어와 거대하고 추상적인 언어를 쏟아 내며 도덕의 맥락을 가장한 분노를 표출하여, 눈치 보느라 여념이 없는 사람들 위에 올라선다. 그 극단적인 결과는 1972년 일본에서 벌어진 "연합적군" 사건이다. 군마 현 산중의 비밀 아지트에서 무장 집단이 12명의 동지를 린치 끝에 살해하고, 마지막에는 산장에서 농성하며 경찰대와 총격전을 벌인 것이다. 이 사건은 극단적인 "윤리주의가 마지막에 도달한 귀결점"이다. "실제로 린치 경과를 조사해 본즉, 도망쳐서 경찰에게 비밀 아지트 장소를 누설할지 모른다고 간주된 사람들이 차례로 죽임을 당했다. 그러나 린치로 죽은 12명 가운데 립크림을 바른 것을 비난받으며 죽임을 당한 여성의 사례가 특별하게 부각되었다. 나도 운동에 참가하면서 비슷한 경험을 한 적이 있다, 생활 태도가 부르주아적이다, 자기비판이 철저하지 못하다고 린치를 받았다는 등을 회상하는 사람들이 줄

지어 언론에 등장했다."[4]

윤리주의의 세 가지 오류

윤리주의는 적어도 세 가지 점에서 오류가 있다.

첫째, 정치적 책임의 이행이란, 부당하게 고통을 겪거나 권리를 침해받는 불의한 현실을 개선하는 데 자기 몫을 다하는 것이다. 그것은 상상의 윤리의 위계에서 높은 위치를 차지하고 자기보다 아래에 있는 사람들을 깔보고 비난할 수 있는 자격을 얻기 위한 투쟁이 아니다. 윤리주의는 속물 근성의 세계관과 마찬가지로, 사람들로 하여금 행위와 연결되어 있는 가치를 보지 못하고 위계를 둘러싼 허공의 가치를 삶의 중심으로 여기게 만든다.

둘째, 윤리주의는 의사소통을 완전히 파괴한다. 의사소통은 단지 발화를 주고받는 외적인 형식을 의미하지 않는다. 의사소통의 목적은 상호 이해이다. 의사소통은 각자 자신의 이성을 최선으로 활용하면서 주장을 뒷받침하는 근거를 교환하고 가장 합리적이고 합당한 근거로 뒷받침되는 추론으로 신념을 도출하는 활동이다. 위계에서 낮은 위치로 낙인찍힐까 두려워서 이성을 활용하지 않고 다수의 의견을 눈치 보며 특정한 삶의 방식이나 의견을 아예 배척해서는 안 된다.

물론 사회에는 도덕적으로 비난받아 마땅한 사람들이 있다. 권력을 가진 사람들이 권력을 남용할 때, 그 결과 타인의 권리를 침해하고 부당하게 억압할 때, 그들은 동료 시민들이 자신과 동등한 자유로운 존재라는 점을 완전히 무시하는 것이다. 그들은 자유인 사이의 관계를 왜곡해 노예와 주인의 관계로 만든다.

　그런데 윤리주의의 문제는, 권력을 남용하여 자유롭고 평등한 관계를 왜곡하는 사람들뿐만 아니라 다원적인 사회에서 나타나는 의견의 불일치와 충돌에 대해서도 똑같이 대응하게 된다는 점이다. 즉, 윤리주의자들은 다른 의견, 신념, 가치관을 제시하거나 다른 방식으로 살아가는 사람들을 억압함으로써 의사소통을 중단시키고 그들이 의사소통에 참여하지 못하도록 만들려고 한다. 윤리적 자의식 과잉에 빠진 사람들은 자신들의 목적을 달성하는 데 걸리적거리는 이들 모두를 적으로, 혹은 제거하거나 동원할 자원으로 보기 때문에 권력의 남용과 다원적인 차이를 구별하지 못한다. 그들은 자신들이 옳다고 믿는 신념을 사람들의 머릿속에 집어넣기 위해 '정신의 주조자'가 되려고 한다. 그리고 자신들이 행사하는 '마음에 대한 폭정'은 자신들의 신념이 해방된 신념이기 때문에 전혀 폭정이 아니라고 여긴다. 그러므로 그들은 시민들이 함께 논의해야 할 사항들을 "법령집의 지위"로 올려놓는 데 거리낌이 없다. 윤리주의자들의 활동은 정당한 관심사에서 시작되었으나 "사회적 관계에서 역사적으로 왜곡된 것을" 사람들의 정신을 주조함으로써, 즉 "태도와 관습의 양자의 변화"까지 법적 수단을 동원하여 "바로잡아야 한다고 주장"함으로써 사회적 관계를 왜곡하는 잘못된 종착지에 이른다.[5] 그들은 급기야 다른 구성원들이 "무엇을 선택하고 어떤 태도를 보이고 성향이 어떻고 무엇을 지지하는가에 상관없이 그들을 존중해야 한다"며 존중을 법으로 강제하는 데까지 이른다. "이 밑바탕에 있는 가정은 그런 선택은 어떤 것도 평가 대상이 될 수 없다는, 따라서 비판할 수 없다는 일종의 상대주의다. 그래서 봉쇄된 차이의 경계를 가로질러 비판하거나 폄훼하는 사람은 누구나" 그들 윤리주의자들이 바라는 법령집에서 "기소될 수 있다". 그리하여 "참된 차별—신중하고 공정하게 가치 있는 것을 싸구려와 구분하는 것—까지 싸잡아서 차별로 간주해 금지한다."[6] 윤리주의자들은 자신들이 올바르기 때문에, 나머지 구성원들의 정신을 주조하고 언어를 통제하는 데 법을 포함한 모든 수단을 동원할 특권적인 지위에 있다고 전제한다. 이 전제는 의사소통에 치명적인 결과를 낳는다.

셋째, 정치적 책임은 사회의 구조적 부정의에 문제의식을 가지고 개선하기 위해 협동하는 모든 시민들이 함께 이행하는 것이다. 소수의 계몽된 엘리트들이 타인의 정신을 지배하면서 진보로 이끌기 위해 노력하는 활동이 아니다.

따라서 윤리적 자의식 과잉에 빠진 사람들이 열심히 노력하고 있다는 이유로 자신은 정치적 책임을 이행하지 않아도 된다는 생각은 이상한 핑계이다. 이런 생각은 이성을 사용할 용기가 없는 사람들의 행위 때문에 자신도 이성에 근거한 인생의 지침을 따르지 않겠다는 태도이다.

이런 일을 막기 위해서는 첫째, 정치적 책임을 이행하지 않는 변명으로 윤리주의자들을 내세우지 않아야 한다. 둘째, 조급함에 시달리다 윤리적 자의식 과잉에 빠지지 않아야 한다. 해야 할 중요한 일이 있는데 협동할 사람이 지나치게 많다는 생각이 들면 쉽게 조급해진다. 그러나 조급함만으로는 윤리주의에 빠지지 않는다. 윤리주의에는 동료 시민을 목적으로 생각하지 않고 수단으로 생각하는 태도가 추가로 필요하다. 그 결과 자신의 행위에 협력하지 않는 사람들에게 죄책감을 안겨 조종하려고 하거나, 손쉬운 표적을 찍어 그를 극단적으로 비난함으로써 나머지 사람들을 억압하고 통제하려는 충동이 솟아오른다. 이런 태도는 자기도 모르게 새로운 속물 근성의 세계관에 빠져들어 복잡하고 섬세한 논의가 필요한 문제를 단순화시키고, 폭력적으로 현실을 개선하려는 것이다. 오히려 '아직 우리에게는 전면적인 희생과 전면적인 굴복 이외의 선택지가 놓여 있다.'는 점을 행운으로 여기는 태도가 필요하다. 이런 큰 범위에서 문제를 생각하면, 자신에게 '기꺼운 방식으로' 정치적 책임을 이행할 수 있는 다양한 활동이 존재한다. 스스로 어떤 활동을 할지 선택할 수 있는 것은 오히려 기회이다.

정치적 책임을 이행하지 않는 네 번째 원인이 되는 사고방식은 '조급함'과 '희생한다는 느낌'이다. 이 상태는 윤리적 자의식 과잉으로 전개될 수도 있다. 윤리적 자의식이 지나친 사람은 자신이 세계를 위해 크게 희생하고 있는데 다른 사람들은 자신의 말에 협조하지 않는다고 생각하기 때문에 조급함을 느낀다. 또한 자신이 희생하고 있다는 생각 때문에, 쉽게 다른 사람을 무시하고 비난하는 어조로 말하게 된다. 이 사람들은 "따끈한 목욕물이 준비되어 있지 않거나 유리잔이 깨지거나 구두에 진흙이 튀었을 때도 똑같이 화를 낼 것이다. 그런 종류의 화는 (…) 나약함에서 나온다."[7] 자신의 말에 동조하지 않는 사람들에게 내는 화는, 스스로의 목적을 훼손한다. "이성은 양쪽에 모두 말할 시간을 주고, 스스로의 판단에도 유예의 시간을 가지면서 진실을 밝혀내고자 한다. 하지만 화는 정신없이 서두른다. 이성은 판결이 공정하기를 원하지만, 화는 단지 그것이 공정해 '보이기'를 바란다."[8] 그리하여 "만일 진실이 자신의 의지에 반하는 것 같으면 진실 자체에 점점 더 분노하게 된다. (…) 온몸을 부들부들 떨고 고함을 지르고 욕설과 저주의 말을 퍼부으며, 자기가 희생시키려고 작정한 사람을 끝까지 쫓아간다."[9] 이들은 스스로 화라는 질병에 걸린 "환부"가 되어 누가 조금이라도 스치기만 하면 비명을 지르고, 곳곳에서 소용없는 "싸울 거리를 찾아다닌다."[10] 결과적으로 조급함에서 비롯된 화는 이성적인 검토와 협동을 불가능하게 한다. 그것은 왜곡되고 굴절된 관계를 감지하고 행동에 나서는 자연스러운 감정 표출을 넘어, 정치적 책임의 수행을 방해하고 잘못된 방향으로 이르게 하는 "격정"에 매몰되게 만든다.

조급함과 희생한다는 느낌은 다른 방향으로 나아갈 수도 있다. 정치적 책임에 따르는 일은 너무나 많지만 자신의 행위로 변화할 가능성이 거의 없다는 느낌, 정치적 책임의 수행으로 언제나 자신이 희생하고 있다는 느낌을 가지기 때문에, 행동을 포기하는 것이다. 이는 곧 세계의 모든 부정의를 해결해야 한다는 조급함과 자신의 능력이 거기에 미치지 못한다는 실망감, 그리고 함께 협동하여 노력할 사람이 없다는 절망감이 합해져 철저한 무력감으로 이어진다. 조급함과 희생 의식은 정치적 책임의 특성과 구조, 그리고 정치적 책임의 수행이 자신에게 좋음이 되는 방식을 이해하지 못했기 때문에 생긴다.

정치적 책임의 수행은 개인적 상호작용으로는 해결할 수 없는 구조적 문제를 해결하려는 활동이다. 개인적 상호작용이 아니기 때문에, 개인은 협동의 일부분에만 영향을 미칠 수 있다. 그러나 일부분에 불과한 개인의 영향은 전체 과정에서 필수 불가결한 것이기도 하다. 이 두 가지 측면을 진지하게 고려하는 것이 중요하다. 구조적 부정의를 해결하는 모든 활동은 다음 단계 중 어딘가에 속한다.

첫째, 사람들이 겪고 있는 곤경과 고통을 기록하고 알린다. 고통이 어떤 기제로 만들어지고 확대되는지 파악한다. 둘째, 곤경과 고통이 사실적으로 필연적인 것이 아님을, 그리고 규범적으로 부당한 것임을 검토하고, 추론하고, 공론화한다. 셋째, 곤경과 고통을 완화하고, 현재의 상황을 개선할 수 있는 대안적인 질서를 고민한다. 그것에 부작용이나 역효과는 없는지 검토한다. 대안적인 질서는 보통 새로운 권리와 의무를 부여하는 입법이나 해석, 사람들의 행위를 조정하는 새로운 기제, 시민들 사이의 새로운 상호작용의 환경, 자원, 틀을 만드는 것이다. 넷째, 질서가 수립되기 위해 거쳐야 하는 여러 경로를 고민하고, 경로를 진행시키는 데 기여한다. 다섯째, 이 모든 일이 보다 효과적이고 폭넓게 이루어지기 위해 필요한 자원과 능력을 조직하고 연결한다.

　구체적으로 무보수 야근을 예로 들어 보자. 우리 사회에 대가 없는 야근이 만연해 있어서 사람들은 제대로 휴식하지 못하고 여가를 즐기지도 못한다. 이렇게 추상적으로 문제를 서술하면 구체적인 문제 지점을 설명할 수 없고 사람들의 노력을 이끌어 낼 수 없다. 그렇다고 해서 전해 들은 두세 곳의 특수한 일화를 자세히 기록하는 것도 타당하지 않다.

　따라서 단계 1에 착수해야 한다. 사업장에서 실제 일어나는 상황을 정확하게 조사하고, 기록하고, 자료를 취합해서 체계적으로 해석해야 한다. 그 과정에서 현재 질서의 어떤 점이 문제가 되는 결과를 낳는지 발견할 수 있다. 예를 들어 근로기준법에서 초과 노동을 하면 통상 시급의 1.5배를 지급해야 한다고 규정한 사실을 확인할 수 있다. 그런데 실제 근로계약에서 '포괄임금제'라는 관행, 즉 법정 한도를 넘지 않는 한 사용자가 지시한 만큼 일하고 정해진 임금만을 받도록 허용하는 관행이 광범위하게 이루어지고 있다는 사실을 추가로 확인할 수 있다. 법원이 포괄임금제를 유효하게 해석하고 있다면, 해석을 수정하거나 입법을 통해 포괄임금제를 무효화하겠다는 방향이 정해질 것이다. 여기에 더해, 근로기준법 자체를 어기는 사업장이 많다는 사실도 알게 될 것이다. 이 사실은 노동자들이 법적 권리를 침해당했을 때 의지할 수 있는 수단이 효과적이지 못하다는 문제와도 연결된다.

단계 2에서는 현 상태가 규범적으로 부당하다는 점을 논증하고, 반대 의견의 근거를 검토함으로써 대안을 수립할 필요성을 확인한다.

단계 3에서는 문제를 부분적으로라도 개선할 수 있는 대안을 세우고 검토한다. 첫째, 근로기준법에 대한 타당한 법적 해석을 통해 포괄임금제가 인정되지 않도록 하는 것. 둘째, 포괄임금제를 금지하는 입법을 이끌어 내는 것. 셋째, 노동자가 자신의 권리를 침해당했을 때 적은 비용으로 구제받을 수 있는 제도적 자원을 마련하는 것. 넷째, 사용자가 노동자의 권리를 침해하는 것이 전반적인 이익이 되지 않도록 손해 배상액의 기준을 높여 인센티브 제도를 조정하는 것. 다섯째, 법을 준수하면서 야근을 줄이고 노동자가 능력을 계발할 수 있는 회사를 만들거나 지원하는 일에 참여하고, 그런 회사의 경영 모델을 사회에 알리는 것 등등.

단계 4에서 새로운 해석과 입법, 새로운 형태의 회사의 설립과 지원에 필요한 모든 활동이 이루어진다. 이 단계에서는 모임과 단체를 운영하며, 후원을 모금하고, 의원들에게 의견을 전달하고 압력을 넣고, 다른 사람들에게 아이디어를 알리는 일 등이 포함된다.

단계 5는 별도의 단계가 아니라 단계 1에서 단계 4까지 모든 활동이 더 잘 이루어질 수 있도록 인적·물적 자원과 네트워크를 조직하고 효과적으로 활용하는 모든 활동을 뜻한다. 노동조합을 조직하는 것이 대표적이다. 노동조합은 수당 없는 노동 착취를 비판하며 법준수를 감시할 수 있고, 소송에서 쓰일 증거를 체계적으로 수집할 수 있으며, 노동3권을 통해 노동자들의 이의권과 발언권을 회사 내에 세울 수도 있다. 생산 현장의 노동조건을 감시하는 소비자 단체, 노동자 권익을 지원하는 시민 단체를 설립하는 것도 단계 5에 속한다. 일상의 정보 비대칭성을 바꾸고, 이전에는 연결되지 않았던 사람들의 의사를 연결하고 결집하는 여러 종류의 단체를 만드는 일들도 마찬가지다. 민주주의 사회에서 변화는 한 명의 독지가를 설득하고 승낙을 받아 내는 방식으로 일어나지 않는다. 정치적 책임을 수행하는 일의 성격은 세네카의 다음과 같은 말로 요약할 수 있을 것이다. "배의 이음매들이 사방으로 느슨해지고 틈이 벌어져서 배 안으로 물이 많이 들어올 때 (…) 퍼내도 퍼내도 물이 줄지 않고 자꾸만 더 들어온다고 해서 그가 하던 일을 내팽개치지는 않을 것이다. 없어지지 않고 자꾸 생겨나는 악에 맞서서 지속적인 노력이 필요한 것은 악을 근절하기 위해서가 아니라 그것이 우위를 차지하지 않도록 하기 위해서다."[11]

이것은 한 가지 예일 뿐이다. 분야에 따라 문제를 파악하고 개선하는 활동이 단계별로 다양하고, 또 서로 연결되어 있다. 또한 어떤 활동은 이미 정해진 방식이 있지만, 정해진 방식으로 해결책을 찾기 어려울 때 새로운 방식을 제안하고 실천해 볼 수 있다. 예를 들어 노동자들이 투자금을 모아 노동자 기금을 만들어 회사에 장기적으로 투자하는 협약을 맺되, 협약 조건에 노동조건과 환경오염 물질 개선, 생산물의 안전 기준 등에 관한 규정을 포함시키도록 할 수 있다. 정당 내에서 당원들이 단계를 밟고 학문적인 배움을 경험할 수 있도록 내부에 교육 체계를 만들 수도 있다. 공공 정책의 쟁점에 관해서 사람들을 오도하기 쉬운 정보와 개념을 가려내고, 타당한 자료와 추론에 쉽게 접근할 수 있는 자료 체계를 만들 수도 있다. 그 밖에 여러 단계에서 새롭고 신선한 충격을 가져올 수 있는 활동들이 존재한다.

정치적 책임의 전체적인 흐름을 살펴봄으로써, 오늘날 우리 사회에서 흔히 무시되고 있는 두 가지 사실을 깨달을 수 있다. 첫째, 정치적 책임은 투표일에 투표하는 것만으로 끝나지 않는다. 정치적 책임을 이행하는 수많은 활동들은 투표 행위로 환원되지 않기 때문이다. 투표 행위가 정치적 책임의 시작이자 끝이라고 보는 사람들은, 아르헨티나의 정치학자 기예르모 오도넬이 "위임 민주주의"[12]라고 지칭한 상황에서 어떤 해결책도 마련하지 못한다. '위임 민주주의'는 라틴아메리카에서 정치 지도자들이 공약—복지 제도 확대, 자본 규제 강화, 재정 정책 실행—을 당선 후에 정반대로 실천—복지 제도 축소, 자본 규제 완화, 긴축 정책 실행—하면서도 아무런 제재도 받지 않은 사례들을 분석하면서 만든 개념이다. '위임 민주주의'에서는 국가의 행위와 투표자 사이의 관계는 내용의 측면에서는 사실상 사라진다. 정치인이 정책에 대한 지지를 기반으로 국가를 운영하는 것이 아니라, 권력을 위임받은 통치자가 되어 집권 기간 동안 임의적으로 권력을 행사할 뿐이다. 이런 일방적인 관계는 책임성을 없앤다.[13] 여당은 애초부터 국민들의 바람을 실천하지 않았고, 야당이 그 바람을 실천하겠다고 공약해서 투표했으나 여당과 똑같이 행위한다면 결국 여당을 찍는 수밖에 없다. 투표 행위만을 강조하는 목소리는 정치적 책임을 은폐하거나 폄훼하는 목소리와 은밀한 동맹을 맺기 쉽기 때문에 늘 경계해야 한다.

둘째, 정치적 책임의 효과적인 이행은, 사람들의 구체적인 결핍, 곤경, 고통에 초점을 두고 명시적인 해결책을 문제의 전체적인 원리에 주의하면서 강구하려고 노력할 때 가능하다. 모든 단계에서 이전 단계와 이후 단계를 염두에 두고 행동해야 한다. 또한 현실의 문제와 아무 관련 없이 추상적인 이론만 가지고 입씨름을 벌이는 일은 소꿉장난이다. 즉, 구체적인 고통에 대한 대응은 문제 상황을 인식했을 때 곧바로 직감적으로 떠오르는 해결책을 실천하는 활동이 아니다. 프랑스의 사회학자 피에르 부르디외와 여러 사회학자들은 『세계의 비참』이라는 책에서 구조적 부정의로 어려운 처지에 처해 있는 사람들을 인터뷰하고 탁월하게 기록했다. 이 책은 서로 관계 맺고 있는 사회 구성원들이 자신이 처한 위치에 따라 직감적으로 생각하는 해결책이 매우 다를 수 있음을 보여 준다.[14] 추상적 원리에 대한 논의와 구체적인 문제 해결에 대한 논의, 그리고 논의를 공론화하고 공적인 실천으로 전환하는 일들이 모두 전체적인 흐름 속에서 진행되어야 한다.

분업이 주는 기꺼움

정치적 책임을 수행하는 일은 각각의 단계로 분리되는 게 아니라 전체적인 흐름 속에서 긴밀하게 연결된다. 따라서 우리는 각 단계의 여러 활동에서 자신의 기질, 능력, 여건에 맞추어 기꺼운 방식으로 할 수 있는 일을 찾아서 분업하면 된다. 진리와 아름다움이 수많은 사람들의 분업을 통해 만들어지듯이, 구조적 정의 역시 수많은 사람들의 분업을 통해 실현된다. 분업은 삶의 내용적 가치뿐만 아니라, 배경적 가치에도 크게 자리 잡고 있다. 사람들은 각자에게 적합한 기꺼운 일을 전체 흐름에 시선을 떼지 않으면서 수행할 수 있다.

세네카는 말했다. "인생을 살면서 수많은 시도를 할 때 항상 예외 없이 운이 따라줄 만큼 운명의 특별한 총애를 받는 사람은 없다. 그래서 우리는 자신의 계획이 좌절되면 사람이나 일에 대해 인내심을 보이지 못하고 별것 아닌 이유로 화를 내고 사람에게, 자기 직업에, 때로는 장소에, 때로는 운명에, 때로는 자신에게 화를 내게 된다. 그러므로 마음을 고요히 다스리기 위해서는 앞서도 말했듯이 자신의 능력을 벗어나는 너무 많은 일, 너무 중차대한 일로 마음이 이리저리 흔들리거나 지치도록 해서는 안 된다. 가벼운 짐을 어깨에 졌을 때는 넘어지지 않고 나르기가 쉽지만, 다른 사람들이 우리 어깨에 얹어 놓은 짐을 지탱하는 것은 어렵다. 그 무게에 짓눌린 우리는 기회가 오자마자 얼른 그 짐을 내던져 버린다. 짐을 지고 가만히 서 있기만 해도 우리는 그 무게가 버거워 비틀거린다." 따라서 "무언가를 시도할 때는 항상 자신의 능력을 가늠해 보고, 자신이 하려는 일과 현재의 준비 상태를 동시에 저울에 달아보아야 한다. (…) 우리가 맡은 일은 너무 작아도 너무 무모해도 너무 다루기 힘들어도 안 되며, 우리의 희망은 너무 멀리 잡아서는 안 된다."[15] 세네카의 조언을 한 문장으로 요약하면 다음과 같을 것이다. '자신의 능력으로 지속할 수 없는 일에 선의를 소진하지 마라.' 이 문장을 '기꺼움의 격률'로 이름 붙일 수 있다. '기꺼움의 격률'은 지속 가능한 실천과 장기적인 발전에 필요한 기꺼움의 요소가 무엇인지 보여 준다.

기꺼움의 요소는 네 가지다. 첫째, 이성적으로 고려했을 때 현재 자신의 수준에 맞고 할 만한 가치가 있는 일이라는 생각이 들 것. 둘째, 실제로 시도하고 나서 역시 할 만한 가치가 있는 일이라는 생각이 들 것. 셋째, 앞으로도 계속해서 할 만한 가치가 있다는 생각이 들 것. 넷째, 내용적 가치를 구현하는 능력을 꾸준히 계발하면서 할 수 있을 것.

삶에 진정성이 있기 위해서는 기꺼움의 네 가지 요소가 필수적이다. 타인이 시키는 그대로 사는 경우, 인생을 잘 살았는가 판단하기 이전에 그 시간을 '자신의' 삶이라고 말할 수 없다. 어떤 삶이 나의 삶이라고 하기 위해서는, 나 자신이 삶의 활동을 정하고 좋음을 판단해야 한다.[16] 진정성 있는 삶을 살려면, 자신의 기질, 능력, 여건에 적합한 삶의 스타일을 찾는 일을 피할 수 없다.[17] 내용적 가치에 관해서도, 배경적 가치에 관해서도 마찬가지다. 어느 경우에나 삶의 의미는 타인의 지배domination로 채워질 수 없다.[18] 정치적 책임을 수행하면서 자신이 희생하고 있다고 느끼는 이유는, 무엇이 할 만한 가치가 있으며 나에게 적합한지를 자신의 해석으로 판단하지 않았기 때문이다. 자신의 해석으로 판단하여 수행할 때 활동이 안정적으로 지속될 수 있고, '나'의 활동이 될 수 있다. 이로써 우리는 이성적 근거에 의해 우리에게 주어진 역할이자 우리가 "진정으로 관심을 두는 일들을 하기에도 부족한 시간"을 소중히 사용할 수 있다. 우리에게는 "헛되이 낭비할 시간이 없다."[19]

무엇을 하건 반드시 해야 하는 일—탐구하기, 말하기, 후원하기

다만, 분업의 네트워크에서 어디에서 무엇을 하건 언제든 실천하고 있어야 하는 세 가지 일이 있다. 탐구하기, 말하기, 후원하기다.

탐구하기는 모든 행동의 전제이다. 탐구하기는 행동을 시작할 때부터 일단락될 때까지 늘 함께해야 한다. 방향을 잘못 잡는다면 아무리 많이 나아간다고 해도 가치 있는 일이 아니다. 만일 구조적 부정의를 해결하는 방향이 북쪽이라고 했을 때, 직관적으로 생각해 보거나 여기저기서 주워들은 개념을 마음대로 조합하여 확신을 갖고 남쪽으로 엄청난 거리를 뛰었다면, 그는 사회가 퇴락하는 데 기여한 것이다. 그래서 탐구는 특권적인 위치를 갖는다. 어떤 사람도 탐구에서 면제되지 않는다. 탐구는 우연히 타당한 신념을 많이 갖추는 일을 의미하지 않는다. 모든 신념이 잠정적일 뿐이며, 타당한 근거를 교환하며 타당한 추론을 진행하지 않고서는 어떤 주장도 정당화될 수 없다는 점을 명확하게 이해해야 한다. 보다 전문적으로 탐구하는 사람이 있고 그렇지 않은 사람이 있다. 그러나 자신의 기질이나 능력이 탐구에 적합하지 않다고 하더라도, 최소한의 탐구는 피할 수 없는 일이다. 목적지를 향해 뛰어가면서, 목적지가 제대로 된 목적지이고 타당한 방법으로 가고 있는지 확인도 하지 않는다면, 목적지를 향해 뛰어가는 일이 가치 있다고 생각하는 상태와 수행적으로 모순된다. 목적과 방법이 타당할 때만 분업의 네트워크 안에서 세계를 더 나은 방향으로 이끌 수 있다.

말하기에는 아무 말이나 포함되지 않는다. 윤리적 자의식이 지나친 냉소적인 말, 배척하는 말, 낙인찍는 말은 사태를 악화한다. 자신이 무슨 말을 하는지 성찰하지 않는 자동 발화, 스스로를 기계로 전락시키는 말을 내뱉을 바에 아무 말도 하지 않고 침묵하는 편이 낫다.

사람들은 언어를 통해 자신의 사고와 태도를 표현한다. 따라서 말은 지성적 품위를 드러내는 징표가 된다. 사람들이 구조적 부정의에 관해서 말할 때, 어떤 요소로 발화자의 지성적 품위를 가늠할 수 있는가?

- 발화자가 진지한 문제들과 성실하게 대결하고 있는가?
- 발화자가 발화로 의도하는 실천적 효과가 무엇인가?

뒤집어 말하자면, 사이비 문제와 대결하고 있는 사람들, 문제와 불성실하게 대결하고 있는 사람들, 실천적 효과에 관심이 없거나 어리석은 효과를 의도하는 사람들은 지성적 품위가 없는 사람들이다.

말라붙어 화석화된 언어는 품위가 없는 대표적인 말이다. '선진 조국의 창달을 위하여 국민들의 화합과 통합을 이룩하여야 하며 21세기 창조한국의 미래를 위해 부단히 노력하고 열심히 일하여 나갈 이 시기에, 학생이 학생다움을 구현할 때 우리의 미래가 밝다 할 것이다. (…)' 이런 식으로 계속해서 단어를 이어 붙일 뿐인 사람들은 사고하지 않는다. 그들은 권력자의 단어를 차용하여 단어로 흐름을 만들 뿐이다. 단어의 흐름은 인상을 창조한다. 대체로 그 인상들은 복종과 순종의 가치를 암시한다. 이 사람들이 쓰는 단어들은 딱딱해 보이지만 실은 한없이 유연하고 애매하다. 이 단어들로 양립 불가능한 사태를 기술할 수 있으며, 논증 없이 그중 하나의 사태를 우격다

짐으로 밀어붙일 수도 있다. 화석화된 언어를 쓰는 사람은 권력이 설정한 문제를 권력이 설정한 방식으로만 해결하려고 하고, 말의 실천적 효과가 권력에의 복종이 되도록 의도한다.

품위 없는 말의 다음 대표 주자는, 변화를 포기하고 끝없이 적대를 분출하는 언어이다. 적대적인 언어의 실천적 효과는 절망과 적대 이상의 어떤 것도 포함하지 못한다. "무상급식을 주장하는 인간은 빨갱이 사회주의자다.", "○○ 지역 사람들은 영원히 안 된다.", "우리나라는 언제나 이 모양 이 꼴일 것이다." 이 말들에는 논거도, 추론도, 거기서 도출된 사실도 규범도 없다.

물론 풍자와 비난, 경멸의 발화는 때때로 가치 있다. 첫째로, 이 언어들은 시민의 권리와 지위를 침해하고 억압하거나 공정한 질서를 위반하여 자기 잇속을 챙기는 타락한 권력자들을 비판할 때 적합하다. 그때 이 언어들은 권력자들의 잘못을 효과적으로 드러내며, 권력자들이 왜곡한 시민들의 관계를 다른 구성원들이 복구하려 하고 있음을 보여 준다. 또한 권력자들 역시 풍자되고 비난받고 경멸당할 수 있는 존재라는 점을 상기시킴으로써, 단지 권력을 가졌다는 이유로 그들이 일상적으로 받는 과도한 존중과 사람들이 보이는 복종적인 태도를 가치의 면도날로 잘라 내어 평등과 자유의 문화를 강화한다. 둘째로, 타인의 권리를 침해하려는 사람들을 비판할 때도 효과적이다. 이런 경우 비판의 대상이 되는 사람들은 자기 뜻대로 국가 권력을 활용할 수 있다면 언제든 타인의 권리를 침해하려고 한다. 따라서 그들은 이미 평등하고 자유로운 시민들 사이의 관계를 깨뜨린 것이다. 그들의 행위와 의도를 풍자하고 비난하고 경멸하는 것은 시민들 사이의 왜곡된 관계를 회복시키려는 양심적인 시민들의 의도를 드러내 보여 준다.

그러나 비난과 경멸, 풍자는 '존재'가 아니라 '행위'를 향해야 한다. 자신의 입장과 다른 의견을 말하거나 다른 방식으로 살아가는 동료 시민들을 악의적으로 공격하기만 하는 발화는 도리어 현실을 악화한다. 그런 말은 발화자가 발화의 실천적 효과를 고민하지 않았음을 보여 주고 발화자의 지성적 품위에 의심을 품게 만든다. 우리는 동료 시민들에게 불만을 가질 수 있고 항의할 수 있다. 그러나 그 항의는 우선 입헌 민주주의에 따라 유효한 항의여야 한다. 따라서 그것은 구조적 부정의를 개선하는 데 기여하는 지성적으로 품위 있는 발화여야 한다.

품위 있는 말은 내용을 가진다. 근거와 추론을 모두 드러내며, 투명하고 개방적인 형식으로 대화를 건다. 그리하여 시민들 사이에서 가장 중요한 말하기는 고통을 있는 그대로 드러내고, 진실을 알리고, 타당한 규범을 논증하고, 사실을 추론하며, 퇴락에 저항하고 개선하기 위해 함께 행동할 이유를 제시하는 말하기다. 다양한 곳에서 가능하다. 주위 사람과 이야기를 하는 것도, 블로그에 글을 쓰는 것도, 책을 쓰는 것도, 집회를 하는 것도 모두 말하기의 한 방식이다. 품위 있는 말하기는 언제나 부족하다. 말하기를 멈추어서는 안 된다.

말하기가 지성적 품위를 갖추기 위해서는, 이미 사태의 심각성을 아는 사람들과 공감하고 격려하는 데 그칠 것이 아니라 납득하는 말하기여야 한다. 또한 지식이건 재미건 무엇인가를 줄 수 있는 말하기여야 한다. 왜냐하면 공동체의 많은 구성원들이 정보, 지식, 추론의 부실한 여건으로 인해 사태 자체를 알지 못하거나, 사태를 알아도 심각함을 알지 못하거나, 사태를 오도하는 조작과 선전에 빠져 있기 때문이다. 말하기를 통해 정보와 지식, 추론의 여건을 계속해서 개선해야 한다. 진실된 정보를 꾸준히 배포하고 관련된 논증을 개진하여, 사회의 구성원들이 권력에 지배당하지 않는 통로를 찾아보려고 한다면 언제든지 현실과 대안을 접할 수 있도록 여건을 만들어야 한다. 따라서 말하기를 제대로, 풍부하게 하기 위해서도 탐구는 필수적이다.

상황이 어려울수록 후원해야 한다. 구성원들은 동료 시민이 자신 또는 타인의 권리 침해에 저항하다가 입은 불이익을 보전해 줄 책임이 있다. 연대의 책임을 이행하지 않는다면, 어느 누구에게도 불이익을 무릅쓰고 저항할 것을 기대할 수 없다. 불의하고 불법한 권력에 불리한 사실을 보도하는 언론을 구독하고, 권력의 전횡에 항의하고 피해를 입은 사람들을 돕는 단체를 후원해야 한다. 구조적 부정의를 해결하는 활동에는 온갖 수고스러운 노동이 필요하다. 전화를 돌리고, 책상을 배열하고, 집기를 치우고, 집회를 신고하고, 집회 일시를 널리 알리고, 스피커를 설치하고, 회의를 조직하고, 전단지를 인쇄하고, 자료를 검색하고, 논의를 정리하고, 성명서를 내야 한다. 전문적인 능력을 쏟아야 하는 경우에는 훨씬 더 많은 시간과 수고가 소요된다. 이런 노동을 하는 사람들이 생계를 유지할 수 없거나 생계에 불이익을 입는 것은 공정한 협동이라고 할 수 없다. 부담이 공정하게 배분된다면, 더 많은 사람들이 자신의 재능과 노력을 정치적 책임을 이행하는 데 쓸 수 있다. 필요하지만 사람들이 내켜 하지 않는 일, 많은 시간과 수고가 들어가는 일, 희소한 능력이 필요한 일을 하는 사람들이 희생 의식을 갖지 않고 품위 있게 살아가면서 일할 수 있도록 하는 좋은 방법은 여러 사람이 각자 조금씩 돈을 내어 비용을 분담하는 것이다. 이렇게 형성된 분담의 문화는, 구성원 누구라도 자신이 잘할 수 있는 일에 참여하려고 할 때 장벽을 크게 낮추어 준다. 분업의 이점이 진정으로 발휘될 수 있는 것이다. 이런 문화 속에서 자신의 기질과 능력, 여건에 비추어 기꺼운 몫을 수행한다면 희생한다는 느낌이 생기지 않는다. 또한 그런 인상을 외부에 줌으로써 참여를 저어하게 만들지도 않는다.

현실에서는 부정의를 개선하기 위해 자신을 희생하는 사람들이 종종 있다. 그 사람들은 마땅한 존중과 존경을 받아야 한다. 이 불완전한 세계 곳곳에서 일어나는 비극적인 상황에서는, 오로지 사람들이 희생을 감수할 때만 행동에 나설 수 있는 경우가 분명 존재한다. 영국의 철학자 J. O. 엄슨이 예로 든 사례에서는, 한 의사가 전염병이 창궐한 도시로 가서 줄어든 의료진에 가담한다.[20] 건강과 생명의 위험을 감수하는 그 같은 의사가 없다면 도시에서 전염병에 걸린 사람들은 제대로 치료받지 못하고 사망할 것이며, 전염병은 도시를 넘어 확산될 것이다. 그 의사는 "애초 그곳에 가서 일할 의무가 없었다. 그의 행위는 어떤 의미에서는 의무를 초과하는 것이다. 어떤 방식으로 초과하는가? 초과의 요소는 '희생'이다."[21] 어느 누구에게도 희생적인 영웅이 되기를 요구할 수 없으므로, 그의 희생이 권리와 의무를 잘못 분배한 결과는 아니다. 그러나 사회의 구성원들이 "그런 영웅을 한 명도 배출하지 못하는 삶의 방식을 살았다는 점에는 집단 책임이 부과될 수 있다."[22] 그러므로 어느 사회에서나 존중과 존경의 문화를 잃지 않고 풍부하게 유지하는 일은 필수적이다.

자발적인 희생의 문화가 사람들에게 죄책감을 안김으로써, 또는 정치적 책임을 이행하는 데는 언제나 큰 희생이 따른다는 인상을 줌으로써 생긴다는 생각은 큰 착각이다. 오히려 사람들이 정치적 책임의 수행과 일상적으로 단절되지 않도록, 그리하여 신념과 행위에 익숙해지고 사회의 관계를 더 폭넓게 볼 수 있도록 도울 때 그런 문화를 풍부하게 유지할 수 있다. 영웅적 희생과 이기적인 자기 매몰의 이분법만을 강조하는 사회에서는, 오히려 그에 대한 반동으로 이기적인 자기 매몰을 정당화하기 위해 영웅적 희생을 폄훼하는 흐름이 생겨난다. 예를 들어 정치적 책임을 성실히 이행하던 사람이 도덕적 실수를 저지른 사례가 대중매체에 보도되는 경우, 대다수 사람들은 '그것 봐, 저렇게 의로운 척해도 오히려 더 더러운 인간이야.'라며 아무런 정치적 책임도 이행하고 있지 않은 자신의 삶을 합리화하는 근거로 삼는다. 어떤 사람도 자신이 철저하게 이기적이며 비겁한 인간이라는 사실을 정면으로 수용하고 살 수는 없다. 따라서 잘못된 이분법이 만연한 문화적 풍토에서는, 스스로 이기적이라는 비난을 피하기 위해 오히려 일상적인 정치적 책임의 수행도 자아도취에 빠진 영웅 놀이 같은 행위로 치부하며 폄훼하게 된다. 이런 폄훼의 언어가 지배하는 사회에서는 진실로 가치 있는 희생을 감수한 사람에게 마땅히 주어져야 하는 존중과 존경을 털끝만큼도 찾아볼 수 없다.

더욱 중요한 것은, 인간 세계의 취약성을 깨닫는 것이다. 자유롭고 평등한 인간의 질서는 깨지기 쉬운 얇은 유릿장과 같아서, 일상적으로 돌보고 강화하지 않으면 점진적으로 퇴락하거나 순식간에 붕괴한다. 그 얇은 유리가 실제로 부서지고 나서, 당연하게 느꼈던 일상과 권리가 한나절의 꿈, 짧은 막간극에 불과했다는 점을 깨닫고 탄식하는 일은 만시지탄일 뿐이다. 피해와 희생을 감수하지 않고서는 조그만 행동에도 나설 수 없는 비극적인 상황이 생기지 않도록 하기 위해서는, 더 나아가 사람들이 불이익 없이 허심탄회하게 근거를 교환하고 합의를 통해서 질서를 조정할 수 있는 사회를 만들기 위해서는, 사람들이 자신의 선에 적합한 방식으로 정치적 책임을 일상적으로 수행해야 한다.

정치적 책임을 자신의 선에 적합한 방식으로 수행해야 하는 이유는, 인간의 선이 아리스토텔레스적 원칙을 따르기 때문이다. 아리스토텔레스적 원칙이란, 수행하는 사람이 점진적으로 더 수준 높은 능력을 발휘하도록 돕는 계획이 그렇지 않은 계획보다 더 좋다는 것이다. 물리학 이론을 탐구할 수 있는 사람은 잔디밭의 풀잎을 세며 커다란 만족을 느끼는 사람이 되기를 원하지 않는다. 교향곡을 작곡할 수 있는 사람은 동요가 최고의 음악이라고 믿는 사람이 되기를 원하지 않는다. 더 심층적인 능력을 발휘할 수 있는 일은, 진리와 아름다움을 음미하고 공유하며 그것에 기여하는 가치 있는 활동이 가능한 일이다.

정치적 책임이 자신의 기질과 능력, 여건에 비추어 기꺼운 방식으로 수행되어야 한다는 점, 탐구하고 주어진 자원을 능숙히 활용하는 일과 밀접히 관련되어 있다는 점은, 아리스토텔레스적 원칙을 적용할 근거가 된다. 정치적 책임을 수행하는 동안 타당성을 탐구하는 능력, 효과적으로 알리는 기술, 사람들을 연결하고 협동하는 방식을 익히고 발휘할 수 있다. 자동적으로 그렇게 되는 것은 아니다. 스스로 먼저 자신의 선에 적합하게 정치적 책임을 수행하는 기꺼운 방식을 찾아야 할 뿐만 아니라, 다른 사람들도 아리스토텔레스적 원칙을 따르도록 협력의 방식을 조정해야 한다. 전문적인 능력을 갖춘 사람들은 적정한 대가를 받는다면, 자신의 전문 능력을 발휘하고 발전시켜 나가면서 부정의를 개선할 수 있다. 탐구의 결과를 더 널리 알리게 되면, 의견을 같이하는 사람들의 수를 늘릴 뿐 아니라 새로운 탐구자들을 만들어 내게 된다. 아리스토텔레스적 원칙에 따라 자신의 선에 적합한 방식으로 정치적 책임을 수행하는 것은 '기꺼움'의 중요한 요소이다. 자신의 선과 일치하지 않는다면 우리는 다만 소진될 뿐이다. 우리는 한계가 있는 인간이며 모든 시기에 걸쳐 모든 사람에게 무제한의 도움을 줄 수 없다.[23] 불가능한 목표를 기준으로 잡으면 쉽게 탈진감을 느끼고 장기적이고 지속적인 수행과는 멀어진다.

정치적 책임의 수행을 주저하고 저어하게 하는 원인들이 분명히 존재하는 것은 사실이다. 그러나 지금까지 살펴보았듯이, 그 원인들은 타당하지 않고 가치의 중심을 잡고 있는 사람들의 행위에 영향을 줄 수 없다. 무가치한 것은 가치 있는 것을 바꾸지 못하며, 잘못된 의식을 가진 사람이 이성에 근거하여 행위하고자 하는 사람을 좌우할 수도 없다. 정치적 책임을 자각하고 이행하는 것은 배경적 가치를 준수하는 일일 뿐만 아니라, 아리스토텔레스적 원칙에 의하여 자신의 선과도 일치하는 활동이 될 수 있고, 우리가 그렇게 만들어 갈 수 있다.

부조리와 함께 사는 일

루쉰은 그의 소설집 『외침』의 서문에서 다음과 같은 이야기를 들려준다.

루쉰은 원래 의사를 지망했다. 그래서 일본의 도쿄에서 의학을 공부하고 있었다. 하루는 대학에서 수업 전 의무적으로 상영하는 슬라이드 필름을 보게 되었다. 그 필름은 중국인 한 명이 첩자의 혐의를 받아 일본군에게 목이 잘린 다음, 현장을 구경하려고 수많은 중국인들이 둘러싸고 있는 모습을 담은 것이었다. 루쉰은 충격받았다. 다른 나라의 지배를 받아 목숨이 위태로운데도, 중국인들은 그 모습을 마치 남의 일처럼, 단지 재미난 구경거리에 지나지 않는 것처럼 여기고 있었다. 루쉰은 정신을 개혁하지 않으면 몸을 고쳐도 슬라이드 필름 속 중국인들처럼 무의미하게 살아갈 것이라고 생각하고 의학 공부를 그만두었다. 하지만 정신을 고치는 일은 쉽지 않았다. 그는 당시의 기분을 다음과 같이 표현했다.

"나중에 한 사람의 주장이 누군가의 찬성과 지지를 얻으면 더욱 속도를 내어 전진할 수 있고 반대가 약간 있더라도 더욱 분투 노력할 수 있는 계기가 된다는 생각이 들었다. 하지만 낯선 사람들 가운데서 혼자 아무리 외쳐도 그들이 찬성도 반대도 없이 아무런 반응을 보여 주지 않을 때에는 어쩔 수 없는 법이었다."

그가 사막에 있는 것처럼 적막과 비애를 느끼고 고대의 비석문을 옮겨 적으며 "생명이 소리 없이 사라져" 가는 세월을 보내고 있을 때였다. 친구 진씬이金心異가 찾아와 그에게 글을 쓸 것을 권유했다. 이때 루쉰은 친구에게 문제를 냈다.

"가령 말이야. 창문은 하나도 없고 절대로 부서지지도 않는 쇠로 된 방이 있다고 치세. 그리고 그 안에는 수많은 사람들이 깊이 잠들어 있다고 하세. 다들 곧 질식해 죽겠지. 하지만 혼수상태에서 곧바로 죽음의 상태로 이어질 테니까 절대로 죽기 전의 슬픔 따위는 느끼지 못할 걸세. 그런데 지금 자네가 큰 소리를 질러서 비교적 정신이 맑은 사람 몇몇을 깨운다면 말이야. 이 소수의 불행한 사람들은 만회할 수 없는 임종의 고통을 겪어야 하지 않겠나? 그러고서도 자네는 그 사람들에게 미안한 생각을 갖지 않을 수 있겠나?"

그러자 친구가 대답했다. "하지만 몇 사람만이라도 깨어난다면, 쇠로 된 방을 부수고 나올 수 있다는 희망이 절대로 없는 것은 아니지 않은가?"

이에 루쉰은 "희망이란 미래에 속한 것이라, 과거에 내게 존재하지 않았다는 사실을 증거로 앞으로도 존재하지 않을 것이라고 단정할 수는 없다."는 점을 인정하고 글을 쓰기로 약속했다.[24]

루쉰이 낸 문제는 철학적으로 여러 주제를 포함하고 있다. 첫째는 인식론적인 문제이다. 지금 갇혀 있는 곳이 "창문이 하나도 없고 절대로 부서지지도 않는 쇠로 된 방"이라는 게 사실인가? 물론 감각으로 직접 확인할 수 있다. 당사자는 자신의 감각을 굳게 확신할 것이다. 그러나 루쉰이 비유를 들었다는 점을 염두에 두면, 생각을 더 밀고 나갈 수 있다. 창문은 없지만, 벽과 같은 색으로 된 숨겨진 문이 있을 수도 있다. 쇠로 되었다고 생각했지만 벽의 일부분은 흙벽에 얇은 쇠를 덧댔을 뿐이고, 여러 사람이 함께 밀면 무너지는 물체일 수도 있다. 자신만 깨어 있다고 생각했지만 어두워서 보지 못했을 뿐, 실제로 몇 명은 이미 깨어 있고 더 많은 사람들을 함께 깨울 수도 있다. 현실에서 이와 같은 인식론적인 문제를 혼자서 해결할 수는 없다. 왜냐하면 문제를 해결하는 데 쓰이는 도구들은 하나같이 타인의 협력으로 생기기 때문이다. 언어, 논리, 경험적 지식 같은 것 말이다. 그렇다면 현재의 잠정적 답안이 타인의 협력으로 변경될 수도 있다. 절대적으로 갇힌 방이라는 은유는 현실에서 성립 근거를 잃는다.

둘째는, 자기충족적 예언의 문제이다. 만일 그 방이 여러 명이 힘을 합하면 부서뜨릴 수 있는 약한 벽에 쇠만 입혀져 있다면, 일단 여러 명이 깨어나고, 힘을 합해야 한다. 그런데 여러 명이 각기 혼자서 '다들 자고 있고 나만 깨어 있다.'라는 생각, 그리하여 '깨워 봤자 소용없다.'라는 생각을 하고 있다면, 힘을 합하는 일은 생기지 않을 것이다. 그들이 반대로 생각한다면 힘을 합하게 될 것이다. 그러므로 여러 명이 힘을 합해야 하는 일이란, 결국 자기충족적 예언이 적용되는 분야이다. 그리고 이런 일에서 '소용이 없어서 하지 않는다.'는 생각은 힘을 합할 사람의 수를 줄어들게 만들어 정말로 '소용이 없게 되는 사태'를 초래한다.

루쉰의 글은 인생의 가치와 의미에 관해 질문을 던진다. 몇 차례 시도해 보았지만 모두 실패했을 때, 계속해서 사람들을 깨우고 벽을 부수려고 노력해야 하는가? 그것이 과연 의미가 있는가? 만일 깨어난 사람들이 도리어 화를 내면서 다시 잠들려고 하거나, 벽을 부수는 방법을 두고 서로 다투기만 하거나, 그중 마음이 맞는 사람들과 벽에 부딪쳐 보지만 벽이 너무나 단단하게 느껴진다면 질문은 더 절실해질 것이다. 이때 우리에게 필요한 자세는 '부조리를 직시하면서도, 부조리를 바꾸려고 계속해서 노력하는 것'이다.

세상이 자신이 생각하는 이치를 따라 돌아가거나, 그 방향과 방식으로 일이 진행되기만 한다면 그야말로 즐겁고 신날 것이다. 그러나 세상이 그렇지 않다면, 삶은 의미 없는 것이 되는가? 이 생각은 '세상이 부조리 없이 완전해야만 삶에 의미가 있다.'는 잘못된 전제 위에 서 있다.

의외로 많은 사람들이 의식하지는 않더라도 이 전제를 공유하고 있다. 예를 들어 권리를 침해당하는 사람의 처지를 개선하는 일이 가치 있으려면, 노력이 모두 성공해야 할 뿐만 아니라 권리를 침해당하고 있는 사람이 선한 사람이어야 한다고 생각한다. 이렇게 전제하면, 타인이 선한 사람이 아닐 때 정치적 책임을 포기할 핑계가 생긴다. 그러나 그것은 실상 핑계가 될 수 없다. 사람들은 천사가 아니며, 권리를 침해당하는 사람들도 마찬가지다. 어느 집단이건 선한 사람과 악한 사람이 분포한다. 그런데도 악한 사람을 만났다는 사실을 핑계로 삼는 것은, 은연중에 적어도 자신이 상정하는 분야에서는 모든 것이 조리 있어야 한다고 전제하는 것이다.

창작하고, 진리를 탐구하고, 관계를 형성하고 애착을 돈독하게 하는 모든 일들은 자신에 속하지 않는 것과, 자신에 속한 것이 뒤섞여 일어난다. 자신에게 속하는 것, 예를 들어 사고와 의지를 다잡는 데도 상당한 에너지가 든다. 하물며 자신에게 속하지 않는 것, 즉 타인의 사고, 의지, 취향, 나아가 외부의 질서, 우연과 운이 자신의 뜻과 일치할 리는 없다. 세상이 부조리 없이 완전해야만 삶에 의미가 있다는 생각은 삶의 근본적인 조건을 부인하는 것이다.

자신에게 속하지 않는 것을 자신에게 속하는 것으로 착각하지 않는다면, 어떤 것이 잘못되어 있고 변해야 한다는 생각이 필연적으로 괴로움으로 이어지지는 않는다. 의사소통의 가능성이 철저하게 붕괴된 사회에서는 탈출할 수 없는 무력감에 괴로워하는 것만이 숙명일 것이다. 그러나 우리는 그런 사회에 살고 있지 않다. 이미 우리 사회에서는 무엇이 사실인가, 무엇이 타당한 규범인가를 사람들이 논의하고 있으며, 노골적인 힘을 사용하여 이기적으로 이익을 관철하려는 집단은 비판을 받는다. 그리고 더 많은 의사소통, 근거의 교환, 논증 대화로 사람들을 이끌려고 노력한다면 논의의 힘은 더 커질 수 있다.

　무력함으로 인한 괴로움은, 부조리를 개선하는 분업의 네트워크에서 기껍게 할 수 있는 일을 찾아보지 않았고 그 결과 행동하지 않았다는 점에서 비롯될 뿐이다. 부조리를 직시하기 때문에 무기력한 것이 아니다. 부조리를 망상으로 덮으면 아무 행동도 하지 않을 것이며, 당연히 아무 일도 일어나지 않을 것이다. 부조리를 직시하면서도 부조리를 실존의 부담으로 받아들이는 일은 모순이 아니다.

　그렇다면 이러한 필연적이지 않은 괴로움을 없애기 위해서, 의도적으로 무지하게 되는 것, 즉 어리석음의 상태로 돌아갈 이유도 없다. 세상이 이상에 비추어 잘못되어 있다는 사실을 아는 것이 괴로우니 차라리 세상이 이치에 맞게 돌아가고 있다고 스스로를 속일 이유가 없다.

　실존의 부담을 회피하는 것은 삶의 근본적 조건을 부인하는 것이다. 그러나 삶의 근본적 조건은 객관적으로 존재하므로 회피한다고 해서 없어지지 않는다. 실존의 부담을 직시한다는 것은, '부조리'를 현재에도 미래에도 영원히 계속되는 필연이나 당위로 긍정하는 것이 아니다. 그것은 부조리를 덮어 두지 않고 직시하면서도, 그것을 개선하기 위해서 자기 몫의 책임을 자신의 기질, 능력, 여건에 기꺼운 방식으로 수행하는 것이다. 세계가 이성에 따라 조리 있게 존재하지 않는다고 해서, 이성을 따라 사는 일을 피하는 것은 삶을 사물과 같은 것으로 만드는 선택이다. 그것은 더 이상 자신을 삶의 주재자가 아니라, 외부의 변덕과 우연적인 충동에 좌우되는 존재로 보는 것이다.

14장

지성적 태도에

대하여

중2병

하나의 용어가 상당히 무분별하게 쓰이고 있다. 이 용어는 오늘날 인생과 세계에 대해 진지하게 의문을 제시하는 태도 전체를 무차별하게 포괄한다. 그러나 애초에 이 용어가 가리키는 대상이 아예 존재하지 않는 것은 아니어서, 현실을 명료하게 기술하는 데 오히려 혼란을 더하고 있다. 이 용어는 바로 '중2병'이다.

'중2병'이라는 용어를 명료한 의미로 사용하려면 먼저 인생에 대한 진지한 태도와 그렇지 않은 태도를 구분해야 한다. 인생에 대한 진지한 태도는 가치에 주의를 기울이는 삶을 의미한다. 우리 삶의 행위들은 가치 있는 것과 가치 없는 것이 섞여 있기 때문에, 가치에 주의를 기울이는 사람은 그 두 가지를 구별하려고 노력할 수밖에 없다. 그 노력은 곧 탐구하는 삶이 된다. 탐구의 과정으로 우리는 표층적인 외관과 그 아래의 원리를 구별하고자 한다. 또한 원리를 뒷받침하는 더 근본적인 원리, 그리고 원리들 사이의 구조를 파악하고자 한다. 탐구하지 않는 사람에게 삶과 세계는 자의적인 규칙들로 채워져 있을 뿐이다. 자의적인 규칙들의 세계를 아무런 불편 없이 받아들이게 하는 최고의 자의적인 가치관은 "남들이 하라는 대로 하라."이다.

우리 사회에서 소위 말하는 어른이 된다는 것, 철이 든다는 것은 인생에 대한 진지한 태도들 중 일부를 잃어버리는 것을 의미한다. 즉, 의문을 제기하지 않고, 힘을 발휘하는 관행을 받아들이고, 그 관행에서 정의된 '성공'을 달성하기 위해 묵묵히 노력하는 것이다. 따라서 이런 왜곡된 의미의 '어른'이, 자신은 갖추지 못한 태도, 즉 삶과 세계에 대해 진지하게 의문을 제기하고 답을 찾고자 하는 태도를 '중2병'으로 치부하는 일은 어불성설이다. 통상적인 능력을 발휘하지 못하는 상태를 병으로 부른다면, 탐구하는 능력을 상실한 사람이 병에 걸린 것이지 그 반대가 아니다.

세상에는 가치 없는 것과 가치 있는 것이 섞여 있다는 사실은, 인생을 진지하게 살기 위한 출발점일 뿐이다. 이 길에는 많은 암초가 있다. 그중 하나는 표층적인 진단에서 곧바로 결론으로 달려가는 유아적인 독단을 저지를 위험이다. 표층적인 규칙의 원리를 주장하기 위해서는 주장을 정당화하는 설명을 제시해야 한다. 정당화는 의사소통을 포함하는 탐구의 과정을 전제로 한다. 즉, 다른 사람들과 근거를 교환하고 선학자들의 고민의 산물을 온전히 참고하여, 사람들을 납득시킬 수 있는 논거와 추론으로 자신의 주장을 뒷받침할 수 있어야 한다. 따라서 진지한 태도는 선학자들의 작업을 임의로 배척하거나 자의적으로 해석하는 태도와 양립할 수 없고, 다른 사람들과 근거를 교환하지 않고 신념을 고집하는 태도와도 양립할 수 없다. 애초에 진지한 태도는 유아적인 태도와 양립할 수 없다.

유아적인 삶의 태도는 다음과 같은 요소로 구성된다. 첫째, 나는 내가 알아야 할 중요한 모든 것을 이미 알고 있다. 내가 더 알아야 할 것은 없고, 나는 세상의 이치를 완벽하게 파악하고 있다. 따라서 내가 모르고 있거나 나에게 어려운 것은, 쓸데없는 말이거나 괜히 복잡한 말일 뿐 더 알아볼 필요가 없다. 중요한 것은 직관이며, 추론이 아니다. 따라서 내가 파악한 세상의 이치를 안타깝게도 다른 사람들에게 제대로 설명할 수는 없는데, 내 능력이 부족해서가 아니라 진리가 원래 그런 것이기 때문이다.

둘째, 내가 이렇게도 명백하게 파악하고 있는 것들을 다른 사람들은 모르며, 앞으로도 모를 것이다. 다른 사람들과 이야기도 해 보았지만, 그들은 내 말에 관심이 없거나 납득하지 못한다. 그렇다면 결론은 하나뿐이다. 다른 사람들이 열등한 것이다. 즉, 그들은 동굴 속에 갇힌 죄수이며, 나는 동굴 밖을 이미 본 존재이다. 이 차이는 본질적인 능력의 차이에서 오는 것이다.

셋째, 가치 있는 모든 것은 고유하고 특별하다. 나는 고유하고 특별하므로, 가치 있다. 따라서 고유하고 특별하지 않은 것은 무의미하고 가치 없는 것이다. 나의 고유성과 특별함을 주위 사람들은 인정하지 않지만 나 자신의 정신을 자각히는 데서 나는 실수할 수 없으므로, 나는 나의 고유성과 특별함을 확신한다. 따라서 다른 사람들이 나를 이해하지 못하는 상황은 나의 고유성과 특별함을 더 돋보이게 해 주며, 나의 본질적 우월성을 증명한다.

넷째, 특별한 가치를 가진 사람은 그에 비례하는 응당한 대우를 받아야 한다. 그러나 나는 그만한 대우를 받지 않고 있으므로 이 사실은 세상이 크게 잘못되었음을 의미한다.

그러나 위와 같은 생각들은 명백한 잘못이다. 첫째의 경우, 어떤 앎도 정당화될 수 없다면 독단에 불과하다. 그리고 앎을 얻고 만드는 방식에 대해서 선학자들이 오랫동안 성과를 축적해 놓았다. 이 성과들을 배우지도 않은 채 자신이 이미 알고 있다고 생각하는 것은 헛된 망상이다.

둘째의 경우, 의사소통을 통한 정당화의 필요성을 부인하는 것은, 애초에 '가치'라는 말이 사적이고 심리적인 개념이 아니라는 사실을 모르고 있음을 고백하는 것이다. 가치는 삶의 이유와 관계된 공적인 개념이다.

셋째의 경우, 가치는 고유성과 상관없다. 희소한 것은 희소성 자체를 이유로 가치를 갖지 않는다. 거의 모든 사람들이 식사를 하고 살지만, 그렇다고 해서 식사의 가치가 줄어들지는 않는다. 맛있고 영양가 좋은 요리를 더 많은 사람들이 먹을수록 가치의 측면에서 세계는 더 나아진다. 이번 오류는 가치를 위계와 관련해서 파악하는 신분제 사회의 사고방식의 흔적이자, 시장에서 결정되는 가격을 곧바로 삶의 의미의 영역에 반영하는 단순한 사고방식의 결과물이다.

넷째의 경우, 어떤 희소한 속성을 가졌다고 해서 다른 사람들에 비해 특별한 대우를 받아야 한다는 어떤 규범적 논거도 존재하지 않는다. 이 주장은 자신이 가진 속성을 내세우고 싶어 하는 사람이 때때로 외치는 불만일 뿐이다. 사람들은 서로를 인격을 가진 존재이자 목적으로 대우해야 하며, 어떤 사람이 다른 사람보다 더 많은 혜택을 향유하는 것은 오로지 그렇게 하는 것이 그 밖의 다른 사람들에게 도움이 되기 때문이다.

표층적이고 자의적인 규칙을 성실하게 따르는 태도와 인생에 대한 진지한 태도를 구분해야 하고, 의사소통을 통해 탐구하는 태도와 의사소통과 단절된 유아적인 독단을 구분해야 한다. 따라서 '중2병'이라는 용어는 표층적인 외관에 의문을 제기하고 가치 없는 것과 가치 있는 것을 구별하고자 하는 진지한 태도를 가리키는 말로 쓰여서는 안 된다.

'중2병'이라는 용어를 주의 깊게 사용하는 것은 실천적으로 중요한 의미를 갖는다. 한편으로는 자동 발화의 네트워크 속에서 의문 없이 살아가는 태도를 비판하면서 동시에, 자동 발화의 네트워크가 가치 있는 것이 아니라는 깨달음이 유아적인 태도로 잘못 나아가는 것을 경계할 수 있게 돕는다. 즉, 탐구하는 삶의 길로 우리를 인도하는 것이다.

반지성주의와 바보들의 행진

동서양 문명이 교차하는 가운데 식민지 조선 지식인들은 지식의 생산자로서의 위치를 포기하고 소비자와 전달자의 위치로 추락한 자신을 발견하게 되었다. 더구나 외국에서 도입된 이념들의 거대한 투쟁 사이에서 우리 지식인들은 길을 잃고, 존재 의미를 잃었다. 반지성주의는 이런 상황에 처한 좌절한 지식인들이 자신에게 던지는 거친 언어, 즉 '욕'이었다.

더욱 중요한 현실적인 문제는 서구의 지식을 배워 와서 민족을 계몽시켜야 우리 민족이 살아날 수 있다고 주장하면서 자신들이 조선 민족을 이끌 지도자요 '중추 계급'을 자처하던 신지식인들 대부분이 식민지 권력의 주구가 되고 민족을 배신하는 현실이었다. 그들은 유혹에 넘어간 자신들의 또 다른 모습이었고, 괴로워하고 분노하는 것 외에 다른 수가 없는 엄연한 현실이었다. 이로써 동서양의 모든 지식, 지식 일반, 그리고 무엇보다 '지식인'들이 저주의 대상이 되었다. 바로 이 지점에서 무엇보다 반지성주의는 조선 지식인들의 순수한 저항을 사악한 권력 지향적 지식인들과 일제의 유혹으로부터 보호하기 위한 방역선이었다.[1]

반지성주의는 못 배운 민중의 목소리가 아니다. 한국 사회에서 반지성주의의 뿌리는 식민지 지식인들의 자조와 자기 방어에 있었다. 현실에 밀착하여 생산되고 논의되지 않은 지식은 지식인들이 스스로를 자조하게 만들고, 지식의 이름으로 권력을 추종한 지식인들의 존재는 나머지 지식인들이 그들과 선을 긋고 자기를 방어하도록 만들었다. 그리고 지식인들이 스스로에게 향했던 자조와 자기 방어의 언어가 진원지를 넘어 사회 전체에 유포되었다. 민중은 자신들의 신념이 아니었던 반지성주의를 자신들의 핵심적인 특징으로 오해해서 받아들였다. 그 결과 기득권층은 더욱 손쉽게 민중의 생각에 영향을 미칠 수 있었다.

따라서 반지성주의는 민중의 언어가 될 수 없다. 민중은 이성을 거부해서 얻는 것이 없기 때문이다. 오히려 민중이 이성을 거부하게끔 함으로써 권력자들이 모든 것을 얻는다. 민중이 반지성주의를 자신들의 언어로 받아들이면 다음과 같은 일이 생긴다. 첫째, 중요한 문제와 사소한 문제를 구분하지 못한다. 둘째, 세속적인 문제의 근거로 종교적이거나 영적인 느낌을 제시한다. 셋째, 합의된 목적을 이루는 데 있어 전혀 엉뚱하고 부적절한 수단을 채택하는데도 그것이 효과적이라고 믿는다. 넷째, 갈등의 당사자 중 약자에게 비난을 퍼붓는다. 다섯째, 고통과 곤경을 낳는 구조적인 부정의가 자연의 질서처럼 불변의 것으로 여긴다. 여섯째, 무비판적인 복종과 무조건적인 근본주의 중 어느 하나에 가까워진다. 결국 이성의 거부는 언제나 민중이 자신들의 삶의 가치를 훼손하는 결과로 귀착된다.

민중의 삶을 고통스럽게 하는 문제는 삼척동자도 다 알 만큼 분명하고 손쉬운 것이 아니다. 고통은 그것을 겪는 사람에게 자명하게 실재하는 것처럼 느껴지지만 실제로는 그렇지 않다. 개인이 느끼는 고통은 자명하지만 의사소통되고 공론화된 고통은 자명하지 않다. 언제나 고통은 해석을 필요로 한다. 그리고 그 해석은 부당하고 부정확할 수도 있고, 정당하고 정확할 수도 있다. 고통을 해석하는 과정에는 언제나 그것을 개별적이고 주관적인 것으로 만들어 사소하게 치부하거나, 전혀 다른 원인에서 발생한 것으로 왜곡하고 엉뚱한 해결책을 끌어들이려는 이데올로기가 호시탐탐 기회를 노리고 작동한다. 예를 들어 비정규직의 빈곤과 차별이라는 구조적 문제를 학창 시절 공부를 열심히 하지 않아 생긴 인과응보로 사소화한다. 양육비를 부모들이 사적으로 부담해야 하는 사회 구조 때문에 생기는 문제를 여성이 맞벌이를 하기 때문에 생기는 것으로 왜곡한다.

어떤 중요한 문제도, 지성intelligence의 틀을 통해 해석하고 해결책의 규범적 정당성과 사실적 효과성을 공적으로 논증하며 합리적인 수단을 궁리하지 않고서는 다루어질 수 없다. 이런 단계와 과정을 거치지 않고 직관으로 바로 해답이 도출된다는 생각은, 전제들이 은

폐되어 있다는 사실을 자각하지 못하고 곧바로 답에 도달했다고 착각하는 것에 불과하다. 이렇게 즐겨 착각하는 사람들이 민중의 친구임을 자처하면서 반지성주의를 퍼뜨린다. 반지성주의자들이 내세우는 요지는 크게 두 가지다.

첫째, 탐구 활동은 반지성주의자 자신이 탐구 없이 갖게 된 확신을 뒷받침하고 추종하며 확산하는 일에 종속되어야 한다. 반지성주의자들은 자신들이 우연히 지니게 된 앎 없는 확신^{doxa}에 결론이 부합하면 그 탐구 과정을 칭찬하고, 일부분이라도 자신들의 확신에 어긋나면 비난한다. 그들에게 탐구는 탐구가 아니다. 탐구는 공적으로 논증할 수 있는 방식으로 진리를 알아내는 체계적인 활동이다. 반지성주의자들에게 탐구란, 그들이 사적으로 갖게 된 확신을 강조하는 탄창, 우리 편에 또 한 명이 붙었다고 선전할 수 있는 전단지에 불과한 것이다. 따라서 그들은 검토되지 않은 신념과 가정이 주장에 영향을 미치는 것을 허용할 수밖에 없다.

둘째, 반지성주의자들은 본인이 즉시 이해하지 못하는 모든 개념과 논증을 쓸모없는 것으로 치부하며, 지식인들이 '음모'를 가지고 인위적으로 만든 쓰레기 같은 것이라고 여긴다. 그들이 수학이나 자연과학에 대해 이런 주장을 하는 경우는 별로 없다. 법학, 철학, 사회학, 경제학에 대해서는 이런 주장을 줄기차게 한다. 그들은 자신이 배운 것이 아니면 일단 거부 반응을 보인다. 이런 모습은 그들이 사회경제적 질서와 관련된 문제들을 인간의 탐구 영역에서 분리하여 비지성적인 문제로 다루고 싶어 함을 보여 준다. 또한 반지성주의자들은 논의에 쓰이는 개념을 설명해 달라고 요구하는 대신 아예 그 개념을 쓰지 말라고 하고, 논증의 도구를 모조리 배척한다. 그들은 개념과 논증 도구들은 효율과 간명함을 위해 기호화되어 있다는 사실을 이해하지 못하고, 쓸모없는 것을 쓸모있게 보이도록 하는 음모가 존재한다고 시나리오를 쓴다.

만약 『반지성주의 철학 논고』라는 책이 있다면 다음과 같은 명제로 요약될 것이다.

1. 세계는 내가 아는 것들의 총체다.
    1.1. 세계는 내가 아는 것들의 총체이지, 다른 이들이 아는 것들과는 관계없다.
2. 사실이란 내가 있다고 믿는 사태들의 존립이다.
3. 내가 확신하는 것들을 지지해 주는 것이 사고이다.
4. 내 확신을 지지해 주는 것이 참인 명제이다.
5. 명제는 내 확신에 부합하는가를 요건으로 하는 진리함수이다.
6. 사람들은 내가 알지 못하는 것에 대해서는 침묵해야 한다.[2]

기본적으로 반지성주의자들의 전략은 자신들의 나태와 어리석음을 무조건 옹호하면서, 나태와 어리석음에서 산출된 자신들의 앎 없는 확신을 소리 높여 강조하는 데 있다. 그들은 무언가를 더 배워야 하고 더 배울 수 있다는 사실을 듣고 싶어 하지 않는다. 그들은 더 배울 수 없고 더 배울 필요도 없으며 그렇지만 자신들이 그 문제를 다룰 능력이 있다고 듣고 싶어 한다. 그 결과 그들은 멍청이들의 신愚神에게 빚을 진 저자들의 글을 탐독하며 서로를 추켜세운다. 인류의 역사만큼이나 오래된 이런 현상을 에라스뮈스는 날카롭게 풍자했다.

나 우신에게 빚진 글쟁이들은 기괴한 헛소리를 더없이 즐겁게 나불거립니다. 결코 밤잠을 설치는 일 없이 머릿속에 떠오르는 대로 종이에 휘갈기며, 나중에는 꿈에서 본 것까지 그대로 글자로 옮기되, 종이 말고는 비용과 수고를 들이는 일이 없습니다. 허섭스레기 같은 글을 마구잡이로 되도록 많이 지껄일수록 그것이 더욱 많은 사람들, 다시 말해 어리석고 무지한 대중들에게 모두 인정받을 것이라는 것을 잘 알고 있기 때문입니다. 어느 학자가 읽을지는 모르겠으나 세 명의 학자들이 이를 읽고 비난한들 이들에게는 대단한 일도 아닙니다. 그런 소수의 현자들이 도대체 그들에게 칭송 칭찬을 아끼지 않는 대중들에 비해 무슨 값어치가 있겠습니까?[3]

이들 글쟁이들의 행태 가운데 제일 웃기는 것은 서로 편지나 시나 칭송을 주고받으며 서로를 번갈아 치켜세우는 일인바, 어리석은 자들이 어리석은 자들을, 무식한 자들이 무식한 자들을 칭송하는 꼴입니다. (…) 저쪽이 이쪽을 두고 키케로에 앞선다 하면, 이쪽은 저쪽더러 플라톤이 울고 가겠다 말합니다. 일부는 일부러 맞서 싸울 적수를 만드는데, 이렇게 경쟁을 벌일수록 명성 또한 커지기 때문입니다. 그리하여 '군중들이 어찌할 바를 모르고 의견이 갈리면', 각각의 군중을 이끌고 멋진 전과라며 승리를 구가하고, 각자 제가 이겼다 개선식을 거행하면서 말입니다. (…) 이들은 나 우신의 은공으로 즐거운 삶을 영위하니, 자신의 무공이 스키피오 집안이 거둔 전승과도 비교할 수 없다고 여길 정도입니다.[4]

반지성주의는 자신의 탁월함에 대한 근거 없는 확신과 함께하는 경우가 대부분이다. 히틀러는 "재능이 크게 부족하다는 평가와 함께 낙제 점수를" 받은 "게으른 학생"이었다. 그러나 늘상 책을 읽고는 있었으므로 히틀러의 친구는 열여덟 살 무렵의 히틀러를 "공부에 파묻혀 지냈다. (…) 그에겐 책이 세상이었다."고 묘사한다.[5] 실제로 히틀러는 그가 앎 없는 상태에서 확신하게 된 인종주의와 전쟁의 필요성을 뒷받침하는 수사적 경구로만 철학을 사용했을 뿐이다. 히틀러는 자신을 "철학적 지도자"라고 부르면서도 철저한 반지성주의자였다.[6] 그는 쇼펜하우어를 엉터리같이 읽고는 "이성보다 의지를 찬미"했다는 이유로 그를 좋아했다가, 의지와 욕구를 최소화하고 유정적 존재에 대한 보편적 사랑을 지향하는 내용이 자신의 인종주의에 도움이 되지 않자 내던져 버렸다.[7] 이런 사람에게 학문은 자신을 치장하는 수단일 뿐 그 이상은 결코 아니다. 히틀러는 "늘 '순수한' 이론을 혐오"하고 "'경험'을 더 가치 있게 여겼다."[8]

히틀러의 경우는 극단적인 신념을 받아들인 극단적인 사례이다. 그러나 자신의 직관에 대한 확신, 특정한 신념을 실현하기 위한 소명을 가지고 있다는 강박적인 생각, 소명을 위해 반지성주의자들이 지성을 다루는 방식을 보여 주는 표본이기도 하다. 이론을 경시하면서도 자신을 치장하기 위해 책을 필요로 하는 자들은, 진지한 저자들의 책을 읽어도 자신이 제멋대로 생각한 바를 꿰어 맞추는 데 쓸 뿐이다. 그들은 책을 대충 훑고 자신의 눈에 띄는 몇몇 구절만 떼어 와서 엉뚱한 맥락으로 받아들인다. 그러다 진지한 부분이 나오면 자신의 앎 없는 확신에 맞지 않는다는 이유로 인상비평을 하며 던져 버린다.

바보들의 행진은 끝없는 나선형 구조로 진행된다. 왜냐하면 반지성주의자들의 전략은 일단 작동하기 시작하면, 어떤 주장과 논증도 그들에게 통하지 않기 때문이다. '내 의견에 부합하지 않아? 그렇다면 잘못된 거야!' '무슨 소리인지 알 수가 없어. 쓸데없이 어려워. 내 생각이 옳아.' 반지성주의를 받아들이면 무지하고 나태한 자가 승리한다는 법칙이 성립한다.

무지와 나태에는 하한선이 없다. 어떤 철학자보다도 간명하고 흥미로운 에세이를 많이 쓴 버트런드 러셀 역시 반지성주의의 공격을 피해 갈 수 없었다. 그래서 러셀은 『인기 없는 에세이-지적 쓰레기들의 간략한 계보』 서문에서 굳이 풍자 섞인 변명을 달아야만 했다. "나는 앞서 발표한 책 『인간의 지식』의 서문에서 내가 전문 철학자들만을 위해 글을 쓰지 않으며, '철학은 본래 지식층 일반의 관심사를 다룬다.'라고 적었다. 서평가들은 이 말을 빌미로 나를 꾸짖었다. 그들이 보기에 내 책에는 어려운 내용이 일부 들어 있는데 저런 말로 독자들을 속여 책을 사게 했다는 것이다. 이런 비난을 또다시 마주하고 싶지는 않다. 그러므로 고백하건대 이 책에는 보기 드물게 멍청한 열 살배기 아이라면 좀 어렵게 느낄 만한 문장이 몇 군데 들어 있다. 이러한 까닭에 다음의 에세이들이 인기를 끌 만한 글이라고 하기는 힘들 듯싶다. 그렇다면 '인기 없는'이라는 수식어가 어울릴 밖에."[9]

거듭 강조하지만 무지와 어리석음은 같지 않다. 우리 모두는 필연적으로 각자 여러 분야에 무지하지만, 우리 모두가 어리석은 것은 아니다. 또한 우리 모두는 때로는 깨닫지 못한 채 부분적으로는 어리석을 수도 있지만, 우리 모두가 총체적으로 어리석은 것은 아니다. 부분적인 쟁점에 대하여 일시적으로 어리석음에 빠지더라도, 어리석음 자체를 기본적인 태도로 삼고, 어리석음을 근거로 들며, 어리석음을 오히려 찬양하지 않는다면 반지성주의와는 거리가 멀다. 왜냐하면 다른 부분에서 얻은 이해를 근거로 자신의 어리석음을 교정할 가능성이 있기 때문이다.

이와 대조적으로 반지성주의자들은 단순히 무지하거나 부분적으로 어리석은 것에 그치지 않는다. 반지성주의는 어리석음을 자랑스러운 것, 찬양해야 하는 것, 지적 힘을 가진 것으로 내세운다. 반지성주의자들에게는 어리석음이 거짓 신념으로 가는 지름길이 아니며 오히려 진리를 보증하는 기반이다.

반지성주의에 전염되고도 부끄러운 줄 모르는 바보들의 행진은 책을 읽지 않는 경향을 타고 가속화되고 있다. 2010년 당시 우리 사회에서 10세 이상 인구 중 평일에 매일 10분 이상 책을 읽는 사람의 비율은 11퍼센트뿐이었다. 비교적 짧은 기간인 2008년부터 2013년 사이에 연평균 11권에서 9.2권으로 급격하게 독서량이 감소했다.[10] 장기적인 추세를 보면, 월 소득 증가에도 불구하고 서적 구매 지출은 2003년에 월 3만2천 원에서 2013년에 1만6천 원으로 반으로 줄어들었다. 2008년에만 잠깐 올랐을 뿐이다. 감소 비중은 더 충격적이다. 오락문화 지출은 35.7퍼센트 늘었는데, 서적 지출 비용은 47.1퍼센트가 줄었기 때문이다. 통계청의 '2013년 4/4분기 연간 가계동향'에 따르면, 2013년 2인 이상 가구의 실질 서적 구입비는 가구당 월평균 1만 6878원으로 2012년보다 5퍼센트 줄었다.[11]

많은 사람들이 조용한 정신에서 집중하여 탐구하려 하지 않고 탄창을 채우듯 인터넷 기사, 소셜네트워크서비스, 블로그에서 자신이 가진 확신에 들어맞는 정보만을 그러모은다. 그 결과 정치적 토론은 점점 더 잡다하고 수다스러운 활동이 되고 있다. 인터넷 기사를 보고 소셜네트워크서비스를 사용하고 블로그를 읽는다고 해서 반지성주의자가 되는 것이 아니다. 이 매체들은 얼마든지 유용하고 효과적인 수단이 될 수 있다. 그러나 이 매체들을 특정한 방식으로 사용하면, 즉 자신이 이미 가진 확신과 배치되는 정보는 받아들이지 않는 방식으로 사용한다면, 반지성주의가 무분별하게 증식할 수 있는 통로가 된다.

반지성주의자가 아닌 사람들에게 이런 추세는 실존적 여건의 일부이긴 하지만 대처해야 할 현실이다. 반면에 이런 추세는 반지성주의자들에게 전혀 문제될 것 없이 바람직하다. 왜냐하면 사람들이 아무런 노력도 들이지 않고 쉽게 확신을 가질 수 있게 되었으며, 자신의 확신을 별다른 비용 없이 마구잡이로 퍼뜨릴 수 있게 되었기 때문이다.

각자의 본업이 있고 여유가 없어 탐구하기가 어려운 사정은 그 자체로 아무런 문제도 아니다. 그런 사정은 단지 감안해야 할 여건이고, 대처해야 할 고려 사항이다. 문제는 탐구하지 않는 태도가 오히려 진리를 보증해 준다고 생각하는 반지성주의자들의 오만함이다. 아직 우리 사회에서 시민들에게 심의된 민주적 의사결정에 필요한 최소한의 비판적 지식이 부족하다면, 부족한 부분을 보완하고 기회와 여건을 개선하는 방향으로 나아가야 한다.

기회와 여건을 개선하는 방향에서 지성적 활동은 분업을 필요로 한다. 한 사람의 인생 안에서 분업이 있을 때도 있고, 여러 사람들 사이에서 분업이 이루어질 때도 있다. 분업을 통해 누군가 어려운 내용을 쉽게 풀어 설명하고, 보다 많은 사람들이 지식의 사다리를 타고 더 넓고 깊은 탐구의 진수를 경험하도록 돕는다. 그리고 민주주의 사회의 시민으로서 가져야 할 기본적인 이성적 검토의 태도를 갖추도록 돕는다.

이런 사회적인 분업 활동은 민중이 인상비평과 표면적 연상 관계를 따지는 것 이상의 지적 탐구를 수행할 수 있다는 전제에서 이루어진다. 민중을 성장할 수 없고 성장할 필요도 없는 어린아이 같은 존재로 여기는 후견주의적인 전제에서는 불가능하다. 프랑스의 사회학자 귀스타브 르 봉은 개념을 표피적으로 다루고 표면상의 유사 관계에 의해 논의를 진행하는 태도는 군중의 추론 습관이라고 지적했다.[12] '원숭이 엉덩이는 빨갛고, 빨간 것은 사과이고, 사과는 과일이며, 과일에는 바나나가 있으며, 바나나는 노랗다. 그러므로 원숭이 엉덩이는 노란 것에 속한다!' 이런 식의 어이없는 추론이 실제로 매일같이 벌어진다. '학교 급식을 보편적으로 제공하면 사회주의에 해당하는데, 사회주의는 나쁜 것이고, 따라서 공공 급식은 나쁜 것이다.' 이런 식으로 자유 연상을 유도하는 정치가는 군중을 그들의 추론 습속에 영원히 가두어 놓으려고 하는 것이다. 그렇게 되면 자유롭고 평등한 시민들 사이의 합당하고 합리적인 합의는 나올 수 없다. 오로지 표면상의 유사 관계를 이용한 연상 작용, 프레임을 누가 더 효과적으로 짰는가 같은 수사적인 싸움만 있을 뿐이다.

반지성주의자들은 짐짓 인간애가 넘치는 것처럼 보이는, 근거 없는 추상적 입지를 즐겨 사용한다. 그들은 사람들이 저마다 소질과 흥미에 맞는 지식의 사다리를 오르며 살아갈 수 있다는 점을 부인한다. 또한 시민으로서 규범적이고 사실적인 논증에 대한 최소한의 비판적 능력을 갖추는 것이 '인간 본성상' 불가능하다고 미리 단언하다. 그들은 어디서 근거를 얻었을까? 나태하게 앎 없는 확신을 고집하고 싶다는 그들 자신의 욕구 외에는 어떤 근거도 없다. 그들의 이런 이상한 엘리트주의적 입지는 '종교는 거짓이지만, 일반 사람들은 종교 없이는 부도덕한 삶을 살기 때문에 거짓을 믿게 하는 것이 유용하다.'는 식의 통찰력 있는 척하는 헛소리와 병행한다. 반지성주의자들은 어떤 근거로 자신들의 엘리트주의적인 입지를 정당화하는가? 인간의 최소한의 가능성을 부인하고, 애초부터 불평등한 상한선을 긋고, 가축을 기르듯 적당히 인상비평과 표면적 연관 관계 속에 정신을 가두어 놓으면 된다는 생각은 근거가 무엇인가?

어떤 지식이 불친절하다고 느끼는 정도는 사람마다 상대적이다. 누군가에게는 간명한 앎이 누군가에게는 지나치게 압축적으로 느껴질 수도 있다. 따라서 이것은 핵심적인 부분이 아니다. 중요한 것은 이것이다. 어떤 지식이 학문적 방법론에 따라 생산되었다면, 그것을 책으로 읽고 선학자에게 묻고 깨달으면서 성실하게 공부하면 된다. 그렇게 해서 얻은 이성의 도구를 사용하여 자신이 기여하고 싶은 것에 기여하면 된다. 만일 공부하면서 기존의 책들이 지식의 사다리를 타고 오르기에 다소 불친절하다고 느낀다면, 자신이 직접 차근차근 설명하면 된다. 그 결과 보다 많은 사람들이 탐구의 능력과 최소한의 기본적인 비판 능력을 갖추도록 돕는 것이 중요하다. 이런 지식 공유 활동, 함께 탐구하도록 독려하는 활동 어디에도 반지성주의자들이 낄 곳은 없다.

교양—삶의 지침을 검토하는 이성

오늘날 교양에 대한 숭배는 몰락한 듯 보인다. 교양이라는 개념은 대학 제도가 탄생한 서구 사회에서도 왜곡될 수밖에 없는 역사를 가지고 있었다. 공통의 교과 과정 아래 오랜 시간 훈련받은 뒤에야 비로소 갖추게 되는 언어 능력, 문학과 역사에 대한 지식, 미술과 음악에 대한 미적 감각은 고등교육이 대중화되지 못한 사회에서는 필연적으로 소수만이 갖출 수 있는 것이었다. 결국 교양은 주로 지배계급의 외적인 특징으로 쓰였다.

그러나 오늘날 고등교육은 더 이상 소수의 전유물이 아니다. 더이상 얼마나 교양 있는 것처럼 보이느냐가 권력의 유무를 구별하는 외적 기준이 되지도 않는다. 자본주의 사회에서는 부를 축적한 사람이 부를 매개로 다른 영역의 지위를 획득하는 일을 막는 장치가 없기 때문이다. 오히려 오늘날 청년들에게 중요한 것은 직업 생활에 직접 필요한 기능이다. 사문화된 언어를 구사할 수 있는 능력, 문학과 역사에 대한 비유를 이해할 수 있는 배경지식이나 예술적 미감은 더이상 필요하지 않다. 그 결과 청년들은 교양이 허영심을 충족하기 위한 그들만의 "유리알 유희"에 불과하다고 느낀다. 그러나 노벨물리학상이 사라진다고 해서 물리학이 자연의 질서에 대한 탐구로서 갖는 가치가 낮아지지 않듯이, 더 이상 교양을 숭배하지 않는 현실이 교양이 필요하지 않다는 결론으로 이어지지 않는다.

우리 삶은 의식하든 의식하지 않든 선택의 연속이다. 그리고 선택에는 지침이 필요하다. 선택 없이, 지침 없이 살아가는 사람은 없다. 문제는 우리의 삶을 인도하는 지침이 어떤 종류의 것이며, 어떻게 형성되는가이다.

　권력을 가진 사람들은 권력을 권위로 변환하면 사회를 평화롭게 관리할 수 있다는 사실을 알고 있다. 그래서 현재의 상황을 정당화해 줄 도덕 이론―'시장에서 결정되는 임금은 그 사람이 받을 권리가 있는 딱 그만큼이다.'―을 수립하고, 참과 거짓을 따지지 않고 자신들의 이익에 부합하는 사실 명제―'불황기에 세금을 줄이면 경제가 살아나서 결국 저소득층에게도 유리하게 된다.'―를 유통시킨다. 규범 명제와 사실 명제를 분석하고 그 정당성을 판별할 능력을 갖추지 못한 사람, 아예 분석하고 판별할 생각조차 하지 않는 사람은 전략적 정보의 안개 속에서 허우적거리며 인생을 살아가게 된다.

　그러므로 우리 삶에서 피할 수 없는 일이 한 가지 있다면 스스로의 이성을 활용하여 근거 있는 삶의 지침을 검토하고 선택하는 것이다. 진정으로 자율적인 삶을 살려면 끊임없이 지침의 근거를 검토하고 비판해야 한다. 비판에는 기준이 필요하다. 불행히도 삶의 지침에 관한 기준은 우리의 마음속에 본능적으로 존재하는 것이 아니다. 게다가 전략적 정보는, 때로 사회에 널리 확산되어 시대정신의 하나가 되기도 한다. 그런 전략적 정보는 애초에 우리의 뇌에 쉽게 와 닿고 호소하는 바가 있기 때문에 그렇게 널리 확산되는 것이다. 우리는 모두 타고난 통계학자요, 물리학자요, 윤리학자이지만 그 한계도 명백하다. 우리는 이중맹검법(환자와 의사 모두에게 진위 여부를 알리지 않고 진짜 약과 가짜 약을 주어 약의 효과를 객관적으로 평가하는 방법)을 통과한 과학적 신념보다는 일화적인 이야기로 뒷받침된 가설을 더 설득력 있는 것으로 생각한다.[13] 운과 우연의 일치를 정규적인 패턴이나 본질로 인식해서 미래를 예측할 수 있다고 생각한다.[14] 소용돌이를 통과해 발사된 돌은 빙글빙글 돌기 때문에 회전하며 날아갈 것이라고 생각하며,[15] 미추 관념과 위생 관념을 선악의 개념과 같은 범주의 것이라고 생각하기 쉽다.[16] 『시크릿』이라는 책이 끌었던 선풍적인 인기는, 사람들이 정보를 비판적으로 검토하는 능력을 의식적으로 갖추지 않는 한 지나치게 노골적인 허구라도 너무나 쉽게 받아들일 수 있음을 보여 주었다. 결국 인간의 두뇌는 문제를 합당하고 합리적으로 해결할 능력이 저절로 생기게끔 만들어지지 않았다. 인간은 사회의 다수의 눈치를 보며 경쟁하고 협력하여 살아남는 데 적합한 두뇌를 물려받았지, 인생의 객관적 가치를 추구하며 방향과 지침을 검토하는 데 적합한 두뇌를 갖고 태어나지 않았다. 제대로 비판하고 비판의 기준을 갖추는 것은 오직 이성을 예리하게 사용하는 훈련을 통해서만 가능하다. 이와 같은 훈련의 결과물을 우리는 교양이라고 부른다.

진정한 교양이란 바로 이성을 예리하게 사용할 수 있도록 훈련한 결과물이다. 구별짓기에 쓰이는 특징들은 교양이 아니다. 이성이란 본질상 계급을 구별하고 차별하는 행위의 정당성 자체를 근본부터 검토하도록 만든다. 또한 교양은 과시할 수 있는 집적된 정보도 아니다. 산만하게 의미 없이 집적되기만 한 정보는 삶의 지침으로서 아무런 의미를 갖지 않기 때문이다. 교양은 문제를 설정하고 그 문제에 대답하는 활동이다. "합리성은 지식의 소유와는 별 관계가 없으며, 오히려 언어능력 및 행위능력을 지닌 주체들이 지식을 어떻게 사용하는가 하는 것과 관계가 있다."[17] 교양은 쏟아지는 지식들을 가려내고 비판하며 근거를 따져 볼 수 있는 능력이다.

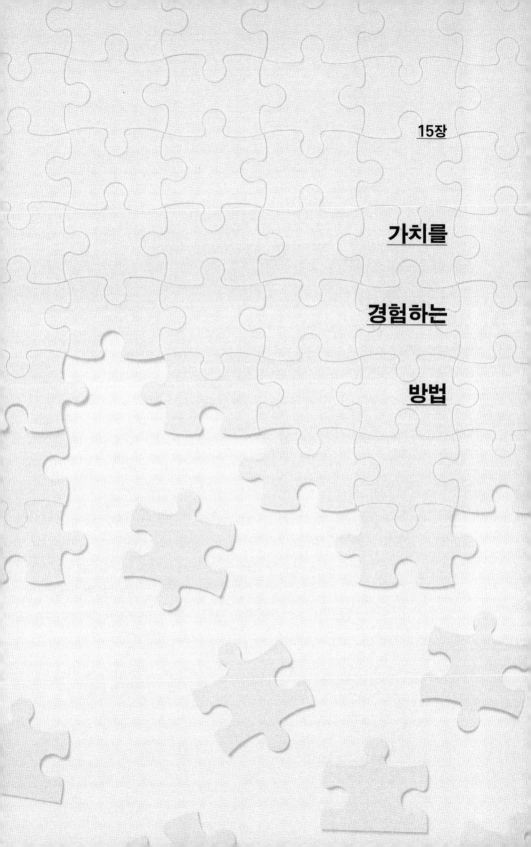

15장

가치를

경험하는

방법

행복보다 쾌락

"쾌락만 좇는 천박한 현대인들!" 하나같이 근엄한 얼굴을 한 도덕주
의자들이 일갈한다. 그러나 그들의 일갈은 부정확하다. 오히려 현대
인은 반쾌락주의의 습속에 빠져 있다. 그 근거 중 하나는, 오늘날 현
대인들이 투명하고 명료한 '좋음'인 쾌락을 인생의 의미를 구성하는
가치로 인정하지 않은 채 애매하고 남용되기 쉬운 '행복'만을 이야기
하기 때문이다.

　　7장에서 논의했듯이, 쾌락과는 달리 행복이라는 개념은 논의를
혼란스럽게 하는 특성이 있다. 윤리적인 의미까지 포함된 총체적으
로 좋은 삶의 상태인 '에우데모니아'에서부터, 단순한 일시적 '행복
감'에 이르기까지 폭넓은 용법을 갖고 있기 때문이다. 이런 애매함
덕택에 행복을 삶의 기준이나 사회 정책의 기준으로 삼는 사람은 해

결 불가능한 어려움에 빠진다. 예를 들어 행복이 '총체적으로 좋은 삶의 상태'를 의미하는 경우, 평가적 의미를 갖는 '좋다'라는 용어에 평가자가 선호하는 기준을 모두 다 넣어 버린다. 그리고 평가자는 자신의 신념과 다른 신념을 따르는 삶을 진정한 행복이 아니라고 폄훼한다. 행복을 '행복감'이라는 심리의 상태로 이해해도 문제이긴 마찬가지다. '행복감'은 다른 말로 하면 '욕구의 만족'이며, 무엇이든 '달성하고자 하는 상태'를 '욕구'로 기술할 수 있기 때문에 결국 '행복감'은 '달성하고자 하는 것을 달성한 심리 상태'에 지나지 않는다. 만약 달성하고자 하는 것이 비합리적이거나 비합당한 신념에 기초하고 있어 가치와 절연된 것이라면, 만족감은 아무런 가치가 없다. 그런데도 욕구의 만족을 행복이라는 용어로 진술하면 큰 가치가 있는 것처럼 착각하게 된다. 이를테면 타인의 삶에 부당하게 간섭하고자 하는 욕구를 가진 사람이 그 욕구를 충족하면 '행복해진다'. 그러나 욕구의 만족을 가치 있는 경험으로 잇는 중간 고리인 '신념'은 가치를 근거로 정당화되어야 한다. 그러므로 행복은 인생의 지침으로서나 사회 정책의 준거로서 명료하지 않을 뿐더러, 그 불명료성을 다른 의미로 해결하려 해도 여전히 도움이 되지 않는다.

쾌락에는 이러한 난점이 없다. 쾌락은 신체에서 느껴지는 국지적인 감각이면서, 진리나 아름다움과 관련된 것을 추구하면서 생기는 즐거운 느낌이다.

물론 어떤 행위에 쾌락이 있다고 해서 그 자체로 가치를 보증하지는 않는다. 왜냐하면 행위에서 특정한 가치만을 분리해서 살펴볼 수는 없고, 무엇보다 언제나 우리는 삶의 실천자로서 '삶에서 추가로 그 행위를 할 것인가?'라고 질문해야 하기 때문이다. 쾌락만으로 행위가 가치 있다고 주장할 수 없는 대표적인 이유는, 다른 사람도 동등한 쾌락을 만족할 수 있는 양립 가능한 자유와 여건을 인정해야 한다는 배경적 조건 때문이다. 즉, '나의 쾌락'을 존중해 달라는 주장은 '타인의 쾌락'도 존중해야 한다는 주장과 양립할 때에야 비로소 의미를 가진다.

배경적 조건을 준수할 때 쾌락은 진리나 아름다움처럼 궁극적이고 내재적인 가치 중 하나가 된다. 만일 쾌락을 유일한 가치로 보게 되면 쾌락주의적 일원주의hedonistic monism의 난점, 즉 쾌락으로 환원되지 않는 가치들을 무시하게 되는 난점에 빠지게 되지만, 그럴 필요는 없다. 쾌락을 포함한 여러 가치들이 각각 내재적이고 궁극적이라는 사실은 모순이 아니다. 가치의 세계는 다원주의적이기 때문이다.

쾌락은 감각적이고, 스스로 판단할 수 있다. 쾌락은 우리의 눈, 코, 입, 피부를 통해서 전해지거나, 정보를 처리하거나 조직하는 정신 활동에서 희열을 경험한다는 점에서 감각적이다. 아름다운 것을 보거나, 향기로운 것을 맡거나, 맛있는 것을 먹거나, 부드럽고 따뜻한 것을 안거나, 게임을 하거나, 재미있는 책을 읽거나, 어떤 과제에 몰입하여 사고할 때 우리는 그 행위가 쾌락적이라는 사실을 충분히 자각할 수 있다. 반대로 추하고 역겨운 것을 보거나, 거칠고 축축한 것에 닿거나, 소음을 듣거나, 엉터리 주장이 담긴 책을 억지로 읽거나, 지루하고 권태로운 상태로 꼼짝없이 앉아 있어야 할 때 우리는 그 행위가 불쾌하다는 사실을 충분히 자각할 수 있다.

의미의 애매모호함 때문에 우리는 행복을 판단할 때 실수할 수 있다. 실제로는 위험이 코앞에 닥치고 있으며 그 사실을 분명히 알 수 있는데도 행복감에 빠져 있을 수 있다. 또한 터무니없는 신념을 가지게 되어, 잔디밭의 풀잎을 세면서 중대한 인류의 과제를 수행하고 있다는 만족감을 가질 수 있다. 더 심각한 경우에는 타인의 권리를 침해하면서 사회 통합을 위해 좋은 일을 하고 있어 행복하다고 생각할 수도 있다. 실제로 플라톤을 비롯한 많은 사람들이 대중이 행복을 판단할 때 실수할 가능성이 높다는 점을 근거로 개인의 자유를 부인했다. 예를 들어 진정한 행복이 특정 신을 숭배하는 신앙 생활에서만 생긴다면, 사람들에게 신앙 생활을 강제해야 그들이 진정한 행복을 누릴 수 있다. 신이 없다고 생각하고 살아가는 사람은 행복을 잘못 판단하는 것이다. 나아가 폴리스에서 자신에게 맞는 역할을 수행하는 것이 진정한 행복이라면, 모든 사람은 자기에게 맞는 계급을 타고났다고 사람들을 세뇌함으로써 그들을 행복하게 만들 수 있다. 이처럼 행복 개념은 자유를 부인하는 착취와 남용에 대단히 취약하다.

반면에 쾌락과 즐거움을 판단할 때 우리는 실수하기 어렵다. 쾌락의 객관적인 특성 때문에, 같은 종류의 쾌락은 쾌락의 정도를 쉽게 구분할 수 있다. 예를 들어 맛있는 음식을 먹었을 때와 맛없는 음식을 먹었을 때 미각에서 느껴지는 쾌락은 쉽게 비교할 수 있다. 서로 다른 종류의 쾌락이 있는 경우 어느 것이 절대적으로 우월한가를 따지는 것이 중요하지는 않다. 그보다는 두 가지 모두를 제대로 경험하면 경험을 기초로 자기에게 맞게 조합할 수 있다는 점이 중요하다. 연애의 쾌락과 학문 연구의 쾌락은 서로 다른 종류의 쾌락이지만, 삶에서 어느 정도의 비중을 둘 것인가는 스스로 시행착오를 통해서 균형을 찾을 수 있다. 쾌락 개념은 행복 개념과 달리 실수할 가능성이 적고 자유에 기반하여 자신에게 좋은 삶을 찾는 데 더 유리하다. 때때로 의지가 약하여 미래의 쾌락과 현재의 쾌락을 합리적으로 가늠하지 못할 수도 있다. 하지만 인생에 주의를 기울이고 자신의 몸과 마음을 잘 관찰하고 운영하는 사람이라면, 자신의 행위를 이끄는 기준으로 쾌락을 모를 가능성은 없다. 아도르노는 프로이트의 쾌락 폄훼를 다음과 같이 비판하면서 쾌락의 명료성을 지적했다.

> 프로이트에게 이성은 단순한 상부구조에 불과한데 그 이유는, (…) 그가 '쾌락', 즉 (…) 이성 없는 목적을 비난했기 때문이다. 쾌락이 평가절하되어 인간이라는 종의 자기 유지를 위한 트릭 안에 편입되게 되자마자, (…) 본래의 이성(ratio)은 '합리화'로 전락한다. 진리는 상대성에, 인간은 권력에 내맡겨지는 것이다. 어떤 의도도 갖지 않음으로써 궁극적인 의도를 충족시키는 눈먼 육체적 쾌락 속에서 유토피아를 규정할 수 있는 사람만이 반석 같은 진리의 이념을 가질지 모른다.[1]

아도르노의 글에서 "인간이라는 종의 자기 유지"를 '사회 체계의 자기 유지'로 바꾸어 보면 그가 비판적으로 그린 그림을 더 포괄적으로 이해할 수 있다. 즉, 쾌락이라는 인간의 중심적 가치를 상대화시키고 무시함으로써, 개이이 외부에서 가해지는 구속적인 명령에 무비판적으로 내맡겨진다는 것이다. 현대 사회는 쾌락을 위해 만들어지지 않았다. 사회 체계는 체계 자체의 작동 원리에 따르지 쾌락 원리에 따르지 않는다. 그리하여 우리는 언제나 다음과 같은 실천적 질문에 직면한다. 쾌락을 가치의 후순위로 밀어 두는 사회 체계의 논리가 우리 삶을 지배하도록 놓아둘 것인가, 아니면 삶의 가치로서 우리의 기질과 능력, 여건에 비추어 쾌락이라는 경험을 소중하게 생각할 것인가.

사회는 사회가 유지되는 데 적합한 심리적인 경향을 우대하고 그렇지 않은 경향에는 제재를 가한다. 그렇게 해서 사람들이 가진 의사에 '욕구'라는 이름을 붙인다. 승진하려는 욕구, 좋은 학벌을 얻고자 하는 욕구, 비싼 집을 사려는 욕구, 결혼을 하려는 욕구, 자식에게 사교육을 시키려는 욕구 등등. 이 욕구들은 개인이 여러 이유를 고려하여 내린 결론을 '~하려는 욕구'라는 표현으로 개념화한 것뿐이다.

예를 들어 우리는 중국어를 배우면 특정한 부분에서 삶이 더 나아질 것이라고 생각해서 혹은 그 자체가 즐거워서 중국어를 배우는 것이다. 중국어를 배우려는 아무런 이유도 토대도 없는 욕구가 생겨서 중국어를 배우는 것이 아니다. 욕구가 그 아래에 이유라는 토대를 두고 있을 때, 욕구는 형식적이고 부차적인 개념이다. 토대가 없는 욕구는 강박증이나 이용 행동처럼, 장애로 설명된다. 따라서 욕구는 행위자가 내린 결정을 표현하는 형식적인 개념일 뿐이다. 그것은 우리가 흔히 생각하는 '쾌락적 충동'이 아니다.

형식적인 욕구 개념에서 늘상 일에 치이는 회사원은 야근과 휴일 근무의 욕구를 가진다. 누군가 그를 하루 종일 따라다닌다면 다음과 같은 모습을 보게 될 것이다. 그는 퇴근 시간이 다가오면 저녁 식사를 얼른 해치우고 책상 앞에 앉으려고 한다. 그리고 늦게까지 일하려고 한다. 만일 일찍 집에 가게 되면 불안하다. 늦게까지 남아서 일을 해야 불안하지 않다. 휴일에도 늘 일이 걱정되어서 마음 편히 쉴 수 없다. 차라리 회사에 가서 일을 해 놓으면 마음이 놓인다. 따라서 그는 휴식보다 일을 선호한다. 즉, 행동에 대한 선호로 표현했을 때 그는 야근과 휴일 근무에 대한 '욕구'를 가진다.

그러나 이 욕구는 쾌락과는 별 관계가 없다. 오히려 불안과 더 가깝다. 그가 일을 하려는 이유는, 일이 밀리면 불안하기 때문이다. 밀린 일을 잘 처리하지 못하면 회사에서 평가가 나빠지고, 비난받고, 승진에 불리해질 뿐더러, 다음 계약이 거부될 수도 있기 때문이다. 이 모든 사정이 합해져 그가 처한 상황을 만들어 내고, 그 상황에서 그는 야근과 휴일 근무를 선택하는 것뿐이다. 그의 상황이 쾌락적인 것은 아니다. 이 직장인의 삶에서 알 수 있듯이, 욕구는 행위의 근본적인 이유와는 무관한 이차적인 형식적 개념이다. 애초에 욕구가 생긴 이유를 따지게 되면, 욕구는 전혀 근본적인 개념이 아니라는 사실이 드러난다.

현대인은 쾌락을 좇고 있지 않다. 현대인은 욕구를 만족시키고 있을 뿐이다. 그리고 이것은 공허한 말이다. 왜냐하면 사람들은 자신이 처한 상황에서 하려고 하는 것을 할 뿐이기 때문이다. 실제로 일어나는 일은 다음과 같다. 현대인은 스스로의 행동을 가치와 단절시키는, 사회가 만들어 내는 상황에 종속되어 있다. 또한 속물 근성의 세계관 안에서 허공의 충동과 의무감에 사로잡혀 있다. 어느 것도 쾌락과 관계가 없다. 쾌락과 단절된 삶은, 과정으로서의 삶을 진지하게 고려하지 않는다는 사실을 보여 주는 징후이다.

에피쿠로스와 에픽테토스의 통찰

가치를 경험하는 감각을 잃어버리면 '특별하게 재미있는 순간'만이 즐거운 시간이 된다. 여행을 간다거나, 짜릿하고 우연한 만남을 가진다거나, 흥미진진한 영화를 본다거나, 이제 막 연애를 시작하여 설레고 가슴 벅차는 데이트를 한다거나, 멋진 발표를 해서 칭찬을 받는다거나 하는 일들이 그럴 것이다. 그러나 그런 순간들로 인생의 대부분을 채울 수는 없다. 실제로 인생에서 그런 순간들을 다 합해도 일부분에 불과할 것이다. 설사 보통 사람보다 그런 순간을 더 자주 누리는 운 좋은 처지라 해도, 일상에서 가치를 경험하는 감각을 갖추지 못하면 특별하게 재미있는 순간의 즐거움은 쉽게 줄어든다. 예전에는 특별했던 경험이 익숙해지면서, 재미있어야 하는 순간이 권태로운 시간이 된다.

따라서 특별하게 재미있는 순간을 쾌락과 동일한 것으로 생각하면, 우리 삶의 대부분은 불쾌에 해당한다는 결론이 나온다. 여기서 '쾌락'에 대하여 좀 더 깊이 알아볼 필요성이 생긴다.

에피쿠로스의 쾌락주의 철학

에피쿠로스는 고대 그리스의 철학자로, 삶의 쾌락을 진지하게 사유했고 그래서 오늘날 쾌락주의 철학자로 알려져 있다. 그런데 우리가 쾌락주의를 특별하게 재미있는 순간을 최대화하는 사상으로 이해하면, 에피쿠로스 철학을 읽자마자 혼란에 빠진다.

에피쿠로스는 말한다. "모든 고통스러운 것들의 제거가 쾌락 크기의 한계이다."[2] 만일 쾌락이 특별하게 재미있는 순간을 최대화하는 것이라면, 고통의 제거가 쾌락 크기의 한계일 리 없다. 물론 재미있는 순간이 주는 즐거움 자체를 에피쿠로스는 부인하지 않았다. "어떠한 쾌락도 그 자체로 나쁘지는 않다. 하지만 많은 경우에, 쾌락들을 가져다주는 수단이, 쾌락보다는 고통을 가져다준다." 나아가 에피쿠로스는 "다른 사람들의 공격으로부터의 (…) 가장 순수한 안전은 대중으로부터의 고요와 은거로부터 생겨난다."고 했다.[3]

에피쿠로스가 설파한 삶은 '평정심'을 바탕에 둔 삶이다. 여기에 반대되는 삶은 헛된 욕망 때문에 끊임없이 결핍을 느끼고 그 때문에 필연적이지 않은 일에 깊이 연루되어 혼란과 번뇌에 시달리는 삶이다. 그래서 그는 다음과 같이 말한다. "자연이 요구하는 부유함은 제한되어 있으며 쉽게 얻을 수 있다. 반면 헛된 생각이 요구하는 부유함은 무한히 뻗어나간다. (…) 결핍으로 인한 고통이 일단 제거되면, 육체적 쾌락은 더 이상 증가하지 않고 단지 형태만 바뀔 뿐이다. (…) 인생의 한계를 배운 사람은 결핍으로 인한 고통을 제거하고, 삶 전체를 완전하게 만드는 것이 쉬운 일임을 안다. 그래서 경쟁을 포함하는 행동을 필요로 하지 않는다."[4]

에피쿠로스의 쾌락주의 철학은 우정, 배움, 호의의 교환, 접촉, 자연의 탐구와 같은 것으로 일상을 채울 것을 권고한다. "자연에 대한 탐구는 사람을 자랑하거나 허풍떨거나 교양을 과시하는 자로 만들지 않고, 자존심 있으며, 스스로 만족하고, 재산을 자랑하는 것이 아니라 자신의 고유한 장점을 자랑하는 자로 만든다." 속물 근성의 위계에서 높은 위치를 추구하는 활동은 쾌락적인 일이 아닌 것이다. 과시는 굴종과 연결되어 있고, 원하는 대로 얻을 수 없는 것을 갈망하는 결핍감을 낳으며, 스스로를 몰아붙여 고통을 낳는다. "자유로운 삶은 많은 재산을 가질 수 없다. 왜냐하면 군중이나 실력자들 밑에서 노예 노릇을 하지 않고서는, 재산을 얻기 어렵기 때문이다. 하지만 자유로운 삶은 모든 것들을 지속적인 풍요 속에서 소유한다. 그리고 자유롭게 살다가 우연히 재산을 얻으면, 이웃의 호의를 얻기 위해 재산을 나눠주기도 쉬울 것이다." 굴종과 예속은 평정심을 흩뜨리고 고통을 낳는다. 반면에 객관적으로 가치 있는 것—진리와 예술—에 몰입하고 탁월성을 키워 나가면 외부의 기초 없는 평가에 휘둘리지 않고 자기 중심을 유지할 수 있고, 이런 자기 존중감은 다른 사람과의 관계에서 제로섬적인 과시-굴종 관계를 벗어날 수 있도록 돕는다. 따라서 타인의 칭찬은 추구할 목적이 아니다. "다른 사람들로부터의 칭찬은 저절로 따라나와야 한다. 우리는 우리 자신의 삶을 치유하는 데 애써야 한다. (…) 자기 만족의 가장 큰 열매는 자유이다."[5]

타인의 평가와 외부의 자극에 영향을 받는 삶은 고통과 근심을 낳고 고요함에서 오는 실제적인 만족으로부터 멀어지게 한다. 따라서 진리를 탐구하고 은거하며, 소란스러운 대중들의 의견에는 신경 쓰지 않고 자신과 소통하며, 서로의 선에 진지한 관심을 갖는 친구들과 교류하면서 내적 자유를 지키며 살아야 한다. 이것이 바로 신중한 쾌락을 누리며 만족하는 평정의 상태, '아타락시아^ataraxia'이다.

에피쿠로스에 따르면 평정을 누리기 위해서는 '욕망'을 주의 깊게 관찰하고 구별해야 한다. "욕망들 중 어떤 것은 자연적이고 다른 것은 공허하며, 자연적인 욕망들 중 어떤 것은 필연적이고 다른 것은 단순히 자연적이며, 필연적인 욕망들 중 어떤 것은 행복을 위해 필요하며 어떤 것은 몸의 휴식을 위해 필요하며 다른 것은 삶 자체를 위해 필요하다. 이런 사실을 잘 관찰하는 것은, 우리가 어떤 것을 선택하거나 피할 때 몸의 건강과 마음의 평안을 참고하도록 해준다." 그 결과 "모든 마음의 폭풍우가 사라진다. 왜냐하면 이제 우리는 잃어버린 것을 찾아 헤매듯 돌아다니지 않아도 되며, 몸과 마음의 선을 이룰 수 있는 다른 길을 찾지 않아도 되기 때문이다."[6]

에피쿠로스의 철학은 두 가지 중요한 사실을 확인해 준다. 첫째, 욕구의 만족과 쾌락은 다르며, 욕구의 만족이 아니라 쾌락 그 자체가 중요하다. 왜냐하면 욕구는 삶 자체를 위해 필요한 것뿐만 아니라 외부에서 주입되고 규정한 것도 포함하기 때문이다. 따라서 욕구에 이끌려 다니면 마음의 평온을 해친 채 반反쾌락주의적인 삶을 살지도 모른다. 둘째, 특수한 종류의 쾌락에는 만족에 한계가 있기 때문에 특수한 종류의 쾌락을 최대화하는 활동은 쾌락의 관점에서 불합리하다. 먹는 쾌락과 성적 쾌락이 대표적인 예이다. 이 쾌락들은 우리의 신체 구조상 무한대로 추구할 수 있는 것이 아니다. 오히려 절제하지 않으면 쾌락의 강도가 약해지며 권태와 불쾌를 가져온다. 따라서 특수한 종류의 쾌락을 제한 없이 추구하는 삶은 쾌락적인 삶일 수 없다.

에피쿠로스 철학의 문제점

그러나 에피쿠로스의 쾌락주의 철학은 기초가 되는 전제에 몇 가지 심각한 문제점이 있다. 그 결과 타당하지 않은 결론으로 이어진다.

첫째, 여러 종류의 쾌락 사이에 일어나는 모순과 충돌을 제외하면, 쾌락의 좋고 나쁨을 평가할 다른 기준이 없다. 따라서 쾌락과 평안을 안겨 주기만 한다면 거짓을 추구하는 삶이 고통스럽게 진리를 추구하는 삶보다 더 나은 삶이 되어 버린다. "모든 우정은 그 자체로 바람직하다."고 말하면서, 우정을 위해서라면 기꺼이 고통도 감수할 수 있다는 생각은 그의 쾌락주의가 정합적이지 못함을 보여 준다.[7]

우정이 가장 안전한 쾌락이기 때문에 친구를 사귄다면, 우정을 위해 고통을 감수하는 것은 이미 목적에 어긋난 것이다. 그러므로 쾌락을 얻기 위해 우정을 추구하는 것이 아니라 상대가 좋아서 우정을 나누고, 쾌락은 부수적으로 생기는 현상이라는 점을 인정해야 한다. 친구를 쾌락을 위한 수단으로 다룸으로써 오히려 우정의 가치를 허무는 결과를 피하려면, 소통하고 접촉하며 특별한 애착을 형성하는 우정이라는 활동 자체가 쾌락으로 환원되지 않는 독립된 가치임을 인정해야 한다.

둘째, '욕망'을 구별하는 기준이 안전과 위험 회피에 치우쳐 있다. 심지어 에피쿠로스는 "성교는 인간에게 이득을 준 적이 없다."고 단언한다.[8] 그러나 이 극단적인 위험회피주의는 삶의 보편적인 모델이 되지 못한다. 사랑하는 연인 사이의 섹스는 최고의 접촉이며 자아를 잃게 만들 정도로 강렬한 경험이다. 에피쿠로스의 소극적 쾌락주의는 열정적 사랑이 불가능한 인간형을 만들어 낸다. 열정적 사랑에는 마음의 평정과 반대되는 무언가가 있는데, 언젠가 그런 정신의 롤러코스터에서 벗어나게 된다 하더라도 사람들은 열정적 사랑을 포기하지 않을 것이다.

셋째, 은거와 검약의 사상의 바탕에 있는 통제 불가능한 것과 통제 가능한 것의 이분법 또한 문제이다.[9] 앞서 살펴보았듯이 이 이분법은 삶에서 지탱될 수 없다. 특히 정치적 책임을 다하지 않을 때, 통제 가능한 것으로 보였던 일이 결국에는 통제 불가능한 것으로 바뀌고 만다. 은거와 검약의 사상은 사회적 문제가 구조적으로 자유를 압박하는 상황에서 문제를 더 악화시킨다. 이 경우 자신이 관계할 일이 아니라고 단정한 사람은 실제 원리도 모른 채 자신의 평정을 계속 추구하기 위해 가치 있는 것을 향한 욕구마저도 강제로 버려야 하는 상황에 처한다. 에피쿠로스의 사상은 헬레니즘 시대처럼 정치 질서가 절대 권력자의 권력으로 결정되는 시대에 탄생했다. 이 사상은 시민이 자신의 정치적 책임을 이행할 통로가 있으며 서로 근거를 교환하며 상호작용할 수 있는 민주주의 시대의 사상이 아니다.

넷째, '자연적인 욕망'은 이루기 쉽고 '비자연적인 욕망'은 이루기 어렵다는 생각은 얄팍한 단정이다. "모든 자연적인 것은 얻기 쉽다. 반면 공허한 것은 얻기 어렵다."[10] 때에 따라 자연적인 것도 얻기 힘들 때가 있으며, 공허한 것을 쉽게 손에 넣을 수도 있다. 불운하게 사고를 당한 사람은 자연적인 것을 잃고, 거액의 재산을 상속받은 사람은 공허한 것을 쉽게 얻는다. 그러므로 얻기 쉬운 것과 얻기 어려운 것으로 자연적인 것과 공허한 것을 구별할 수는 없다. 그리고 쾌락을 가치의 유일한 기준으로 삼는다면, 그 밖에 독립적으로 두 가지를 구분하여 판단할 다른 기준도 없다.[11] 그 결과 얼마나 오래 지속되는지, 얼마나 달성하기 쉬운지로 신중하게 쾌락을 계획하는 "사려 깊음prudence"만이 유일한 덕목이 된다.[12] 에피쿠로스는 다음과 같이 말했다. "정신의 쾌락은 육체의 쾌락을 관조하는 활동이다. 정신의 쾌락이 육체의 쾌락보다 유리한 점은 고통보다 쾌락을 관조하는 법을 익힐 수가 있어서 육체의 쾌락보다 정신의 쾌락을 조절하기가 훨씬 쉽다는 것뿐이다."[13]

이렇게 되면 진리와 아름다움, 접촉과 소통, 정치적 책임의 이행 같은 내용적·배경적 가치들은 더 이상 가치의 전경에서 보이지 않게 된다. 설사 쾌락을 얻기 어렵다 할지라도, 진리를 탐구하고 아름다움을 창작하는 일처럼 그 자체로 독립적으로 가치 있는 일이 더 이상의미 없어지는 것이다. 더 나아가 "예컨대 '정의'란 다른 사람들의 원한을 살까 두려워하게 되는 경우가 생기지 않도록 행동할 때 존재"하는 것이 되고 만다.[14]

이런 단점 때문에 버트런드 러셀은 에피쿠로스의 사상을 "모험가득한 행복을 좀처럼 얻을 수 없는 세계에나 어울릴 법한 병약자의 철학"이라고 평가했다. "소화불량에 걸리고 싶지 않으면 적게 먹으라. 다음 날 아침이 걱정된다면 과음하지 말라. 정치와 사랑과 격렬한 열정을 동반하는 모든 활동을 삼가라. 결혼하고 자식을 낳아 운명의 인질이 되지 말라. 당신의 정신생활 속에서 스스로 고통보다 쾌락을 관조하는 법을 배우라. 육체의 고통은 확실히 크나큰 악이지만 격심한 고통이라면 짧은 법이고, 길고 긴 고통이라면 정신훈련을 하거나 고통 속에서도 행복한 일에 대해 생각하는 습관을 들임으로써 참아낼 수도 있다. 무엇보다 두려움을 피할 수 있도록 살라. (…) 에피쿠로스는 두려움의 문제를 해결하기 위해 이론 철학에 이르게 되었다."[15]

최선으로 다시 해석하기

그러나 러셀처럼 에피쿠로스가 불안과 두려움에 대한 대응으로 회피와 안전을 추구했을 뿐이라고 요약하는 것은 온당한 평가가 아니다. 사상은 단점을 공략했을 때 전체가 무너지는가가 아니라, 결함을 타당하게 교체했을 때 보여 줄 수 있는 장점으로 평가되어야 한다. 모든 가치를 쾌락으로 환원한 것, 더 나아가 쾌락과 관련된 활동 중에서 능동적이고 진취적이고 새로운 활동보다 안전한 것으로 검증된 제한된 활동을 우선한 것을 고쳐 해석하면 에피쿠로스의 사상은 통찰력 있는 핵심을 선보인다.

이제 에피쿠로스의 삶과 사상이 말하고자 하는 바를 다시 들여다보자. 에피쿠로스는 공동체를 꾸려 친구들과 철학을 꽃피웠으며, 편지로 부지런히 교유하고, 자연의 아름다움을 만끽했다. 에피쿠로스는 맛있는 음식을 부러 마다하지는 않았지만, 평소에는 검소한 식단으로 지냈으며 치즈처럼 잔칫날에 나오는 음식도 조금만 먹곤 했다. 부와 명예와 같은 것에는 관심을 두지 않았다. 이런 삶의 모습은 에피쿠로스와 그의 학도들이 "세계의 풍부함과 아름다움에 눈을" 뜨고 있었음을 의미한다. "이들은 삶을 긍정하고, 삶의 충만과 삶의 활기와 그리고 삶의 지칠 줄 모르는 힘을 긍정한다. 그래서 그들은 스스로 활동적으로 되고, 삶의 어두운 면을 뛰어넘어, 이 삶의 어두운 면 때문에 손해를 입지 않으며, 따라서 자유롭게 삶을 긍정적으로 받아들이게 된다."[16] 에피쿠로스는 하루하루의 긍정은 영혼이 평온을 누릴 때만 가능하다는 사실을 알고 있었던 것이다.

즉, 에피쿠로스는 하루하루를 온전히 누리며 살아가는 것이야말로 생을 살게 하는 동력임을 깨닫고 있었다. 영혼이 평온을 누릴 때 오감을 통해 경험이 주는 즐거움을 온전히 향유하며, 그 결과 모든 일상이 즐거움의 원천이 된다면, 가끔씩 주어지는 '특별하게 재미있는 순간'에 목을 매지 않아도 된다. 에피쿠로스는 우리가 가치 없는 것에 주의를 쏟지 않고 영혼이 평온을 누릴 수 있는 여건을 주의 깊게 조성하고 감각에 주의를 기울인다면, 일상 자체가 쾌락의 경험일 수 있음을 알려 준다.

스토아 학파의 금욕주의 철학

이제 영혼의 평온함이 일상의 풍부한 경험의 원천이라는 에피쿠로스의 통찰을, 당시 에피쿠로스 학파와 대척점에 섰던 스토아 학파의 현자 에픽테토스의 사상과 연결해서 살펴보자. 그 결과 우리는 두 고대 철학이 남긴 통찰이 오늘날 우리에게 삶의 지침이 된다는 점을 알게 될 것이다.

스토아 학파는 흔히 금욕주의 철학으로 알려져 있다. 그러나 '금욕'은 스토아 학파가 독특한 의미로 정의한 '자유'를 얻기 위해 때때로 감수해야 하는 상태일 뿐이다. 금욕 자체가 철학의 핵심적인 내용과 필연적인 관계가 아니기 때문에 금욕주의라는 이름은 적합하지 않다. 스토아 철학의 핵심은 금욕이 아니라 '내적 자유'에 있다.

스토아 학파가 정의한 '자유인'은 자신에게 속하는 것을 가지고 자연의 본성에 따라, 즉 이성logos에 따라 살아가는 사람이다. 그러므로 "만일 네가 본성적으로 노예적인 것들을 자유로운 것으로 생각하고, 또 다른 것에 속하는 것들을 너 자신의 것idia으로 생각한다면, 너는 장애에 부딪힐 것이고, 고통을 당할 것이고, 심란해지고, 신들과 인간들을 비난하게 될 것이라는 점을 기억하라." 따라서 자유인이 되는 것을 목표로 한다면, "어떤 것들은 전적으로 포기해야만 하고, 또 다른 어떤 것들은 당장 미루어 두어야만 한다."[17] 포기해야 하는 것은 타인의 찬사, 부, 명예, 권력 같은 것이며, 미루어 두어야만 하는 것은 여건이 맞는다면 내 것으로 성취할 수도 있는 일들이다.

따라서 에픽테토스는 외적 인상에 휘둘리지 않을 것을 요구한다. 오히려 자유인이 가진 "기준들에 의하여 그것을 음미하고 검사해야만 한다"고 말한다.[18] 이 기준은 자신에게 속하는 것과 자신에게 속하지 않는 것을 구분한다. "그러므로 만일 네가 너에게 달려 있는 것들 중에서 자연에 어긋나는 것들^{ta para phusin}만을 회피한다면" 그것들에 빠지는 불운을 겪지 않을 수 있다.[19] 예를 들어 허명을 바라고 있다면, 허명을 바라는 마음을 회피하면 된다. 반면에 늙고 죽는 것과 같이 자신에게 속하지 않는 실존적 여건 자체를 회피하려고 한다면 불행에 빠진다. 그러므로 설사 실존적 여건에 의해 방해를 받는다 해도, 그것에 짜증을 낼 것이 아니라 자신에게 속한 것인 의지를 어떻게 이성적인 검토 아래 놓아 두느냐가 문제가 되는 것이다. 무엇보다도 "사람들을 심란하게 하는 것은 그 일들 자체가 아니라, 그 일들에 대한 그들의 믿음^{dogma}"이라는 점을 기억해야 한다. 일에 대한 믿음은 자신에게 속하는 것이다. 그것은 외모나 출생의 환경 같은 외적 인상이 아니라 외적 인상을 어떻게 사용하는가에 관한 것이다.[20]

자신에게 속하지 않는 것이 자신의 바람대로 이루어지기를 바라느라 노심초사하는 삶은 노예의 삶이다. 왜냐하면 자신의 마음의 평정이 타인의 반응에 좌우되기 때문이다. 더군다나 타인이 훌륭한 ^{kalos} 존재가 아니라면, 결국 훌륭하지 않은 것에 자신의 삶을 좌지우지당하는 셈이 된다.[21] "좋음의 본질은 우리에게 달려 있고 (…) 그러므로 자유롭게 되고자 하는 사람은 누구든지 다른 사람에게 달려 있는 것들의 어떤 것도 원하지도 또한 회피하지도 마라. 그렇게 하지 않는다면 반드시 노예의 신세를 면하지 못할 것이다."[22]

에픽테토스는 아울러 실존적 부담, 즉 지금 주어진 여건에서 무언가 가치 있는 일을 실제로 수행했을 때 피할 수 없는 부담을 직시하고 행동하라고 이야기한다. 그래서 "[네가 행하는] 각각의 일에서 먼저 오는 것들과 그것에 따르는 것들을 살펴야 한다. 그런 다음 그 일

자체로 다가가야 한다." 예를 들어 올림피아 경기에서 승리하기를 바라는 자는 "잘 훈련해야만 하고, 먹는 것을 조절해야만 하고, 맛난 것도 삼가야만 하고, 더울 때나 추울 때나 정해진 시간에는 억지로 훈련해야만 한다. (…) 이것들을 다 따져 봤을 때에도 여전히 그렇게 하기를 원한다면, 너는 운동선수가 되는 일에 착수할 수 있다."[23]

스토아 학파가 말하는 본성적인 삶 그리고 자연에 따르는 삶은, 검토 없이 자연적 충동에 내맡기는 삶이 아니라 존재함으로써 생기는 의무를 따르는 삶, 즉 완전히 윤리적인 행위를 하는 삶이다.[24] 에픽테토스는 이성으로 검토된 자신의 역할을 수행하라고 요청하면서, 그 외의 다른 것에는 휘둘리지 말라고 말한다. 그의 통찰은 다음 명제로 압축할 수 있다. '오로지 이성으로 검토된 가치에 근거해서만 행위에 참여할 이유가 있으며, 가치 없는 것에 근거해서는 참여할 이유가 없다.'

스토아 철학의 문제점

다만 이 통찰은 핵심을 흐트러뜨리는 몇 가지 이론적 관점으로부터 구출되어야 한다.

첫째, 스토아 학파는 때때로 의지가 자신에게 속할 뿐 아니라 외부의 여건과 관계없이 늘 같은 정도로 자신에게 속한다고 암시하는 것처럼 보인다. 그러나 우리의 사유나 의지는 외부의 여건에 의존한다. 러셀은 다음과 같이 지적했다. "에픽테토스가 즐겨 사용한 사례, 인간의 역사상 어느 시기보다 근래에 접어들면서 실례를 훨씬 많이 찾을 수 있는, 어떤 폭군 때문에 부당하게 감옥에 갇힌 남자의 경우를 예로 들어 보자. 이렇게 감옥에 갇힌 사람들 가운데 어떤 사람은 스토아 학파의 영웅주의에 따라 행동했지만, 다른 어떤 사람은 좀 이상하지만 그렇게 행동하지 않았다. 심한 고문은 어떤 사람의 불굴의 정신도 거의 무너뜨릴 뿐만 아니라 모르핀이나 코카인이 사람을 온순해질 정도로 쇠약하게 만들기도 한다는 사실은 명백해졌다."[25]

첫 번째 오류는 두 번째 오류로 이어진다. 둘째, 스토아 학파는 무엇이 '가치'인지를 엄밀하게 분석하지 않고, 보증되지 않은 전제로 가치를 협소하게 정의한다. 스토아 학파는 가치를 그들이 자연적 구조에 따른다고 직관했던 역할을 잘 수행하는 것으로 한정했다. 그 결과 스토아 학파는 의지는 자신에게 속하고 외부의 원인에 의존하지 않기 때문에, 스스로 악덕을 행하는 것 외에는 누구도 그 자신에게 해를 끼치지 못한다고 주장한다. 에픽테토스는 다음과 같이 말한다. "만일 네가 자연에 따르는 너의 선택의지를 유지하기 바란다면, 네가 해야만 할 것에 주의를 기울여라. 왜냐하면 네가 원하지 않는다면 다른 사람은 너에게 해를 끼치지 않을 것이기 때문이다. 하지만 네가 해를 입었다고 네 자신이 믿을 때에만 너는 해를 입게 될 것이다."[26] 이 주장은 마찬가지로 누구도 자신에게 좋은 일을 해 주지 못한다는 사실을 함의한다.

그런데 에픽테토스는 개인의 의무가 일반적으로 사회적 관계에 의해 측정된다고 말한다.[27] 외부의 원인과 타인이 나에게 해를 가하지도 좋음을 주지도 못한다는 생각과, 의무가 사회적 관계에 의해 규정된다는 생각은 수행적으로 모순된다. 스토아 학파는 이 점을 인식하지 못했다. 그 결과 감각적 쾌락처럼 모든 인간에게 공통되는 행위의 이유이자 원동력까지도 무시했다. 에픽테토스는 감각적 쾌락을 극복할 것을 역설한다. "그것을 멀리했을 때 네가 얼마나 기뻐할지를, 그리고 네가 너 자신을 얼마나 찬양할지를 상기하라." 그는 마찬가지로 인간들 사이의 특별한 관계나 접촉과 소통을 통해 애착을 형성하는 일도 가치를 인정하지 않았다. 그리하여 심지어 이렇게 말했다. "만일 네가 너의 자식이나 마누라에게 입을 맞춘다고 한다면, 너는 한 인간에게 입을 맞추고 있다고 너 자신에게 말하"여야 한다. "왜냐하면 '그것'이 죽었을 때 너는 심란해하지 않을 테니까."[28] 이 철학은 무언가가 결여되어 있다. 즉, 의무의 기준이 되는 '역할'의 범위가 매우 좁게 설정되었고, 그 역할을 한결같이 수행하는 데 방해되는 모든 것이 가치에 어긋난다고 잘못 이해한다.

스토아 학파는 가치를 삶을 실천하고 거기에 참여하는 관점에서 파악하지 않았다. 스토아 학파의 핵심적인 개념인 '자연적인 것'은 다소 흐릿한 개념이다. 스토아 학파가 말하는 '자연의 본성', '자연적인 것'은 '있는 것'과 '해야 하는 것' 사이에 은연중에 다리를 놓는다. 그 결과 모순이 발생한다. 즉, 자연적인 인과관계에 관한 설명이 가치를 판단하고 삶의 태도를 결정하는 데 모순적인 영향을 미치는 것을 막을 수 없는 것이다. 러셀은 다음과 같이 말했다. "덕과 죄가 다 같이 앞선 원인들의 피할 수 없는 결과(스토아 철학자들이 주장했듯이)라는 깨달음은 도덕적인 노력을 얼마든지 마비시키는 결과를 초래할 것처럼 보인다."[29]

스토아 학파는 '선' 역시 협소하게 파악했다. 진리를 탐구하는 것이 선이 아니라면, 진리 탐구를 억압하는 일을 막는 것이 가치 있는 행위일 이유가 없다. 쾌락을 누리는 것이 선이 아니라면, 쾌락을 자의적으로 억압하는 데 저항하는 것이 적합한 행위일 이유가 없다. 접촉하고 소통하는 것이 선이 아니라면, 접촉과 소통에 장애가 되는 사회적 여건을 개선하려고 노력하는 것이 이성적인 행위일 이유가 없다.

셋째, 스토아 학파는 자유 자체, 특히 자유의 관계적 성격을 제대로 보지 못했다. 스토아 학파는 자유를 독특한 의미로 정의했다. 스토아 철학자인 노예는 왕보다 더 자유로운 삶을 살 수 있다. 스토아 철학에서 자유는 철저히 1인칭 관점의 의미다. 나 자신이 가치에 따라서 살고, 가치가 아닌 것에 휘둘리지 않으면 된다. 여기서 자유는 가치에 따라 살 수 있는 능력, 가치 없는 것을 삶에서 배척할 수 있는 능력으로 이해된다.

그러나 1인칭 관점의 자유 개념은 드러나지 않은 전제를 깔고 있다. 그런 능력을 갖추기 위해서는 진정성과 독립성에 따라 스스로 사유하고 행위하고 있다는 전제가 성립해야 한다. 그래야 무엇이 가치인지 사유할 때 그 자신의 이성적 검토와 판단 이외에 다른 것에 지배되지 않기 때문이다. 만일 외부의 여건 때문에 사유와 행위가 어떤 식으로든 지배되고 있다면, 자신이 가치 있다고 여기는 것이 실제로는 가치 없는 것이며 이 사실을 전혀 알아챌 수도, 교정할 수도 없으므로 1인칭 관점의 자유 개념은 성립하지 못한다.

따라서 사회에서는 타인이 가진 결정권에 간섭하거나 그것을 빼앗아서는 안 된다. 그리고 간섭과 빼앗음을 경계하고 저항하는 행위는 스토아 학파의 자유가 성립하기 위한 전제가 된다. 만약 이 점을 전제하지 않고 스토아 학파의 자유를 문자 그대로 받아들이면, 이사야 벌린이 "내면의 성채로의 후퇴"라고 부른 현상에 도달한다. 즉, 내 이성과 의지가 우연한 외부적 원인에 방해받을 수 있기 때문에, 내 마음에 생긴 욕구 자체에서 해방되는 것이 진정한 자유라는 결론에 이르는 것이다. "그러므로 취약한 부분을 줄이거나 없애기 위해 영토를 축소하는 것이다. (…) 내 재산을 파멸시키겠다고, 나를 감옥에 집어넣겠다고, 내가 사랑하는 이들을 추방하거나 죽이겠다고 폭군은 나를 위협한다. 그러나 만약 내가 재산에 전혀 집착하지 않고, 감옥에 있든 말든 개의치 않으며, 내 안에 있는 자연적인 감정들을 모두 죽여 버린다면, 내게 남은 것은 어느 것도 경험적인 공포나 욕망의 대상이 아니기 때문에 폭군도 자기 뜻에 맞도록 나를 굴복시킬 수 없다. 이는 마치 어떤 내면의 성채로—내 이성, 영혼, '본체적' 자아로—작전상 후퇴하는 것과 같다. (…) 내가 가고 있는 길에 장애물이 있다면 그 길을 버림으로써 장애물을 제거한다. 바깥에서 오는 목소리를 들을 필요도 없고 외부의 힘이 영향을 미칠 수도 없는 나 자신의 방, 나 자신의 계획경제, 의도적으로 격리된 나 자신의 영토로 후퇴한다."[30]

이런 단점 때문에 러셀은 다음과 같이 지적한 바 있다. "사실 스토아 철학에는 '신 포도'의 요소가 존재한다. 우리는 행복해질 수 없지만, 선해질 수는 있다. 그러니까 우리가 선한 사람이라면 불행이란 문제가 되지 않는 척해 보자는 말이다. 이 학설은 영웅주의를 보여주며, 불운한 세계에서는 쓸모도 있다. 그러나 결코 진실한 학설이 아니며, 근본적인 의미에서도 결코 진지한 학설이 아니다."[31]

최선으로 다시 해석하기

러셀의 냉소적인 지적은 적확하다. 하지만 앞서 에피쿠로스 철학에서 결함을 타당하게 교체하여 장점을 되살렸듯, 스토아 철학의 모든 내용을 버릴 필요는 없다. "우리들은 스토아 학파의 윤리학의 윤리적인 깊이를, 그 이론에서보다도 그 실천적인 규칙에서 더 잘 알수가 있다."[32] 실천적 규칙에서 드러나는 윤리적인 깊이를 되살리기 위해서는 세 가지 오류를 교정해야 한다.

첫째로, 우리의 사유나 의지 역시 외부의 여건에 영향을 받는다는 점을 인정하고 우리 내면의 덕성뿐만 아니라 외부의 여건에도 주의 깊은 관심을 기울여야 한다. 둘째, '가치'는 사회적 관계에서 주어지는 역할을 올바르게 수행하는 데 한정되지 않는다는 점을 인정해야 한다. 특히 그 수행이 기여하는 대상들, 진리, 아름다움, 사랑, 쾌락, 고통의 감소, 소통과 접촉이 덕성 자체와 독립적인 가치를 갖는다는 점을 인정해야 한다. 셋째, 내면적 자유는 사람들 사이의 관계가 자유로울 때 온전하게 보장될 수 있다는 사실을 직시해야 한다. 따라서 외적 자유가 위협받을 때 내면의 성채로 침잠할 것이 아니라 위협에 저항하며 외적 자유를 지키기 위해 말하고 행동해야 한다. 스토아 철학이 오늘날 우리에게 전하는 통찰은 다음과 같을 것이다.

자신의 삶을 좋은 삶으로 실천하는 일은 객관적으로 중요하다. 우리의 감각은 진리의 기준이 아니며, 이성적인 검토로 가치를 파악하고 삶의 중심을 잡아야 한다. 가치 없는 것에 지배되거나 휘둘림 없이 오롯이 가치를 구현하는 삶의 길을 가야 한다.

스토아 학파의 철학은 삶의 방향에 관해서 이야기한다. 반면 에피쿠로스 학파의 철학은 삶의 매 순간이 실천적인 힘으로 뒷받침되기 위해 필요한 일상의 목표에 관해 이야기한다. 두 고대 그리스 철학은 서로 보완하며 의미 있는 삶을 사는 법을 조언해 준다.

삶의 방향과 일상의 목표

한 인간의 삶이란 그 사람이 달성한 것의 합이 아니다. 우리는 실천자이자 참여자로서 삶을 살아간다. 실천이란, 계획하고 행동하며 삶의 서사를 만들어 가는 활동이다. 그러므로 실천은 과정이다. 우리는 과정을 경험할 때만 삶을 제대로 바라볼 수 있다.

과정으로서 삶에서 가치는 어떤 역할을 할까? 가치는 지금까지 해 오던 것과는 다른 실천을 선택하게 하는 이유가 된다. 가치는 과정 바깥의 실체로 존재하기도 하지만, 과정 자체에서 경험할 수도 있다. 그렇기 때문에 가치를 오직 과업의 결과로만 이해하고 그 결과를 목표로 인생을 살아야 한다는 생각은 오류이다.

독서라는 경험을 생각해 보자. 독서를 하고 나면, 몇 권을 읽었는지 기록이 생긴다. 독서에서 얻은 지식도 있다. 그러나 독서가 가져다주는 풍부한 과정 역시 존재한다. 가시적인 변화에만 집중하고 거기에 경쟁 심리와 속물 근성까지 덧붙으면, 독서는 의미 있는 경험과 오히려 멀어진다. 버트런드 러셀은 "독서에는 두 가지 동기가 있는데, 하나는 즐기려는 동기이고 또 하나는 자랑하려는 동기"라고 말했다. 자랑하려는 동기에서는 과정의 풍부함과, 거기서 얻는 진리와 아름다움의 체험은 생략되기 마련이다. "미국에서는 (…) 매달 몇 권의 책을 읽는 것(또는 읽는 척하는 것)이 유행처럼 되었다. 일부는 이 책들을 다 읽고, 일부는 첫 장만 읽고, 일부는 서평만을 읽을 뿐이지만, 어쨌든 그들은 이 책들을 책상 위에 쌓아 둔다. 그러나 그들은 오래된 걸작은 하나도 읽지 않는다."[33]

실천의 산물이 진정으로 가치 있는 것일 때도, 그 산물을 목표로 삼아 살아가는 일은 삶의 실천자로서 과정을 제대로 고려하지 않는 것이다. 진리는 가치 있는 것이다. 그러나 진리를 만드는 데만 몰두하는 삶은 좋은 방식이 아니다. 진리를 만들어 내는 데만 몰두하는 사람은 자신이 모르고 있는 것을 지나치게 의식하게 되고, 자신이 탐구를 계속할 수 있을지 노심초사하게 되며, 탐구의 산물이 진리가 아니면 어떻게 할지, 다른 사람이 진리로 인정하지 않으면 어떻게 할지 걱정하게 된다. 더구나 진리가 거짓과 독단에 억눌리는 현실에 절망하기도 한다. 입맛도 사라지고, 일이 무의미하게 느껴지고, 우울과 무기력에 시달리며 결국 진리를 탐구하는 능력이 줄어든다. 스스로의 능력에 대한 자신감도 떨어진다. 논리와 개념, 자료를 사유하는 즐거움이 사라지는 것이다.

진리는 인생의 방향을 이끄는 가치다. 따라서 결과물로서의 진리만을 목표로 삼아서는 안 된다. 과정으로서의 삶이란, 진리를 추구하고 탐구하는 일상을 반복하는 것이지, 일상에서 더 많은 진리를 의식적으로 목표로 삼고 경험을 수단화하는 것이 아니다.

이 책의 주제인 '인생의 의미'도 마찬가지다. 인생의 의미는 의미라는 산물을 극대화하는 것이 아니다. 매일 의미의 총량을 집계하기 시작하면, 역설적으로 인생에서 의미는 사라진다. 의미를 목표로 삼는 일상은, 의미를 구현할 능력을 축소한다. 왜냐하면 삶의 과정인 경험이 아니라 추상적인 목표에만 신경을 쓰기 때문이다. 언제나 의미만을 의식하고 산다면, 오히려 현실에 움츠러들어 한탄과 불평의 작은 보금자리를 파 놓고 웅얼거리기만 할지도 모른다.

삶의 방향과 일상의 목표는 다르다. 삶의 방향은 인생 전체의 흐름을 결정한다. 반면에 일상의 목표는, 매 순간의 구체적인 의식에 자리한다. 삶의 방향은 근본적인 가치를 기준으로 하고 장기적이고 추상적인 것이어야 하지만, 일상의 목표는 구체적이고 감각적인 것이어야 한다.

가치를 경험하는 감각

이따금 삶을 성찰해 본다는 말은 삶의 방향을 재조정한다는 뜻이다. 자신의 행위에 영향을 미치는 가치로 여겼던 것들이, 성찰의 결과 그렇지 않은 것으로 드러날 수 있다. '가치의 면도날'은 허공의 충동과 의무감을 생산하는 잘못된 세계관에서 비롯된 가치들을 구분하고 제거하도록 돕는다. 우리는 성찰을 통해 자신의 기질, 능력, 여건에 부합하는 기꺼운 방식을 파악하고, 그 결과 행위의 기준이 될 필요가 없는 걱정, 죄책감, 두려움을 떨칠 수 있다.

이렇게 가치를 중심으로 방향을 설정하고, 한 걸음 한 걸음 그 방향을 따라 삶을 진행해 간다면 삶의 매 순간은 가치를 경험하는 과정이 된다. 그리고 가치를 경험하는 과정을 기꺼운 일로 만드는 일상적인 힘은, 바로 가치를 경험하는 감각에서 나온다.

예를 들어, 먹는 행위는 가치 있다. 식사는 다른 모든 활동의 전제가 된다. 그런데 어떤 사람이 먹는 감각에 아무런 주의를 기울이지 않는다고 해 보자. 그에게 식사란, 영양을 섭취하기 위해서 물질을 몸에다 집어 넣는 행위다. 시간이 되면 허겁지겁 입안으로 음식을 넣고, 씹는 둥 마는 둥 하며 신문을 보거나 다른 사람들과 대화하는 데 열중하고, 식사가 끝나면 곧장 일로 돌아간다. 그러던 그가 이제 먹는 감각에 주의를 기울인다. 그의 일상에서 많은 것이 달라진다.

먼저 자신이 가진 예산으로 일상적으로 먹을 수 있는 맛있는 음식이 무엇인지 생각한다. 새로운 요리나 맛집이 있으면 놓치지 않고 시험한다. 다음 식사에 무엇을 먹을지 미리 생각해 보고, 내일은, 모레는 무엇을 먹을지 생각하며 맛을 떠올린다. 먹는 동안에는 충분히 맛을 느끼도록 조금씩, 천천히 잘 씹으면서 음미한다. 이제 그에게 식사는 즐거움이다. 재료를 제공한 자연, 음식을 마련해 준 모든 사람들에게 고마운 마음이 든다. 맛을 언어로 표현해 보기도 하고, 일기를 써 두기도 한다. 건강과 예산이라는 제약은 식사를 더 소중한 경험으로 만든다. 주의를 기울일수록 맛의 다양함과 풍부함을 깨닫고, 더 맛있게 먹을 수 있다. 식사의 기능은 영양분을 고르게 몸에 공급하는 것이다. 그러나 맛은 기능으로 환원되지 않는다. 맛은 우리가 가치 있는 경험을 하며 느끼는 감각의 차원에 있다.

어떤 분야에서 문제를 해결하기 위해 공부하는 것도 마찬가지다. 물론, 문제를 해결하고 타인과 공유하기 위해 쓴 글은 가치 있는 결과물이다. 그러나 그 결과물만이 가치 있고, 공부의 과정이나 경험 자체가 단순한 비용이거나 어쩔 수 없이 소모된 시간인 것은 전혀 아니다. 가치를 경험하는 감각은 다양하고 풍부하다. 자료를 찾고, 새로운 지식을 알고, 이전의 연구에 감탄하고, 나의 논리를 개선하고, 새로운 통찰에 이르고, 명료하게 표현하는 과정 모두가 가치를 경험하는 순간을 이루고 우리에게 독특한 감각을 선사한다.

삶의 방향이 가치 있다고 확신하게 되면, 자신이 하고 있는 활동의 감각에 더 주의를 기울일 수 있다. 자신의 활동이 가치에 반하는 것이라고 생각하거나, 가치에 관한 생각 없이 떠밀려서, 불안해서, 경멸당하지 않기 위해서 행위한다면 의식은 오로지 결과만을 목표로 삼는다. 가치를 경험하는 감각은 가치 있는 방향을 기꺼운 방식으로 따른다는 확신과 함께할 때, 풍부하고 또렷해진다.

빈약하고 희미한 감각은 우리의 마음이 배회할 때 생긴다. 마음이 먼 곳, 그러니까 행위가 완료된 뒤의 순간에 가 있는 경우에는 감각을 온전하게 느끼지 못한다. 밥을 먹으면서 업무 걱정을 하고, 운동을 하면서 살이 빠지지 않는다는 푸념으로 머릿속을 채운다. 글을 쓰면서 메신저 프로그램과 인터넷을 들락거리고, 책을 읽으면서 왜 자신이 외로운지를 생각한다.

마음이 배회하는 대표적인 현상이 바로 권태이다. "권태의 본질 중 하나는 현재의 상태와 보다 더 유쾌한 다른 상태—이러한 상태를 상상하는 것은 피할 수 없는 일이다—를 비교하는 데 있다. 또한 우리는 자신의 능력을 충분히 발휘하지 못할 때에도 권태를 느낀다."[34] 권태는 현재의 감각에 충분히 주의를 기울이지 않거나 주의를 기울일 만한 것이 없기 때문에, 다른 감각이 투입되기를 바라는 상태이다. 즉, 권태는 지금 주어지는 감각적 자극 이외의 다른 자극이 발생하기를 기대하면서 마음이 배회하는 상태이다. 하루를 살아가면서 여러 가지 활동을 하더라도 이렇게 늘 다른 자극에 마음이 가 있다면, 하루 종일 권태를 느낀다. 이 경우 삶이란 자신이 주도하여 이끄는 것이 아니라, 시간과 외부 환경에 억지로 떠밀려 가는 것이다. 활동의 산물이나 지금이 아닌 다른 자극에 의식을 기울이지 않고, 가치를 경험하는 지금의 감각을 느껴야 한다.

'현재에 충실하라.'라는 오래된 격언은, 이처럼 가치를 경험하는 감각에 주의를 기울이라는 뜻이다. 사람들은 흔히 현재만이 중요하다는 뜻으로 이 격언을 오해해서, 내일 죽음이 닥친다면 오늘 무엇을 할지를 생각하라고 조언한다. 과거는 지났고, 미래는 존재하지 않으므로, 현재만이 실재한다는 말장난이 이 조언의 근거이다. 그러나 과거는 우리가 만들어 온 인생의 서사로 현재에 실재하고, 미래는 서사를 이어 가기 위해 방향을 설정하는 현재와 뚜렷하게 관련이 있다. 영국의 철학자 앤서니 그레일링은 이 오해를 다음과 같이 지적했다. "계명의 문제점은 그것이 우리에게 소처럼 살라고 한다는 것이다. 쇼펜하우어가 지적했듯이, 소는 인간보다 행복하다. 모든 것을 잊고 아무것도 기대하지 않으며, 그래서 완전히 현재에 살고, 그야말로 완전히 어쩌다 자기 입에 있게 된 되새김질거리를 씹는 데 열중하기 때문이다."[35]

우리 대부분은 내일 죽을 것이 아니기 때문에, 내일 죽을 것처럼 행위하는 것은 어리석다. 합리적인 기대를 기초로 미래를 계획한다고 해서 현재에 충실하지 못할 이유는 없다. 미래에 대한 계획 아래 현재에 할 수 있는 가치 있는 일이 자리를 잡고, 활동에서 느끼는 감각 안에 온전히 있을 수 있기 때문이다.

마음이 배회하지 않도록 하는 요령

현대사회는 감각적 쾌락을 등한시하고, 행위의 결과만 고려하는 욕구와 만족이라는 개념을 사용한다. 그 결과 사람들은 삶이라는 그림을 공허하고 형식적인 물감과 붓으로 그려 나가고, 마음의 배회가 전염병처럼 만연해 있다. 언제나 무언가를 하지만, 마음은 그것을 하고 있지 않다. 늘 부산하지만, 머무르고 수행하지 않는다. 사람들은 언제나 무언가에 쫓기고 불안해하고 걱정함으로써, 걱정이 떠오르지 않는다면 일부러 걱정을 만들어 내어 마음의 평정을 깬다. 머릿속에서 불안과 걱정과 비하를 낳는 사고가 끊임없이 진행되면, 어떤 활동도 충실하게 음미할 수 없다. 마음의 배회는 삶을 살아가는 실제의 동력이 되는, 가치를 경험하는 감각에서 나오는 쾌락의 지반을 파괴한다. 그러므로 우리에게는 마음을 배회하지 않게 하는 몇 가지 요령이 필요하다. 이 요령들은 두 가지 범주로 나뉜다. 한 가지는 삶의 방향을 점검하면서 마음을 배회하게 하는 사고 자체를 면도질하고 정련하는 일이다. 다른 한 가지는 가치를 경험하는 감각을 풍부하게 만드는 보다 작은 요령들이다.

면도질과 정련

첫 번째 범주의 요령은, 면도질과 정련이 핵심이다. 그중에서 면도질은 가치로 정당화되지 않는 사고방식을 '가치의 면도날'로 잘라내고 버리는 일이다. 우리는 때때로 실존의 여건을 직시하지 않거나 가치가 아닌 것에 연연하여 휘둘린다. 마음이 크게 배회할 때는 이따금 배회를 불러오는 생각을 낱낱이 적어 정리할 필요가 있다. 이를테면 다른 사람들이 저지르는 어리석은 행동이 우리의 삶에서는 실존의 여건을 이루기도 한다. 그 점을 불평하느라 마음이 배회한다면, 실존의 여건을 직시하지 않는 것이다. 자리에 앉아 실존의 여건을 직시하고, 타인의 어리석은 모습을 마음에서 면도질해야 한다.

정련이란, 활동이 질서정연하고 리듬감 있게 진행되도록 틀을 잡는 일이다. 우리는 인생의 매 순간 순간에 할 수 있는 일을 하면 된다는 점을 반드시 유념해야 한다. 이 점이 마음을 정련하는 첫 번째 방법이다. 실제로 우리는 그 순간 할 수 있는 일 이상을 할 수 없다.

평생 먹을 밥의 양을 생각하면서, 그 밥을 언제 다 먹을 수 있을까 부담을 느끼고 한숨 쉴 필요가 없다. 지금 먹을 한 끼의 식사를 적당한 공복 상태에서 맛있게 먹으면 된다.

이런 리듬 속에서 매 순간 하고 있는 일에 집중할 수 있도록 노력하는 것이다. 즉, 먼 미래의 일, 가까운 미래의 일, 오늘 할 일, 다음 할 일을 생각하는 시간은 따로 두고 그 시간에 합리적으로 계획을 세우거나 조정한다. 그렇게 하고 나서 무언가를 실제로 하고 있을 때는 다시 떠올리지 않는다. 계획을 지금 다시 조정할 필요가 있다면 그 순간을 할 일을 고민하는 시간으로 정하고, 노트를 열어 직접 적으면서 계획을 조정하면 된다.

만일 걱정거리가 있다면 다음 순서를 따른다. "첫째, '일어날 수 있는 최악의 일이란 무엇인가?'를 묻는다. 둘째, 그것을 받아들일 마음의 준비를 한다. 셋째, 사태를 나은 방향으로 이끌기 위해 할 수 있는 일을 한다."[36] 사태를 나은 방향으로 이끌기 위해 할 수 있는 일을 결정할 때는 이렇게 한다. 조회하고 확인해서 사실을 파악하고, 실행할 수 있는 방안들을 적고, 그중 나은 것으로 판단한 것을 하기로 결정하고, 그것을 실행한다. 그리고 "실행을 했으면 책임과 걱정을 버린다."[37]

일상을 제대로 경험하기

마음을 배회하지 않게 하는 두 번째 범주의 요령에는 다음과 같은 것이 있다.

의식의 표적 옮기기

우리의 마음이 배회할 때, 일상을 제대로 경험하지 못하고 있다고 생각할 때는 다음 물음들을 던져 봄으로써 의식의 표적을 옮기는 데 도움을 받을 수 있다.

- 나는 지금 무엇을 하는가?
- 이 일은 어떤 절차들로 나뉘는가? 절차들을 순서대로 따르고 있는가?
- 각각의 절차에서 어떤 감각이 발생하는가? 그 감각들의 이름은 무엇인가?
- 지금 그 감각을 제대로 음미하고 있는가?

인간의 의식은 두뇌의 산물이다. 그러나 두뇌는 한 가지 명령에만 집중하는 체계가 아니다. 두뇌에 인간의 의식을 하나로 묶어 주는 기관 같은 것은 없다. 인간의 행위는 자극과 인출, 연결과 반응이 무수하게 조합된 결과물이다. 그래서 인간의 의식은 때때로 통합성을 잃고 배회한다. 이 질문들을 소리 내어 혹은 머릿속으로 던지고 답하면 의식을 묶는 데 효과가 있다.

만약 예기치 않은 사건이 일어나 마음이 배회한다면 다음 질문들이 도움이 된다.

- 나는 무엇을 하고 있었는가?
- 방금 발생한 일은 지금 하고 있는 일을 중단하고 대응할 가치가 있는 일인가?

- 그렇지 않다면, 방금 발생한 일이 지금 하고 있는 일에서 주의를 빼앗을 이유가 있는가?

만일 두 번째와 세 번째 질문에 '아니오'라고 대답한다면, 그 사건은 실존의 여건에 해당한다. 그 사건은 향후에 대응해야 하는 과제를 던질 수도 있고 그 점을 예상해서 적어 놓을 수도 있지만, 지금은 가치 있다고 판단한 일로 주의를 돌리는 것이 맞다. 만약 외부의 사건이 일상의 사소한 일이라면 해학적인 태도가 도움이 된다. 해학은 자신에게 속하지 않는 것의 경계를 다시 세워 주고, 그래서 거기에 마음을 휩쓸리지 않게 한다. 실존의 여건을 객관적인 시선으로 다시 돌아볼 수 있도록 돕는다.

활동을 구분하고, 각각의 활동에 의식적으로 반응하기

가치를 경험하는 감각은 단지 순간적인 감각뿐 아니라 전체 흐름에 대한 감각을 포함한다. 일이 잘 진행되어 나간다는 느낌은, 단순히 한 가지 감각에 그치는 것이 아니라 다른 감각을 더 충실히 느끼기 위한 전제이기도 하다. 활동을 하면서 감각에 주의를 기울이면, 각각의 활동이 자연스럽게 구분된다. 활동에서 활동으로 넘어가는 일은, 의미 있는 방향으로 한 발 나아갔다는 뜻이다. 그러면 가치 있는 활동 한 가지가 성공했다는 점을 스스로에게 알리는 것이 좋다. 그 결과 다음 활동으로 매끄럽게 넘어가는 데 도움이 된다. 혼잣말을 하면서 스스로를 칭찬해도 좋고, 완료한 활동을 수첩에서 사선으로 그어도 좋다. 가치를 경험하는 흐름이 리듬을 타도록 하는 것이 중요하다. 활동을 나누고 활동에서 활동으로 넘어가는 방식은 리듬을 능동적으로 만들어 낸다.

신체에 주의를 기울이기

가치를 경험하는 흐름이 리듬을 타려면, 신체가 편안하고 자연스러워야 한다. 힘든 자세로 앉아 있다면 신체에서 생기는 불편이 감각에 주의를 온전히 집중하지 못하도록 만든다. 사실은 몸의 불편에서 시작된 마음의 배회가 다른 생각으로 뻗쳐 나간다. 잘못된 자세로 걸으면 걷는 일이 힘들어진다. 잘못된 높이로 작업대를 올려 놓고 일하면 그 일에서 빨리 벗어나고 싶어진다. 신체가 가장 자연스럽고 편하게 리듬을 타는 여건을 만들 수 있다면, 그런 여건을 만들고 활동을 해야 한다. 활동을 할 때면, 몸을 움직이면서 가장 편한 자세로 몸을 조정한다. 좋은 자세는 활동을 하면서 시간이 어느 정도 지나도 힘들지 않은 자세이다. 한편 한 가지 자세를 경직되게 유지하는 대신, 같은 자세라도 느슨하게 몸을 움직여 주면 불필요한 긴장이 풀린다. 금세 하기 쉬운 자세라고 해서 좋은 자세가 아니다. 그것은 습관적인 자세일 뿐이다. 지금 내 자세가 어떠한지 이따금 생각해 보면 습관을 따라 불편한 자세를 취하지 않고 마음이 방황하지 않는 데 도움이 된다.

자세가 바르면 감각을 즐길 수 있다. 종이 위에 펜으로 글씨를 써 나가는 일, 경쾌하게 타이핑하는 일, 따뜻한 물로 샤워를 하며 피부의 감각에 집중하는 일, 순서를 따라 양치질을 하며 치약의 상쾌함을 느끼는 일, 운동을 하면서 근육의 미세한 부담과 능숙해짐을 느끼는 일, 풀 향기와 땅의 단단함을 느끼며 산책하는 일, 누운 채로 이불의 보드라운 감촉을 느끼는 일 등은 모두 좋은 자세를 갖추고 감각에 주의를 기울이면 일상에서 선명하게 즐길 수 있는 것들이다.

스트레칭과 마사지

이 두 가지 행위는 신체적인 감각을 또렷하게 해 준다. 얼굴을 손가락 끝으로 고르게 두드린다. 얼굴을 두 손으로 감싸고 온기를 느끼면서 부드럽게 비빈다. 허벅지의 바깥쪽과 안쪽을 번갈아 손바닥으로 문지른다. 옆구리를 주무르고 허리 중앙의 척추 부분도 손끝으로 누른다. 어깨를 턴다. 목을 둥글게 돌린다. 팔을 앞으로 뻗고 등을 편다. 만약 무언가를 생각하고 있었다면, 사고의 끈을 놓지 않고도 이렇게 몸을 보살필 수 있다.

산책하기

칸트, 쇼펜하우어, 루소, 아인슈타인, 괴델은 모두 산책을 즐겼다. 산책은 번잡한 생각들을 정리하는 데 도움이 된다. 몸을 적당히 움직일 때 두뇌는 더 명석하게 사고하며, 불안과 두려움 같은 감정들은 움직임에 의해 적절하게 분출된다. 산책은 특히 창의적인 사고를 할 때 좋다. 문제를 해결하는 실마리를 떠올리거나, 실마리를 잡아 큰 줄기의 해결 방식을 생각할 때 좋다. 걸을 때는 가능하다면 운동화를 신는다. 발뒤꿈치부터 자연스럽게 닿게 하고 그다음 차례로 발 안쪽과 엄지발가락에 힘이 적당히 실리도록 하면서, 허벅지의 힘도 사용해서 자연스러운 속도로 리듬감 있게 걷는다. 터벅터벅 걷거나 발을 질질 차면서 걸으면 리듬이 사라진다. 주위의 풍경을 세밀하게 보기도 하고, 사람들도 구경한다. 나뭇잎이 흔들리는 모습도, 잡초가 나 있는 모습도 본다. 좋은 생각이 나면 수첩이나 휴대전화에 그때그

때 간략하게 기록한다.

눈 감기

눈을 감고 있어도 우리의 몸과 마음은 회복된다. 현대는 눈을 혹사하는 시대이다. 전자파가 나오는 모니터와 스마트폰 화면을 하루 종일 들여다볼 뿐만 아니라, 도시에 사는 사람들은 거리와 지하철에서 화려한 색의 인공물과 강렬한 조명을 바라본다. 눈을 혹사하면 안압이 높아지고, 어지러운 느낌이 생기며, 쉴 새 없이 들어오는 정보로 마음이 산란해진다. 언제 눈을 감는 게 좋을까? 앉아서 무언가를 기다릴 때가 눈 감기 좋은 시간이다. 음식점에서 음식을 주문하고 기다릴 때, 지하철역 의자에 앉아 지하철을 기다릴 때, 무언가를 클릭하고 화면이 움직이기를 기다릴 때 자주 눈을 감아 보면, 감각을 더 주의 깊게 느낄 수 있다. 능동적으로 일을 할 때도 눈 감기가 리듬에 도움이 된다. 하고 있는 일의 구조와 흐름을 좀 더 분명하게 느낄 수 있기 때문이다. 책을 읽을 때, 외국어를 공부할 때, 아이디어를 노트에 쓰고 그릴 때, 컴퓨터로 글을 쓸 때, 눈을 감고 손끝에 느껴지는 감각을 음미하면서 사유하면 지금 하고 있는 일이 주는 감각을 훨씬 더 분명하게 자각하고 리듬을 탈 수 있다.

활동의 경계와 단위 부여하기

자신이 가치 있는 방향을 따르고 있다는 확신을 가지고, 마음이 평온하면, 경험하는 많은 감각들이 쾌락의 자격을 획득한다. 정작 일상에서 감각을 쾌락으로 충실하게 느끼지 못하는 이유는, 리듬을 타지 못하기 때문이다. 사람들은 하나의 과제에서 다른 과제로 나아가거나 하나의 과제를 다 끝내기도 전에, 의도치 않은 상태에 빠져든다. 이런 습관을 개선하는 데 '단위' 설정이 도움이 된다. 활동에 시간 단위를 매기는 것이다.

적합한 단위는 15분(쿼터)이다. 영화 『어바웃 어 보이』에서 백수 윌 프리먼(휴 그랜트 분)의 일상이 모범적인 예이다. 대부분의 사람들은 윌 프리먼처럼 부모에게 적당한 재산을 물려받으면 허무에 빠지기 쉽다. 하지만 그는 자신의 삶을 매우 체계적으로 조직하고 활동 하나하나를 깊이 경험한다. 그 비결은 바로 하루를 쿼터 단위로 나누는 것이다. 미용실에 가서 머리 손질을 하는 데는 4쿼터가 소요된다. 아름다운 여인과 맛있는 저녁 식사를 하는 데는 8쿼터가, 산책을 하고 벤치에 앉는 데는 3쿼터가 쓰이는 식이다.

시간 단위는 그가 지금 어떤 가치를 경험하고 어떤 감각을 느끼는지 뚜렷하게 의식하게 해 준다. 사람의 집중력이 한 번에 통상 9~11분 정도 유지되므로, 15분은 적정한 시간 단위이다. 15분 안에 행위를 매듭지어야 하기 때문에, 의도치 않은 상태에 빠지더라도 곧 그 상태에서 빠져나올 경계선이 있다. 오래 걸리는 일도 15분을 단위로 해서 여러 개의 일로 나누면 15분마다 일을 마무리하면서 보다 뚜렷하게 감각을 느낄 수 있다. 물론 쉼 없이 집중하고 있는 동안에는 일부러 15분을 생각할 필요는 없다. 그러나 마음이 배회하는 경우에는 큰 도움이 된다. '이번 15분에는 어떤 경험을 할까? 그것의 감각은 무엇인가? 나는 그 감각을 온전히 느낄 수 있는 자세를 갖추었는가?'라고 묻는 것이다.

천천히 리듬을 타면서 행동하기

가치를 경험하는 감각을 뚜렷하고 풍부하게 하는 또 다른 요령은, 급하고 각지게 행동하지 않고 천천히 리듬감 있게 행동하기다. 옷을 입을 때도, 신발 끈을 맬 때도, 일어설 때도, 걸을 때도, 샤워를 할 때도, 양치질을 할 때도, 자연스러운 리듬으로 천천히 주의 깊게 움직인다. 이어폰을 주머니에서 꺼내 엉킨 줄을 풀 때를 상기해 보라. 이때 줄이 엉킨 모양을 주의 깊게 보면서 천천히 풀면, 퍼즐을 풀 듯 약간의 재미를 느끼면서 금방 풀 수 있다. 반대로 급하게 당기면서 주의를 기울이지 않으면 제대로 풀리지도 않을 뿐더러 화가 날 수도 있다.

리듬을 타고 천천히 행동하면 부상의 위험과 짜증을 줄이고, 활동의 감각을 더 뚜렷하게 느끼며, 활동에서 활동으로 넘어가기가 수월해진다. 천천히 움직이면 늘 움직이고 있기가 쉽다. 늘 움직이면서 가치 있는 활동을 꾸준히 하고 있으면, 마음의 평정이 더 쉽게 찾아온다. 그럴수록 감각은 더 또렷하고 풍부해진다.

실천하는 사람으로서 인생의 가치를 파악하고 삶의 방향을 정한 뒤 정신을 면도질하고 정련함과 아울러 감각에 주의를 기울이는 작은 요령들을 꾸준히 활용한다면, 가치를 경험하는 여정을 쾌락을 동력 삼아 원활하게 진행할 수 있을 것이다.

16장

속물 세계관의

파산

독미나리 사고 실험

쇼펜하우어는 생의 의지를 논의하며 다음과 같은 이야기를 언급했다.

> 마실리아와 케오스 섬에서는 시장이 생을 버릴 만한 설득력 있는
> 근거를 제시할 수 있는 자에게 독미나리를 공공연하게 건네주었
> 다.[1]

독미나리는 고통 없이 삶을 끝낼 수 있는 수단을 상징한다. '생
을 버릴 만한 설득력 있는 근거'란, 다른 말로 표현하면 살아갈 가치
가 없다는 사정이다. 독미나리 이야기는 인생의 가치에 관한 관점을
검토하는 데 유용하다. 어떤 관점을 따랐을 때 자신이 삶을 살아갈
가치가 없다는 결론이 나온다면, 그는 독미나리를 먹을 근거가 생긴

것이다.

독미나리 이야기를 속물 근성의 세계관에 적용해 보자. 많은 사람들이 이 세계관을 따라 살아가고 있고, 거기서 비롯되는 고통과 만족은 분명히 실재한다. 속물 근성의 세계관은 허공의 것이 아니라 근거 있는 관점일 수도 있다. 앞서 설명했듯이 속물이란 '세상 사람들은 여러 종류의 위계 속에 등급별로 놓이고, 위계에서 차지하는 위치가 그 사람의 본질적 가치를 결정한다.'고 보는 사람이다. 속물의 세계관에서는 돈이 많다면, 외모가 뛰어나다면, 사회적 지위가 높다면, 권력이 강하다면, 그 사람은 그만큼 더 나은 사람이다. 반대로 외모가 못하다면, 사회적 지위가 낮다면, 권력이 약하다면 그 사람은 그만큼 초라한 사람이다.

모든 사람들이 속물 근성의 세계관을 따르는 가상의 도시가 있다. 이 도시에서 독미나리 제도가 시행되었다. 돈, 외모, 사회적 지위, 권력, 명예 등을 가장 적게 가져서 가장 초라한 위치에 있는 시민이 도시의 시장을 찾았다. 시장은 물었다. "어찌하여 독미나리를 원하는 것입니까?"

시민이 답했다. "저는 가장 초라한 위치에 있는 사람입니다. 가치란 남들보다 더 나은 부분을 가지고, 발휘하고, 뽐내는 데서 나옵니다. 그러지 못하면 쓰레기나 다름없습니다. 저는 가치가 영인 사람입니다. 삶의 가치가 영이라는 것은, 삶을 살아갈 가치가 없다는 것입니다."

시장은 수긍했다. "안타깝군요. 나머지 모든 사람들은 그래도 자기보다 못한 사람이 있어서 그 사람을 경멸하고 비웃으며 삶의 의미를 찾을 수 있는데, 당신에게는 남들에게 뽐낼 만한 것이 하나도 없군요. 당신의 논변은 타당합니다. 독미나리를 드리겠습니다." 시민은 독미나리를 먹고 죽었다.

다음 날, 또 다른 시민이 시장을 찾았다. 어제까지만 해도 자신의 삶은 가치 있었는데, 가장 초라한 시민이 죽는 바람에 자신보다 못한 비교 대상이 한 사람도 없게 되었다고 했다. 이 사회의 모든 사람이 자기보다 낫다고도 했다. 시장은 어제 죽은 시민의 논변이 이 시민에게도 타당함을 확인했다. 그는 독미나리를 주었다. 시민은 독미나리를 먹고 죽었다. 그다음, 그다음, 그다음 시민이 시장을 찾았고 독미나리를 받아 냈다. 마침내 시장 이외에는 도시에 남은 마지막 시민이 시장을 찾았다.

시장이 물었다. "당신은 모든 부귀영화를 누린 데다 젊고, 잘생기고, 무엇 하나 남부러울 것이 없습니다. 그런데 어찌하여 독미나리를 원하는 것입니까?"

시민이 답했다. "시장님, 이제 이 시에는 당신과 나밖에 남지 않았습니다. 부귀영화, 젊음과 외모, 학력에서 당신과 저는 동등합니다. 그런데 당신은 시장이라 저보다 큰 권력을 가지고 있습니다. 이제 더 이상 제 삶에 가치는 없습니다."

시민은 시장이 논박할 수 없다는 사실을 알았기에 곧바로 독미나리를 챙기려고 했다. 그러나 시장은 독미나리를 손에 쥐고 주려고 하지 않았다.

"시장님 왜 이러십니까? 제 삶이 살 가치가 없다는 것은 논증되지 않았습니까? 당신은 저에게 독미나리를 주어야 합니다."

그러자 시장이 다급하게 말했다. "당신이 이 독미나리를 먹고 죽으면 나는 어떻게 된단 말입니까? 나는 당신보다 큰 권력을 가져서 당신에게 권력을 행사하는 보람으로만 살 수 있습니다. 당신이 죽어서 권력을 행사하지 못하고 뽐내지 못하면, 내 삶은 가치가 없어집니다. 당신이 이 독미나리를 먹는다는 것은 나보고 죽으라는 말입니다."

시민이 답했다. "시장님, 그건 당신의 사정입니다. 제 삶은 제 것이고, 제가 사는 것이지, 당신이 사는 것이 아닙니다. 저에게 당신이 뽐내고 경멸하고 비웃을 사람이 있어야 한다는 이유로 계속 살아가라고 요구하는 것은 저를 단지 수단으로 다루는 것입니다. 저를 당신의 삶을 유지하기 위한 도구로, 일종의 노예로 쓰는 것입니다. 저는 저의 자유의지로, 모든 시민이 따르는 법칙에 따라, 삶의 가치가 없다고 판명된 제 삶을 끝내기 위해, 독미나리를 청구합니다. 그리고 당신과 나의 관계가 시장과 시민의 관계인 이상, 당신은 도시의 법에 불복종하여 권한을 남용할 수 없습니다. 독미나리 제공을 거부하는 것은 시장의 재량을 일탈한 위법 행위입니다."

시장은 말없이 독미나리를 시민에게 건네주었다. 시민은 독미나리를 먹고 편안하게 죽었다.

이제 시장은 마지막 남은 독미나리를 들고 사유를 시작했다. 그의 주위에는 삶의 가치가 위계에서 차지하는 위치에 따라 규정된다고 자동 발화하는 사람은 아무도 남지 않았다. 그리하여 그는 생애 최초로 삶의 가치가 무엇인지 생각하기 시작했다. 그가 자신의 삶이 가치 없다고 결론 내리는 것은 필연적인가? 그 결론은 단지 독단으로 제시된 세계관을 전제로 할 때만 성립할 뿐이다. 그 세계관은 무엇에 근거하고 있는가? 삶의 구조 자체에 근거한 것일 수는 없다. 왜냐하면 속물 근성의 세계관을 받아들이자 시민들이 전멸했기 때문이다. 그렇다면 속물 근성의 세계관은 삶의 구조 바깥에서 허황되게, 허공에서 규정된 것이다. 논리적으로 모든 사람들의 삶을 종결시키는 결론을 도출하는 세계관은 삶의 참여자로서 받아들일 수 없다. 그 세계관은 삶을 사는 것과 수행적으로 모순되는 관념이다. 애초에 그 관념을 따를 이유가 없는 것이다. 어느 시민도 죽을 필요가 없었으며, 아니 그전에, 시민들이 서로를 깔보고 경멸하고 주눅들 필요가 전혀 없었다.

"우리 모두는 삶을 낭비했구나."

시장은 독미나리를 버리고 도시 밖을 향해 걷기 시작했다.

속물 근성을 거부하면 실패자일까

현실의 질서가 떠미는 대로 몸과 정신을 내맡기지 않는 사람들조차, 끊임없이 가치에 관한 사유를 위협하는 자동 발화 기계들에 둘러싸인다. 출세하려고 하지 않고, 돈에 욕심이 없고, 권력을 얻어 타인을 휘두르는 데 관심이 없는 사람에게 다음과 같은 조롱과 비난이 쏟아진다.

"당신이 경쟁에서 실패했기 때문에 그러는 것 아닙니까?"

"당신이 남보다 잘난 점이 없으니까 자기가 못났다는 사실을 숨기려고 정신승리하는 겁니다."

이런 조롱은 상당히 파괴적인 효과가 있다. 왜냐하면 이 발화들이 삶의 가치를 체계적으로 사유할 수 있는 언어를 교묘히 빼앗기때문이다. 이 발화들은 애초에 경쟁, 현실, 잘남과 못남 등으로 포착

되지 않는 가치를 의미의 영역에서 배제한다. 따라서 속물 근성의 세계관을 부인하는 사람들을 세계관 안에 억지로 잡아당기고 우겨 넣어 규정하고 평가한다. 현재의 지배적인 위계 구조 바깥의 가치는 존재하지 않는다며 사유의 협소함을 강요한다. 그러나 그들의 강요는 근거가 없다.

저글링^{juggling}은 여러 개의 공을 던지면서 떨어뜨리지 않는 곡예이다. 아래에서 소개할 사회는 모든 사람을 저글링 솜씨로 등급 매기고, 그 등급으로 사람의 가치를 규정한다. 이 사회에 살고 있는 철수와 영철이 논쟁한다. 철수는 사회의 가치 질서를 완전히 받아들이고, 영철은 삶의 방향을 다른 데서 찾고자 한다. 영철이 철수에게 말한다.

영철: 나는 저글링에 인생을 쏟는 것이 그만큼 가치 있는 일이라고 생각하지 않아. 저글링 말고도 할 일은 많아. 그리고 인생의 가치가 저글링을 얼마나 잘하는지로 결정된다고도 생각하지 않아.

철수: 그건 네가 저글링을 못하니까 합리화하고 정신승리하는 거야. 네 삶은 저글링을 못하는 만큼 무가치한 것이 확실해.

영철: 내가 저글링을 잘하지 못하고, 저글링에 의욕이 없다는 사실도 인정해. 하지만 어째서 저글링이 내 인생의 가치를 규정하는 거지?

철수: 저글링을 잘하면 사회에서 인정받는다는 거 몰라?

영철: 물론 우리 사회는 저글링 솜씨로 사람들을 우대하기도 하고 홀대하기도 해. 그러나 그 사실이 왜 내 인생의 가치를 규정하는 거지? 과거에 우리 사회는 양반을 우대하고 평민과 천민을 홀대했어.

그러나 그 사실이 사람들의 인생의 가치를 규정하지는 않아. 사회의 질서에 힘이 있다는 점은 인정해. 그러나 그 사실이 그 자체로 가치를 보증하지는 않아. 오히려 저글링을 못한다고 해서 사람을 홀대하는 것이 가치를 위협하는 행위 같아 보여.

철수: 사람은 혼자 살 수 없어. 사회 속에서 살아가는 거야. 네 멋대로 가치를 규정할 수는 없어.

영철: 맞는 말이야. 그러나 '사회'라는 말로 어떤 공동체를 가정한다 해도, 그건 의미 없는 이름 붙이기일 뿐이야. 왜냐하면 저글링에 따른 가치 질서를 받아들이는 너나, 그것을 거부하는 나나, 모두 그 사회에 속하기 때문이야. 따라서 어느 한쪽을 배제하는 의미에서 '사회'라는 말을 사용하고는 곧바로 배제되지 않은 쪽의 가치가 근거 있다고 주장하는 건 오류야.

철수: 그렇다고 해도 네가 저글링 경쟁에서 실패한 사람이라는 사실이 바뀌지는 않아! 너 자신을 속일 생각 하지 마.

영철: 아니, 나는 기꺼이 내가 저글링을 못한다는 사실을 인정하고 거기에 반박할 생각은 없어. 그래서 나를 '저글링을 못하는 사람'이라고 규정해도 이의 없어. 내가 하고 싶은 말은, 그 사실은 내가 어떻게 살 것인가의 이유가 되지 못한다는 거야. 만약 어떤 사람이 사회의 평균적인 수준보다 테니스를 못 친다면, 그 사람의 삶은 그만큼 가치 없는 것일까? 이 주장이 논리적으로 타당할까?

철수: 아니, 그렇지 않아. 나는 테니스를 잘 치지 못하지만 그 사실이 내 삶의 가치를 결정하진 않지.

영철: 저글링도 마찬가지야.

철수: 아냐. 테니스는 삶에서 사소한 분야이지만, 저글링은 달라.

저글링은 테니스와 비교할 수 없는 중요한 분야야.

영철: 아까 말했듯이, 우리 사회에서 저글링이 테니스보다 중요하게 여겨진다는 사실은 인정해. 나는 지금 저글링이 내 삶의 의미와 가치를 결정하지 못한다고 말하면서, 우리 사회의 많은 사람들의 심리적 태도를 사실로 확인해서 보고하는 게 아니야. 네가 보고 있는 현실을 나도 그대로 보고 있어. 무엇이 사실인지가 문제라면, 그 점에서 너와 나 사이에 견해 차이는 없어. 우리의 견해 차이는 사실이 아니라 가치야. 나는 사회의 중요성을 그대로 받아들이지 않고, 근본을 좀 더 파고들었을 뿐이야. 무언가가 중요하고 가치 있다면, 그것은 쾌락을 증대하고, 고통을 줄이고, 진리와 아름다움을 증진하고, 접촉하고 소통하며 애착과 유대를 형성하고, 사람들 사이의 관계를 평등하고 자유롭게 만들기 때문이야. 만일 저글링이 이 일들에 기여한다면 그만큼의 수단적 가치를 가질 뿐이야. 저글링 솜씨가 인간 자체를 규정하는 근본적인 가치일 수는 없어. 네가 계속 저글링의 관점에서 저글링 이외의 가치를 평가하는 건, 일부러 근본적인 분석을 하지 않기 때문이야. 네 논리는 저글링의 '순환 논리'야.

철수: 아니, 나는 이해를 못 하겠어. 나는 저글링이 삶의 전부라고 하지는 않았어. 중요하다고만 했지. 삶의 가치는 삶에서 얻는 점수로 결정돼. 저글링은 배점이 가장 높은 항목이야. 외모와 테니스도 결정적이진 않지만 어느 정도 중요성을 갖고 있어. 테니스가 사소하다는 말은 배점이 좀 낮다는 뜻이었어. 모든 항목에서 배점이 높다면 가장 좋겠지만, 그렇지 않다면 배점이 높은 중요한 항목, 그러니까 저글링을 잘해야 좋은 인생이 돼.

영철: 네가 말하는 '심사관'은 무슨 근거로 그렇게 점수를 매기는 거야? 어떤 기준으로 점수를 매기느냐에 따라 심사관의 관점은 무수히 달라질 수 있어. 그중에서 한 가지 관점을 내가 수용해야 할 이유가 있어?

철수: 너와 내가 살고 있는 사회의 다수가 선택한 지배적인 관점이 바로 네가 수용해야 할 심사관의 관점이야.

영철: 넌 내 말을 오해하고 있어. '수용해야 한다'는 말은 규범적인 단어야. 사회의 다수가 선택한 질서나 관점이 무엇인지 단순히 관찰하고 기술하는 것과는 달라. 그 질서를 타당한 것으로 받아들인다는 가치 판단을 포함하는 거지. 그런데 삶의 행위에 점수를 매기는 관점은, 삶을 살아가는 입장이 아니라 삶 바깥에 있는 입장에서 제시된 거야. 예를 들어 볼게. 우리에겐 날개가 없어. 그런데 등에 있는 날개로 잘 나는 일이 인생의 중요한 항목이라는 주장을 수용하는 건, 네 삶에서 어떤 의미가 될까?

철수: 음, 내 삶이 그만큼 나쁜 삶이라는 의미가 되겠지.

영철: 네가 어떻게 살아야 하는지가 그 주장에서 도출돼?

철수: 아니겠지. 만일 등에 있는 날개로 잘 나는 일이 중요하다는 주장을 사회의 다수가 수용한다면, 나는 그냥 낮은 점수로 비참하게 지내겠지.

영철: 네가 더 할 수 있는 일도 없을 거야. 삶의 주인으로서 어떤 가치를 인생의 방향으로 수용한다는 말은, 실천적인 의의가 있어야 해. 인생에 참여하는 사람의 입장에서 독자적인 이유의 힘이 있어야 해. 사람마다 기준이 달라지는 심사관의 관점은 삶 바깥에 있는 상상의 관찰자의 관점일 뿐이야. 우리가 그 관점을 선택할 이유는

아무것도 없어. 왜냐하면 그 관점은, 무엇이 나 자신의 성공적인 인생인지 대답해 주면서 하루하루 실천하고 살아나가는 일에 아무 도움이 되지 않기 때문이야.

쇼펜하우어는 "흑인은 검다. 그러나 이만 놓고 보면 하얗다. 그러므로 흑인은 검으면서 동시에 검지 않다."는 주장을 예로 제시하면서, 이 주장에 "진지하게 속아 넘어갈 사람은 없다."고 말했다.[2] '심사관'의 관점에서 속물 근성의 세계관을 주장하는 사람은 이것과 같은 오류를 범하게 된다. 에픽테토스는 이미 오래전에 다음과 같은 점을 지적했다.

> 다음의 이 진술들은 타당하지 않다. '나는 너보다 더 부자다. 그래서 나는 너보다 더 낫다.', '나는 너보다 더 말을 잘한다. 그래서 나는 너보다 더 낫다.'
> 이 진술들은 더 타당하다. '나는 너보다 더 부자다. 그래서 내 재산이 너의 것보다 더 낫다.', '나는 너보다 더 말을 잘한다. 그래서 내 웅변이 너의 것보다 더 낫다.'
> 그러나 너는 재산도 웅변도 아니다.[3]

그럼에도 불구하고 사람들은 학력, 외모, 명예, 권력, 부를 기준으로 등급을 매기고, 그 등급으로 타인을 평가한다. 이것은 논리적으로 오류이다. 사람의 어떤 속성은, 같은 종류의 속성 사이에서 비교되고 평가될 수 있다. 그러나 사람이 가진 속성을 모두 합해도 그 사람 자체를 포괄하지 못한다. 왜냐하면 사람은 스스로 가치를 구현하고 경험하는 존재이기 때문이다.

가치에 뿌리박지 않고 그저 부유하는 언어들이 오히려 가치를 지닌 듯이 의미를 납치한다. 이런 현상은 언어의 혼동에서 비롯된 심리적인 착각이다. 여기에 대응하는 방법은 가치에 뿌리박고 있는 언어를 사용하여, 누군가 어떤 것을 가치로 주장할 때 그 아래에 있는 가치는 무엇인지 묻는 것이다. 속물 근성의 세계관은 이 물음에 끝까지 견뎌 낼 수 없다. 속물 근성의 세계관은 수행적으로 모순이며 논리적으로도 오류인, 실천적으로 파산할 수밖에 없는 세계관이다.

17장

자유인을 위한

나침반

자기 자신에 대한 이해와 감각

자유인은 삶의 의미를 구성하는 가치를 이성으로 그리고 공적으로 공유될 수 있는 언어로 이해하고 따른다. 또한 가치 없는 것 때문에 가치 있는 것을 포기하여 삶을 낭비하는 일을 좌시하지도 않는다. 자유인은 함부로 후견인을 자처하는 사람들에게 자신의 삶에 관한 판단을 내맡기지 않고,[1] 타인의 판단을 찬탈하려고도 하지 않는다. 동등하고 자유로운 존재로서 접촉하고 소통하는 동료 인간의 권리를 존중하고, 이를 위해 정치적 책임을 다하고자 한다. 자유인으로서 삶의 방향이 자동 발화하는 자칭 후견인들의 자극과, 타인의 삶을 찬탈하고자 하는 유혹에 흔들리지 않으려면, 자기 자신에 대한 일관된 이해와 감각이 필요하다. 그렇다면 자유인은 자기 자신을 어떤 감정으로 대하고, 어떤 감정을 삶의 토대로 삼아야 하는가?

자신감

자신감自信感, self-confidence은 자기를 신뢰하는 감정이다. 신뢰에는 신뢰의 대상과 항목이 있다. 우리는 외과 수술 실력이 뛰어난 외과 의사(대상)를, 외과 수술(항목)에 대해서 신뢰한다. 내가 만일 외과 의사라면, 외과 수술에 대해서 나 스스로를 신뢰한다. 그러나 외과 의사가 러시아어를 배운 적이 없다면 그의 러시아어 실력에 대해서 신뢰하지 않을 것이다. 내가 그 외과 의사라면, 나는 러시아어에 대해서 자신감을 갖지 않을 것이다.

따라서 자신감은 어떤 활동에 대해서 스스로가 예상한 목표를 이룰 수 있다는 신뢰를 의미한다. 만일 그 활동을 많이 연습했다면 그만큼 신뢰도는 높아질 것이다. 또 그 활동을 연습이 아니라 실제로 수행하여 성과를 냈다면 그만큼 신뢰도는 높아질 것이다. 그래서 수영 연습을 많이 해서 좋은 결과를 안정적으로 내는 수영 선수는 경기에 임할 때 자신감을 가질 것이다. 우승 경험이 많은 수영 선수도 자신감을 가질 것이다. 물론 미래의 일은 알 수 없다. 많이 연습하고 좋은 성과를 내 왔다고 해도 이번에는 성과를 내지 못할 수도 있다. 그러나 그럴 확률은 낮다. 따라서 연습한 만큼, 좋은 결과를 낸 만큼 스스로를 신뢰하는 감정인 자신감은, 비합리적인 두려움을 막고 자신이 잘하는 일을 해 나가는 데 도움이 된다.

꼭 구체적인 기능에 뛰어나지 않을 때도 자신감을 가질 수 있다. 구조가 유사한 일이라면 그렇다. 만일 프랑스어를 짧은 시간에 성공적으로 익혔다면, 같은 방법으로 독일어도 짧은 시간에 익힌다고 자신할 수 있다. 또는 어떤 시험에 합격하기 위해 하루 12시간씩 집중해야 하는데, 자신이 그만한 시간 동안 집중하는 데 어려움이 없었고 집중하는 요령도 잘 알고 있다면 시험에 자신감을 가질 것이다.

자신감은 그래서 내가 당연히 성과를 낼 것이라는 믿음이 아니라, 성과를 내기 위해 필수적인 행위를 중간에 포기하거나 그르치지 않고 대체로 잘 해낼 것이라는 믿음이다. 자신감은 성과에 대한 믿음이 아니라 행위의 질에 대한 믿음이다. 자신감과 관련한 모든 사항들은 자유인들 사이의 평등한 관계에 어긋나지 않는다.

자신감에는 객관적인 기준이 있다. 자전거로 한강 다리를 몇 번 건넌 적 있는 사람이 철인 경기에 도전해서 우승할 수 있다고 생각한다면 그는 망상을 하고 있는 것이다. 자신이 예전과 같은 컨디션이 아닌데 같은 결과를 낼 수 있다고 생각하는 경우도 마찬가지다. 객관적으로 같은 정도의 행위를 할 수 없음에도 할 수 있다고 생각하는 것이다.

객관적인 기준을 넘어서 스스로에게 신뢰를 부여하는 마음을 자만심自慢心, self-conceit이라고 한다. 자만심은 객관적으로 기대할 수 없는 성과를 스스로에게 보증하는 마음이다. 자만심이 겉으로 드러날 때 오만함이 된다.

자만심은, 미래에 대한 객관적인 예측과 그에 대한 대비를 소홀하게 만들기 때문에 적절하지 않은 감정이다. 자만심을 가진 사람은 스스로를 속이고 있다. 어떤 사람이 자유롭게 행위했다고 볼 수 있으려면, 행위의 전제가 되는 지식이 사실이어야 한다. 예를 들어 상대방이 토지 소유자가 아닌데 토지 소유자로 속아서 토지를 샀다면, 그는 자유를 침해당한 것이다. 마찬가지로 자만심을 가진 사람은 연습과 성과가 더 필요한데도 필요하지 않다고 자신을 착각하게 만들어서, 스스로 자유의 조건을 훼손한다. 따라서 자만심은 자유인에게 적절하지 않다.

자신에 대한 신뢰가 적정 수준에 해당할 때, 자신감을 갖고 있다고 할 수 있다. 불확실성을 염두에 두지 않은 채 성과를 확신하거나, 연습과 경험, 지식이 부족한데도 행위의 질을 확신할 때 자신에 대한 신뢰는 자만심이 된다.

스스로 충분히 수행할 수 있는 것에 대해서 스스로를 신뢰하지 않을 때는 '자신감 부족'이라고 할 수 있다. 자신감 부족은 보통 비교적 새로운 과제에 부딪혔을 때나 시간이 촉박할 때 생긴다. 따라서 자신감 부족을 해결하는 방법은 다음과 같다. 첫째, 누구도 일의 성과를 무조건 보증할 수 없다는 사실을 염두에 두고, 마음을 비운다. 둘째, 자신이 해 왔던 일들의 구조와 요령을 명시적으로 정리하고 익숙하게 하면 도움이 된다. 이전에 했던 것과 같은 일이 아니더라도, 일의 구조에서 같은 부분은 자신감을 갖고, 낯선 부분은 창의력을 유연하게 발휘함으로써 해결할 수 있을 것이라고 기대할 수 있다. 셋째, 자신의 능력을 신중하게 검토하지 않은 채 함부로 일을 떠맡지 않는다. 떠맡은 일은 작은 과제로 나누어 꾸준히 수행하면서, 요령과 계획을 계속해서 조정한다.

우리는 자신이 처한 어려움만을 직접 경험하기 때문에 다른 사람들은 모두 척척 쉽게 일을 해내는 것 같은 착각에 빠진다. 세네카는 다음과 같이 조언했다. "인생을 살면서 수많은 시도를 할 때 항상 예외 없이 운이 따라줄 만큼 운명의 특별한 총애를 받는 사람은 없다. 그래서 우리는 자신의 계획이 좌절되면 사람이나 일에 대해 인내심을 보이지 못하고 별것 아닌 이유로 화를 내고 사람에게, 자기 직업에, 때로는 장소에, 때로는 운명에, 때로는 자신에게 화를 내게 된다."[2] "그러므로 마음을 고요히 다스리기 위해서는 앞서도 말했듯이 자신의 능력을 벗어나는 너무 많은 일, 너무 중차대한 일로 마음이 이리저리 흔들리거나 지치도록 해서는 안 된다. (…) 무언가를 시도할 때는 항상 자신의 능력을 가늠해 보고, 자신이 하려는 일과 현재의 준비 상태를 동시에 저울에 달아 보라. (…) 그렇다면 우리가 맡은 일은 너무 작아도 너무 무모해도 너무 다루기 힘들어도 안 되며, 우리의 희망을 너무 멀리 잡아서는 안 된다."[3]

자존심

자존심自尊心, self-regard은 자신이 고유하게 가지는 속성이 다른 사람들의 속성보다 우월하며, 그렇게 평가받는 것이 응당하다는 마음이다. 예를 들어 자신이 외모가 잘생겼기 때문에 이성에게 접근하면 당연히 호의적인 반응을 얻을 것이라고 생각하는 식이다. 이 경우 이성이 접근을 거절하면 그는 자존심에 상처를 입는다. 덩치가 크고 힘센 사람이 작고 약한 사람을 함부로 대할 수 있다고 생각하는 마음도 자존심이다. 자존심이 강한 사람은 상대에게서 자존심에 맞는 반응이 나오지 않으면 모욕감과 화를 느낀다. 그렇기 때문에 모욕감이나 화를 매개로 하여 일어나는 폭력 범죄는 자존심이 강한 사람이 더 많이 저지른다.

따라서 자존심은 속성의 위계를 전제한다. 자연히 위계에서의 위치가 그 사람의 가치를 부분적이거나 전체적으로 결정하고, 위계에서 더 높은 위치에 있는 사람은 자동적으로 응분의 대접을 받아야 한다고 전제한다.

그렇기 때문에 자존심에는 항상 어떤 속성과 관련하여 타인과 비교하고 평가하는 일이 결부된다. 자존심의 이러한 기준은 위계에서 낮은 위치에 있는 사람에게는 경멸을, 위계에서 높은 위치에 있는 사람에게는 공경을 보이는 태도와 잘 어울린다. 어느 누구도 동시에 높은 위치에 있을 수는 없다. 그래서 자존심을 중심으로 타인과 상호작용하는 사람들은 은연중에 타인을 위계의 피라미드에 놓고 평가하기 마련이다. 응당 자신을 떠받들어야 할 사람이 그러지 않으면 화를 내고, 자신과 비슷한 수준이라고 생각한 사람이 자신보다 뛰어나다는듯 행동하면 속이 상하고, 자신보다 위계에서 높은 위치에 있는 사람의 평가에 전전긍긍한다. 자존심은 타인의 평가 자체는 아니지만, 타인의 평가에 대한 기대와 자신이 응당 받아야 할 대우에 관한 태도이다.

자존심이 자신에 대한 요구로만 집중될 때 그것은 거만이 된다. 거만은 특별히 두드러지는 악이다. 즉, 거만은 인간에 대한 보편적인 존중과 너무도 선명하게 배치된다. 칸트는 거만을 "언제나 위에서 떠놀려는 경향성"으로 정의한다.

명예욕의 일종으로서, 이에 따라서 우리는 타인들에게 우리와 비교해서 그들 자신을 하찮게 평가하라고 〔부당하게〕 요구한다. 그러므로 그것은 사람이면 누구나 그에 대해서 합법칙적으로 요구 주장할 수 있는 존경과 상충하는 하나의 패악이다. (…) 거만은 그 자신은 타인에게 그러하기를 거부하면서, 타인으로부터는 존경을 요구하는 것이기 때문이다. (…) 이를테면 명예욕이 강한 자가 추종자를 얻으려는, 그러면서도 그는 그 추종자들을 경멸적으로 대할 권리가 있다고 믿는, 그런 거만은 부정의한 것이며, 인간 일반에 대한 마땅한 존경과 상충하는 것이다. 거만이 멍청함, 다시 말해 목적이기 위해 일정한 관계에서 전혀 가치를 갖지 못하는 어떤 것을 위해 수단들을 사용하는 허망함이라는 것, 정말이지 거만이 심지어 얼간이 짓이라는 것, 다시 말해 타인들에게서 그가 목적한 바의 정반대되는 것을 낳을 수밖에 없는 그러한 수단들을 이용하는 모욕적인 어리석음이라는 것—왜냐하면 거만한 자에게는 그가 그러한 것을 얻으려 애를 쓰면 쓸수록, 누구나 그만큼 더 존경하기를 거부할 것이기 때문이다—, 이 모든 것은 그 자체로 명백하다. 그럼에도 자칫 주목하지 못할 수도 있는 것은, 거만한 자는 항상 그의 영혼의 바탕에서 비열하다는 사실이다. 왜냐하면 만약 운명이 급변하여, 무릇 그가 자기편에서도 굽실거리고 타인의 모든 존경을 단념하는 것을 전혀 곤란한 일로 보지 않을 터임을 그가 알지 못한다면, 그가 타인에게 그와 비교하여 그들 자신을 보잘것없는 것으로 여기라고 부당하게 요구하지는 않을 것이기 때문이다."[4]

'예쁘다', '잘생겼다'는 말은 자존심에 관한 것이다. 이 말은 예쁘지 않고 못생긴 사람을 전제로, 상대가 위계에서 높은 위치를 차지하고 있다는 뜻이다. 외모에 대한 자존심은 타인의 평가에 좌우된다. 예쁘거나 잘생겼다는 말을 하루가 멀다 하고 듣던 사람이라도 나이가 들어 어느 시점 이후에 명목상의 칭찬을 제외하고 더 이상 듣지 못하게 된다면, 자존심을 유지할 수 없다. 그렇기 때문에 예쁘다는 말, 잘생겼다는 말은 아무리 들어도 질리지 않는다. 자존심은 구멍 난 장독 안에 담긴 물이고, 그 물의 원천은 보통 타인이다.

이처럼 자존심은 자신의 상대적 위치와 타인의 반응에 크게 의존하는 감정이다. 그래서 자존심을 자신을 이해하는 주된 감정으로 삼고 중요하게 여기는 사람은 또 다른 악덕에 쉽게 빠져든다. 그것은 질투이다.

> 질투는 타인의 평안으로 인해 그의 평안이 아무런 손실을 입지 않음에도 불구하고 타인의 평안을 고통으로 바라보는 성벽이다. (…) 질투는 단지 (…) 악의적인 마음씨, 곧 우리 자신의 평안이 타인의 평안에 의해 그늘에 드리워진 것으로 보는 억지일 뿐이다. 왜냐하면 우리는 평안의 척도를 그것의 내적 가치에서가 아니라, 단지 타인의 평안과의 비교에서만 평가할 줄 알고, 이 평가를 구상화할 줄 알기 때문이다.[5]

거만과 질투가 악덕이 되는 이유가 무엇인지 살펴보면, 자존심 역시 악덕의 씨앗을 품고 있음을 알 수 있다. 사람들은 동시에 위계의 높은 위치를 차지할 수 없다. 위계는 그 정의상 사람들을 줄 세운다. 불평등을 전제로 찬사받기를 원하는 마음은 자유인의 정신이 될 수 없다.

자존심에는 진정한 호혜성reciprocity이 없다. 거만에는 형식적인 호혜성조차도 없다. 왜냐하면 자존심은 실질적으로는 위계에서 낮은 위치에 있는 사람에게 스스로를 비하하고 타인을 치켜세울 것을 요구하기 때문이다.

자존심은 자유인의 삶을 이끄는 적절한 감정이 될 수 없다. 일상에서 자존심이라고 불리는 감정의 일부는 자존감에 관한 것이다. 자존심을 보호하고 회복하려는 태도가 삶의 초점이 되어서는 안 된다.

자부심

자부심自負心, self-pride은 자기 자신이나 자기와 관련되어 있는 속성을 자랑스럽게 여기는 마음이다. 자부심은 자존심과 유사하다. 즉, 속성의 위계를 정해 두고, 자신이 속성의 위계에서 높은 위치에 있다고 생각하기 때문에 그 속성을 가졌다는 사실을 자랑스러워하는 것이다. 다만 자존심이 상호작용 속에서 끊임없이 조정되고, 생성되고, 표출되는 수동적인 감정인 반면에, 자부심은 상호작용과 관계가 없다. 더 정확히 말하자면 자부심은 개인이 속한 집단 내부의 부추김에 더 영향을 받는다.

자부심은 집단의 속성에 대한 감정일 때가 많다. '한국인으로 태어난 것을 자랑스럽게 여긴다.', '한국이 내 조국임에 자부심을 느낀다.' 같은 말이 대표적인 예이다. 이런 경우에 대개 자부심의 근거는 공허한 것이거나, 비상호적인 것이다. 만일 모든 사람이 자신이 태어난 나라에 자부심을 가질 수 있다면, 어느 나라에서 태어나든 자부심을 가질 수 있다. 따라서 자부심은 결국 개인에게 우연적으로 주어진 역사와 유전자의 사실로서, 이미 일어난 일에 결부된 심리적 사건에 불과하다.

여기에 대비되는 합리적인 성격의 자부심도 있다. 자신이 태어난 나라와 처지를 '행운으로 여기고 감사하는 마음'이다. 예를 들어 한국의 청년 세대는 한국처럼 대의 민주주의가 일정 정도 정착된 나라에 태어났다는 사실을 행운으로 여기고, 민주화 운동에 참여했던 사람들에게 감사하고 존중하는 마음을 가질 수 있다. 이런 마음은 민주주의를 퇴락시키지 않기 위해 노력하고 더 진보하도록 만들겠다는 다짐으로 이어지기 마련이다.

반면에 자신의 노력과 무관하게 일어난 일에 자랑스러움을 느끼는 것은 바람직하지 않다. 그런 태도는 실제로 자신이 성취하지 않은 것을 성취했다고 상상하며 빼앗는 것이자, 망상에서 기쁨을 얻는 방식이다. 자신이 직접 성취한 것을 자랑스러워하는 마음은 자연스러운 감정이다. 그러나 그 성취가 집단의 특성(국적, 유전자, 가정 환경, 우연한 조건 등)과 관계가 있다면 문제가 있다. 자부심은 오직 자신이 직접 성취한 것에 대해서, 운과 조건의 영향을 고려할 때만 적절하다. 그렇지 않을 때 자부심은 자유인을 이끄는 감정이 될 수 없다.

자존감

자존감自尊感, self-respect은 자기 자신이 수단이 아니라 목적인 존재라고 여길 때 생기는 감정이다. 수단인 존재는 언제나 존재가 가지고 있는 기능으로 가치를 평가받지만, 목적인 존재는 스스로 자신이 구현할 가치를 정하고 그 판단에 따라 삶을 운영해 나간다.

자존감은 자신이 존엄성을 가진 인간이라는 감정이다. 로널드 드워킨은 인간 존엄성을 두 가지 원리로 설명했다.[6]

첫째는 '본질적 가치의 원리principle of intrinsic value'이다. 이 원리는 모든 인간의 삶은 각각 객관적인 가치를 가진 특별한 것이라는 뜻이다. 여기서 가치란, 잠재성으로서의 가치다. 인간의 삶이 시작되면 삶이 어떻게 전개되는지에 따라 가치는 다르게 구현된다. 삶이 성공적이고 잠재성이 실현되면 좋은 것이며, 삶이 실패하고 잠재성이 낭비되면 나쁜 것이다. 삶의 가치는 객관적인 문제이며, 단순히 개인이 알아서 할 주관적인 문제가 아니다.

둘째는 '개인적 책임의 원리principle of personal responsibility'이다. 모든 사람은 자신의 삶을 성공적으로 실현할 특별한 책임이 있으며, 이 책임에는 무엇이 자신을 위해 가장 성공적인 삶일지 판단하는 일도 포함된다. 물론 다른 사람의 의견이나 종교적 전통을 따르고 판단을 맡길 수도 있다. 그러나 판단을 맡기는 결정 자체는 그 자신이 내려야 한다.

이 두 가지 원리가 인간 존엄성의 기초와 조건을 규정한다. 따라서 자존감은, 자신이 다른 인간과 마찬가지로 이 원리들에 의해 해명되는 존엄성을 가진 존재라는 자각에서 비롯되는 감정이다. 즉, 자신의 삶이 성공적으로 진행되는 것은 객관적으로 가치 있는 일이며, 자신의 삶이 낭비되고 좌절되는 것은 객관적으로 한탄할 만한 나쁜 일이라는 인식, 그리고 무엇이 자기 삶의 성공인가를 스스로 결정하고 실천할 수 있는 여건을 가질 권리가 있다는 인식에서 비롯되는 감정이다.

반대로 자존감이 없는 사람은 자신의 삶이 성공하든 좌절하든 중요하지 않다는 생각을 갖고 있다. 또는 이유가 무엇이든 삶을 스스로 결정할 자격이나 가망이 없으므로, 타인의 결정에 따르면 된다고 생각한다. 자존감을 잃게 되는 원인은 대체로 두 가지다. 첫째, 자신이 가치 있는 존재라는 믿음을 근본적으로 회의하게 되는 사건을 겪거나, 둘째, 삶의 결정권을 빼앗긴 채로 살아온 경우이다.

첫째 원인은 자존심과 자부심을 삶의 기준으로 여기는 혼동 때문일 때가 많다. 즉, 사람들이 칭송하는 기능이나 속성을 자신이 뛰어나게 가지고 있지 않기 때문에, 자신에게 가치의 근거가 없다고 생각하는 것이다. 그는 자동 발화 기계처럼 말하는 다른 사람들의 이야기에 세뇌된 것이나 다름없다.

둘째 원인은 사회 제도가 인간의 독립성을 무시할 때 생기는 무력감의 결과이다. 자신이 무언가를 결정하려고 해도, 직접적인 폭력 때문이건 법을 매개로 한 사회적 불이익 때문이건 외부의 압력 때문에 스스로 결정하지 못하고 살아왔다면, 삶의 성공을 고민할 의지가 사라질 것이다. 극단적인 경우가 노예의 삶이다. 노예는 자존감의 사회적 기반이 없는 극명한 경우이다. 또한 사회가 요구하는 기능에 뛰어나지 않다고 해서 낙인찍히고, 경멸당하고, 생계가 어려워진 모든 사람들은 부분적으로는 노예의 처지에 처한 것이다. 그럴 경우 대부분의 사람들은 자존감의 사회적 기반을 훼손당한다. "너는 쓸모 없는 존재야!"라는 말이나 메시지를 반복적으로 들음으로써 사회의 기능적 쓸모로 인간의 가치가 결정된다는 비논리적인 전제에 노출되기 때문이다.

이상적인 정의로운 사회란, 모든 사람들에게 자존감의 사회적 기반이 충분하게 있는 사회이다. 사람들은 자신이 판단한 삶의 성공을 외부로부터 어떤 불이익도 받지 않으며 추구할 수 있어야 한다. 그리고 그럴 경우에만 누구나 존엄한 인간으로서 자존감을 가질 수 있다.

자존감은 끝없이 추구할 수 있는 것이 아니다. 자존감은 타인보다 우월해서 느끼는 쾌감이나, 다른 사람들의 평가에 좌우되고 변덕스럽게 움직이는 감정이 아니다. 자존감은 그 정의상 타인에 대한 동일한 존중을 전제하기 때문이다. 자신이 인격을 가진 존재이며 그 때문에 존엄하다는 생각은, 인격을 가진 다른 존재의 가치를 인정하지 않고는 성립할 수 없다. '가치'는 공적인 언어이며, 다른 사람에게 번역될 수 없는 사적 가치는 애초에 가치가 아니다. 자존감은 오로지 타인의 자존감과 동등한 조건하에서, 타인의 자존감을 해치지 않는 범위에서 가질 수 있는 감정이다. 따라서 자존감은 자유인에게 어울리는 감정이며, 자유인들의 관계를 더 돈독히 하는 감정이다.

왜 자존감이 중요한가

존 롤즈는 질서 정연한 사회에서 정의로운 원칙에 따라 분배되어야 하는 기초재primary goods로 자존감의 사회적 기반을 포함시켰다. 롤즈에 따르면 자존감은 삶의 구체적인 목적이 무엇이건 삶이 의미 있다고 생각하기 위한 필수 조건이다. 그 이유가 무엇일까? 자존감이 없는 삶은 살아갈 가치가 없고 무기력한 것이 되기 때문이다. 롤즈의 자존감은 앞에서 설명한 '자신감'과 '자존감'의 의미를 모두 포함한다.

> 우리는 자존감이 두 가지 측면을 갖는 것으로 규정할 수 있다. (…) 첫째로 그것은 인간이 갖는 자기 자신의 가치감, 자신의 선에 대한 자신의 관점 및 자신의 인생 계획이 실현할 만한 가치가 있다는 데 대한 자신의 확고한 신념 등을 포함한다. (…) 둘째로 자존감은 자신의 의도를 성취하는 것이 자신의 힘에 닿는 것인 한에서 자신의 능력에 대한 자신감을 내포한다.[7]

우리의 계획이 보잘것없다고 느낄 경우에 우리는 그것을 즐겁게 추구할 수가 없으며 그 실현에 기쁨을 가질 수 없다. 실패와 자기 불신self-doubt을 걱정한 나머지 우리의 노력을 계속해서 기울일 수 없다. 그래서 자존감이 기본 선이 되는 이유가 명백해진다. 그것이 없이는 어떤 것도 할 가치가 없는 것으로 보이며, 또는 비록 어떤 것이 우리에게 가치가 있는 것일지라도 우리는 그것을 추구하고자 하는 의지를 갖지 못하게 된다. 모든 욕구와 활동은 공허하게 되고 우리는 무감각과 냉소에 빠지게 된다.[8]

롤즈가 보기에 자존감과 자신감을 구성하는 핵심은 두 가지다. "첫째, 합리적인 인생 계획, 특히 아리스토텔레스적 원칙을 만족시키는 계획을 갖는다는 것, 둘째, 우리의 인격과 행위가 마찬가지로 존중을 받고 있는 타인들에 의해 평가와 인정을 받으며 그들 집단에 의해 애호받는다는 것을 아는 것이 그것이다. 그런데 나는 어떤 사람의 인생 계획이 그의 천부적인 능력을 흥미로운 방식으로 요구하는 것이 아닐 경우 그것은 그에게 어떤 매력을 잃게 될 것이라고 가정한다. (…) 사람은 자신의 능력이 충분히 실현되고 적절히 복잡하고 세련된 방식으로 조직될 경우 자기 가치에 대한 보다 큰 자신을 갖는 경향이 있다."[9] 이 두 가지 핵심은 평등하고 자유로운 자유인들이 모두 함께 만족시킬 수 있는 것이다. 그리고 이것은 롤즈의 설명에서 드러나듯이 인생의 가치를 경험하는 삶의 방식과 정확히 일치한다.

불완전한 시대의 자존감과 존엄

인간은 언제나 불완전한 시대를 살아간다. 자유인이 되기 위해서는 자존감이 필요하지만, 자존감을 자연스럽게 갖는 데 필요한 사회적 기반은 언제나 불완전하다. 그렇다면 우리는 오직 사회적 기반이 허락하는 정도의 자존감에 만족해야 하는가?

그렇지 않다. 같은 사회적 기반에서도 자존감의 정도는 달라질 수 있다. 즉 불완전한 여건에서도 더 큰 자존감을 가질 수 있다. 두 가지 전략이 이것과 관련 있다.

첫째로, 삶을 성공적으로 이끌어 나가는 데 필요한 객관적인 가치에 진지하게 주의를 기울여야 한다. 타인의 변덕스러운 평가나 허공의 명령에 좌우되지 않고 무엇이 성공적인 삶인지 스스로 숙고하는 사람은, 불완전한 사회적 여건에서도 삶의 중심을 잡을 수 있다. 객관적 가치에 대한 숙고는 자동 발화 기계들이 내뿜는 인위적인 거짓 가치, 허공의 충동과 의무감에 휘둘리지 않고 가치의 중심을 잡을 수 있게 한다. 또한 가치를 구현하는 삶의 형태를 인식할 수 있게 만든다. 따라서 우리는 그러한 것들을 하나둘씩 해 나가고 있다는 분명한 느낌을 가질 수 있다. 이러한 중심이 있는 사람과 없는 사람의 삶에 대한 감각의 차이는 크다.

그러므로 첫 번째 전략은 승자와 패자, 지배하는 자와 예속딩하는 자가 있을 수밖에 없는 위계적 평가 모델을 염두에 두지 않고, 무엇이 그 자체로 구현해 나가면 좋은 삶인가를 알아보는 작업에서부터 시작한다. 그다음으로는, 자신이 파악해 낸 객관적인 가치를 구현하기 위해서 필요한 행동을 하나하나 점진적으로 더 많이 실천하는 것이다. 그 결과 자신의 삶이 이리저리 무의미한 것들에 휘둘리는 것이 아니라, 최소한 기본적인 방향에 있어서는 가치 있는 경로를 밟고 있는 시간으로 이루어져 있다는 사실을 자각할 수 있다. 그럴 경우, 자기 존재의 근거에 대한 뿌리 깊은 회의는 조금씩 사라진다. 이로써 다른 사람들과 늘 비교하면서 전전긍긍하던 모습은 사라지고, 지금 여기서 무엇을 해 나가는가의 삶의 능동적 측면에 초점을 맞춘 정신이 탄생한다.

둘째로, 자신을 포함한 모든 사람들이 인간으로서 가져야 하는 권리에 진지하게 주의를 기울여야 한다. 불완전한 시대에 이 권리가 제대로 존중되는 경우는 많지 않을 것이다. 이때 우리는 정치적 책임을 다해야 한다. 도덕적 권리가 존재한다는 사실을 인식하고, 권리가 부인당함으로써 생기는 고통을 발견하고, 고통을 제거해야 하는 이유를 보편적인 규범의 언어로 표현하고, 고통을 제거하는 데 필요한 사실적 지식을 확보하고, 구체적인 실천에 옮기기 위해 도덕적 권리에 관심을 가진 동료 시민들과 의사소통해야 한다. 그러므로 사회에 마련되어 있는 만큼만 자신의 권리를 인식하는 사람과, 사회에 현재 마련되어 있지 않은 도덕적 권리까지 인식하는 사람은 삶에 큰 차이가 있다. 도덕적 권리를 인식하는 사람들은 정치적 책임을 다하는 사람들과 의사소통함으로써 자신이 단순히 수단인 존재가 아니라는 사실을 실감하게 된다.

삶의 객관적인 가치와 인간으로서 가져야 하는 권리에 주의를 기울인다면, 우리는 불완전한 여건에 실망하더라도 허공의 충동과 의무감으로 돌아가지 않을 수 있다. 그리하여 진심으로 기꺼운 마음으로 걸어가는 의미 있는 인생의 길은, 불완전한 시대에도 그 빛을 숨기지 못하는 발자국을 남길 것이다.

1장 | 속물 근성의 사회

1. 장자크 루소, 『인간 불평등 기원론』, 주경복·고봉만 옮김, 책세상, 2003, 138쪽. (Jean-Jacques Rousseau, *Discours sur l'origine et les fondements de l'inégalité parmi les hommes*.)

2. 아르투르 쇼펜하우어, 『쇼펜하우어의 행복론과 인생론』, 홍성광 옮김, 을유문화사, 2013, 48~50쪽.(Arthur Schopenhauer, *Parerga und Paralipomena*.)

3. 임마누엘 칸트, 『윤리형이상학』, 백종현 옮김, 아카넷, 2012, 538쪽. (Immanuel Kant, *Die Metaphysik der Sitten: Metaphysische Anfangsgrunde der Rechtslehre*.)

4. 루키우스 안나이우스 세네카, 『화에 대하여』, 김정숙 옮김, 사이, 2013, 179쪽. (Lucicus Annaeus Seneca, *De Ira*.)

5. 위의 책, 173쪽.

2장 | 인생이 무의미하다는 느낌

1. 앤드루 솔로몬, 『한낮의 우울』, 민승남 옮김, 2004, 23~26쪽. (Andrew Solomon, *The Noonday Demon*.)

2. 알베르 카뮈, 『시지프 신화』, 김화영 옮김, 책세상, 2014, 15쪽. (Albert Camus, *Le Mythede Sisyphe*.)

3. Leonard Woolf, *Beginning Again*, San Diego: A Harvest/HBJ Books, 1950, p. 164.(앤드루 솔로몬, 『한낮의 우울』, 84~85쪽에서 재인용.)

4. 앤드루 솔로몬, 『한낮의 우울』, 95~97쪽.

5. 알베르 카뮈, 『시지프 신화』, 15쪽.

6. 위의 책, 29쪽.

7. 위의 책, 19쪽.

4장 | 우리는 인생의 관찰자가 아니다

1. 로베르트 알렉시, 『법의 개념과 효력』, 이준일 옮김, 고려대학교출판부, 2007, 39쪽.(Robert Alexy, *Begriff and Geltung des Rechts*.)
2. 장폴 사르트르, 『실존주의는 휴머니즘이다』, 방곤 옮김, 문예출판사, 2012, 17~18쪽.(Jean-Paul Satre, *L'existentialisme est un humanisme*.)
3. 위의 책, 35쪽.
4. 알베르 카뮈, 『시지프 신화』, 15쪽.
5. 이것은 G. E. Moore, *Philosophical Studies*, London: Routledge & Kegan Paul, 1922, 228쪽; G. E. Moore, *Some Main Problems of Philosophy*, London: Allen & Unwin, 1953, 120~126쪽에서 개진된, 인식론적 회의주의 논증에 대하여 무어가 제기한 반박의 논리 구조를 차용하여 인생의 의미 문제에 적용한 것이다.

5장 | 인생의 가치들 I ― 삶의 내용적 의미

1. 앤서니 케니, 『비트겐슈타인』, 김보현 옮김, 철학과현실사, 2001, 33~34쪽의 논의를 참고.(Anthony Kenny, *Wittgenstien*.)
2. 위르겐 하버마스, 『탈형이상학적 사유』, 이진우 옮김, 문예출판사, 2000, 61~63쪽.(Jürgen Habermas, *Nachmetaphysisches Denken*.)

7장 | 인생의 의미를 찾는 데 방해가 되는 것들

1. 아르투르 쇼펜하우어, 『쇼펜하우어의 행복론과 인생론』, 48쪽.
2. John Rawls, "A Kantian Conception of Equality", in Samuel Freeman ed., *Collected Papers*, Cambridge, MA: Harvard University Press, 1999.
3. Thomas Scanlon, "Urgency and Preference", in *The Difficulty of Tolerance*, ch4, Cambridge University Press, 2003, 74~82쪽. 스캔론은 객관적 긴절성을 선호의 강도와 구분해 주는 사례를 다음과 같이 들고 있다. "누군가가 그의 신에게 바치는 기념물을 건축하기 위해 기꺼이 어느 정도 음식 섭취를 줄이고자 하는 사람이 있다는 사실이 그의 기획에 다른 이들의 조력을 요구하는 권리주장이 먹을 것을 충분히 달라고 도와달라는 권리 주장과 동일한 강도를 가지게끔 만들지는 않는다."

4. Thomas Scanlon, "Value, desire and quality of life", in *The Difficulty of Tolerance*, Cambridge University Press, 2003, 177~178쪽.

5. 프란츠 M. 부케티츠, 『도덕의 두 얼굴』, 김성돈 옮김, 사람의무늬, 2013, 130쪽.
(Franz M. Wuketits, *Wie Viel Moral Verträgt d er Mensch?*.)

6. 위의 책, 143쪽.

7. 위의 책, 199~202쪽.

8. 에라스뮈스, 『우신예찬』, 김남우 옮김, 열린책들, 2011, 109~110쪽.
(Desiderius Erasmus Roterodamus, *Moriae Encomium id est Stultitiae Laus*.)

9. 위의 책, 110~112쪽.

9장 | 인간적 선이 되는 상호작용

1. 앤서니 스토, 『고독의 위로』, 이순영 옮김, 책읽는수요일, 2011, 11~15쪽.
(Anthony Storr, *Solitude A Return to the Self*.)

2. 위의 책, 274~275쪽.

3. 폴 호프만, 신현용 옮김, 『우리 수학자 모두는 약간 미친 겁니다』, 승산, 1999, 24쪽.(Paul Hoffman, *The Man Who Loved Only Numbers*.)

4. 위의 책, 35쪽.

5. 위의 책, 185쪽.

6. 위의 책, 338~339쪽.

7. Ronald Dworkin, *Is Democracy Possible Here?*, Princeton University Press, 2006. 9~11쪽.

8. 토머스 스캔론, 『우리가 서로에게 지는 의무』, 강명신 옮김, 한울, 2008, 260쪽.
(Thomas Scanlon, *What We Owe to Each Other*.)

9. 임마누엘 칸트, 『윤리형이상학』, 아카넷, 2012, 587~588쪽.

10. 아르투르 쇼펜하우어, 『쇼펜하우어의 행복론과 인생론』, 407~408쪽.

11. 위의 책, 408쪽.

12. 위의 책, 400쪽, 409쪽.

10장 | 사람들과 어떻게 교류할 것인가

1. 순자, 『순자』, 장현근 옮김, 책세상, 2002. 1장 권학, 21쪽.

2. 위의 책, 옮긴이의 주석 14.

3. 세네카, 『화에 대하여』, 236쪽.

4. 임마누엘 칸트, 『윤리형이상학』, 575쪽.

5. 에픽테토스, 『왕보다 자유로운 삶』, 김재홍 옮김, 서광사, 2013, "엥케이리디온", 30~31쪽.(Epictetos, *The Encheiridion of Epictetus and its three Christian adaptations*.)

6. 위의 책, 35~36쪽.

7. 순자, 『순자』, 2장 비십이자(열두 사상가에 대한 비판), 30~31쪽.

8. 쥬디스 슈클라, 『일상의 악덕』, 사공일 옮김, 나남, 2011, 300쪽.
(Judith N. Shklar, *Ordinary Vices*.)

9. 위의 책, 301~302쪽.

10. 위의 책, 336쪽.

11. 위의 책, 308쪽.

12. 위의 책, 340쪽.

11장 | 자기 계발의 관점

1. 칩 히스, 댄 히스, 『스틱!』, 안진환, 박슬라 옮김, 2009, 엘도라도, 13~14쪽.
(Chip Heath · Dan Heath, *Made to stick*.)

2. 토마스 키다, 『생각의 오류』, 박윤정 옮김, 열음사, 2007, 166쪽.
(Thomas Kida, *Don't Believe Everything You Think*.)

3. 위의 책, 166~167쪽.

4. 위의 책, 86~87쪽.

5. 이렇게 기 치료를 하고 상태가 좋아졌다는 답이 많이 나온 것은, 첫째, 플라시보 효과 때문이기도 하고, 둘째, 상태가 나아지는 시기에 치료를 받을 것일 수도 있으며, 셋째, 많은 병의 경우 치료 없이 저절로 호전되는 경우가 많기 때문이다.

6. 스티븐 로, 『왜 똑똑한 사람들이 헛소리를 믿게 될까』, 윤경미 옮김, 와이즈베리, 2011.(Stephen Law, *Believing Bullshit*.)

7. Jean-Philippe Bouchaud and Marc Mezard, "Wealth condensation in a simple model of economy", *Physica A* 282, 2000.

8. 요한네스 힐쉬베르거, 『서양철학사』, 강성위 옮김, 이문, 2012, 339쪽.
(Johannes Hirschverger, *Geschichte Der Philosophie*.)

12장 | 철이 든다는 것

1. 아이리스 영, 『정치적 책임에 관하여』, 허라금, 김양희, 천수정 옮김, 이후, 2013.(Iris Marion Young, *Responsibility for Justice*.)
2. 위의 책, 96~97쪽.
3. 위의 책, 99쪽.
4. 위의 책, 97쪽.
5. Joel Feinberg, "Environmental Pollution & The Threshold of Harm", *The Hastings Center Report*, Vol. 14, No. 3, 1984, 187쪽.
6. 위의 책, 191쪽.
7. 위의 책, 241~247쪽.
8. 임마누엘 칸트, 『윤리형이상학』, 568쪽.
9. 알베르 카뮈, 『시지프 신화』, 62쪽.
10. 세네카, 『화에 대하여』, 94쪽.
11. Joel Feinberg, *Harm to Others*, Oxford University Press, 1987, ch 4, "Failures to Prevent Harm", 167쪽.
12. 장폴 사르트르, 『실존주의는 휴머니즘이다』, 46~48쪽.

13장 | 정치적 책임을 이행하는 일이 즐거울 수 있을까

1. 아이리스 영, 『정치적 책임에 관하여』, 167쪽.
2. 오구마 에이지, 『사회를 바꾸려면』, 전형배 옮김, 동아시아, 2014, 289쪽. (小熊英二, 『社會を變えるには』.)
3. 위의 책, 334쪽.
4. 위의 책, 337쪽.
5. 앤서니 그레일링, 『우리가 일상에서 부딪히는 철학적 질문들』, 윤길순 옮김, 블루엘리펀트, 2013, 227~228쪽.(A.C. Grayling, *Thinking of Answers*.)
6. 위의 책, 228쪽.
7. 세네카, 『화에 대하여』, 55쪽.
8. 위의 책, 68쪽.
9. 위의 책, 70~71쪽.
10. 위의 책, 178쪽.
11. 위의 책, 101쪽.
12. Guillermo, A. O'Donnell, "Delegative Democracy", *Journal of Democ-*

racy, Vol. 5, No.1, 1994 참조.

13. 최장집, 『민주화 이후의 민주주의』, 후마니타스, 2010, 5장 참조.

14. 피에르 부르디외, 『세계의 비참』 1~3, 김주경 옮김, 동문선, 2002.
    (Pierre Bordieu, *La Misere du monde*.)

15. 세네카, 『화에 대하여』, 171~172쪽.

16. Ronald Dworkin, *Justice for Hedgehogs*, Belknap Press of Harvard University Press, 2011, 210쪽.

17. 위의 책, 209~210쪽.

18. 위의 책, 211~212쪽.

19. 위의 책, 245쪽.

20. J. O. Urmson, "Saints and Heroes", in A. Melden ed., *Essays in Moral Philosophy*, Seattle: University of Washington Press, 1958.

21. Joel Feinberg, "Supererogation and Rules", *Ethics*, Vol. 71, No. 4, 1951, 280쪽.

22. Joel Feinberg, "Collective Responsibility", *The Journal of Philosophy*, Vol. 65, No. 21, Sixty-Fifth Annual Meeting of the American Philosophica Association Eastern Division, 1968, 687쪽.

23. 프란츠 M. 부케티츠, 『도덕의 두 얼굴』, 116, 121, 222쪽 참조.

24. 루쉰, 『아Q정전』, 김태성 옮김, 열린책들, 2011, "『외침』 자서", 7~15쪽.
    (魯迅, 『阿Q正傳』.)

14장 | 지성적 태도에 대하여

1. 최정운, 『한국인의 탄생』, 미지북스, 2014, 502~503쪽.

2. 루트비히 비트겐슈타인, 『논리-철학 논고』, 이영철 옮김, 책세상, 2006(Ludwig Wittgenstein, *Tractatus Logico-Philosophicus*, London: Kegan Paul.)의 주요 명제들을 패러디한 것이다.

3. 에라스뮈스, 『우신예찬』, 127쪽.

4. 위의 책, 128쪽.

5. 이본 셰라트, 『히틀러의 철학자들』, 김민수 옮김, 여름언덕, 2014, 43~45쪽.
    (Yvonne Sherratt, *Hitler's Philosophers*.)

6. 위의 책, 67쪽.

7. 위의 책, 53쪽.

8. 위의 책, 132쪽.

9. 버트런드 러셀,『인기 없는 에세이』, 장성주 옮김, 함께읽는책, 2013, 서문.
   (Bertrand Russell, *Unpopular Essays.*)

10. 문화체육관광부, '2013 국민독서 실태조사'.『한국경제신문』, "책 안 읽는 한국인…2013년 1인당 9.2권", 2013. 1. 28.에서 재인용.

11. 한국출판저작권연구소, '2013년 출판시장 통계–주요 출판사와 서점의 매출·이익 현황'.『한겨레신문』, "민음사·교보문고 적자…도서·출판업계 위기 심화", 2014. 5. 18.에서 재인용.

12. 귀스타브 르 봉,『군중심리』, 이재형 옮김, 문예출판사, 2013, 52쪽, 79~81쪽.
    (Gustave Le Bon, *Psychologie des Foules.*)

13. G. L. Paul, *Insight vs. desensitization in psychotherapy*, Ca: Stanford University Press, 1996.

14. B. Malkiel, *A Random Walk Down Wall Street*, New York: Norton, 2003 참조.

15. 물리적 추론을 비롯하여 사실적 추론에 관한 직관의 오류에 대해서는 데이비드 G. 마이어스,『직관의 두 얼굴』, 이주영 옮김, 궁리, 2008(David G. Myers, *Intuition.*) 참조.

16. 미·추와 위생·비위생 그리고 선·악이 진화적으로는 유사한 적응적 기능을 가지며, 뇌의 비슷한 영역에서 처리되기 때문에 서로 다른 이 범주들을 같은 것으로 혼동하는 생각을 받아들이기 쉽다는 점에 관해서는 스티븐 핑커,『빈 서판』, 김한영 옮김, 사이언스북스, 2004(Steven Pinker, *The Blank Slate.*) 참조.

17. 위르겐 하버마스,『탈형이상학적 사유』, 78쪽.

15장 | 가치를 경험하는 방법

1. 테오도르 아도르노,『미니마 모랄리아』, 김유동 옮김, 길, 2005, 88쪽.
   (Theodor W. Adorno, *Minima Moralia.*)

2. 에피쿠로스,『쾌락』, 오유석 옮김, 을유문화사, 1998, 13쪽.
   (Epikuros, *Principal Doctrines* (Κύριαι Δόξαι).)

3. 위의 책, 15~16쪽.

4. 위의 책, "중요한 가르침", 17~19쪽.

5. 위의 책, "에피쿠로스의 권고", 24~35쪽.

6. 위의 책, "메노이케우스에게 보내는 편지", 45쪽.

7. 위의 책, "에피쿠로스의 권고", 27쪽.

8. 위의 책, "에피쿠로스의 권고", 39쪽.

9. 위의 책, "중요한 가르침", 23쪽.

10. 위의 책, "메노이케우스에게 보내는 편지", 47쪽.

11. 아르투르 쇼펜하우어, 『쇼펜하우어의 행복론과 인생론』, 51쪽에서 정리한 바에 따르면 에피쿠로스에 따른 인간 욕구의 세 가지 항목은 첫째, 자연스럽고 꼭 필요한 욕구, 둘째, 자연스럽지만 꼭 필요하지는 않은 욕구(예를 들어 성적 욕구와 같은 것), 셋째, 자연스럽지도 꼭 필요하지도 않은 사치, 호사, 부귀영화에 대한 욕구(이것은 만족의 끝을 알 수 없는 욕구이다)로 나뉜다.

12. 에피쿠로스, 『쾌락』, "메노이케우스에게 보내는 편지", 48쪽.

13. 버트런드 러셀, 『러셀 서양철학사』, 서상복 옮김, 을유문화사, 2009, 336쪽. (Bertrand Russell, *History of Western Philosophy*.)

14. 위의 책, 336쪽.

15. 위의 책, 338쪽.

16. 요한네스 힐쉬베르거, 『서양철학사』, 362~363쪽.

17. 에픽테토스, 『왕보다 자유로운 삶』, "엥케이리디온", 30~31쪽.

18. 위의 책, 32쪽.

19. 위의 책, 33쪽.

20. 위의 책, 38쪽.

21. 위의 책, 42쪽.

22. 위의 책, 44~49쪽.

23. 위의 책, 59~60쪽.

24. 요한네스 힐쉬베르거, 『서양철학사』, 332~333쪽.

25. 버트런드 러셀, 『러셀 서양철학사』, 364~365쪽.

26. 에픽테토스, 『왕보다 자유로운 삶』, 63쪽.

27. 위의 책, 63쪽.

28. 위의 책, 74쪽.

29. 버트런드 러셀, 『러셀 서양철학사』, 365쪽.

30. 이사야 벌린, 『이사야 벌린의 자유론』, 박동천 옮김, 아카넷, 2006, 367~368쪽. (Isaiah Berlin, *Liberty*, Oxford University Press, 2002.)

31. 버트런드 러셀, 『러셀 서양철학사』, 367쪽.

32. 요한네스 힐쉬베르거, 『서양철학사』, 333쪽.

33. 버트런드 러셀, 『행복의 정복』, 황문수 옮김, 문예출판사, 1993, 53쪽. (Betrand Russell, *The Conquest of Happiness*.)

34. 위의 책, 58쪽.

35. 앤서니 그레일링, 『우리가 일상에서 부딪히는 철학적 질문들』, 337쪽.

36. 데일 카네기, 『카네기 행복론』, 최염순 옮김, 씨앗을뿌리는사람, 2007, 48~49쪽. (Dale Carnegie, *How to Stop Worrying and Start Living*.)

37. 위의 책, 142쪽.

16장 | 속물 세계관의 파산

1. 아르투어 쇼펜하우어, 『쇼펜하우어의 행복론과 인생론』, 370쪽.

2. 아르투어 쇼펜하우어, 『논쟁에서 이기는 38가지 방법』, 김재혁 옮김, 고려대학교출판부, 2013, 36쪽.(Arthur Schopenhauer, *Die Kunst, Recht zu behalten*.)

3. 에픽테토스, 『왕보다 자유로운 삶』, 80쪽.

17장 | 자유인을 위한 나침반

1. Immanuel Kant, *Beantwortung der Frage: Was ist Aufklärung?* in Berlinische Monatsschrift, 1784, H. 12, 481쪽.

2. 세네카, 『화에 대하여』, 171쪽.

3. 위의 책, 171~172쪽.

4. 임마누엘 칸트, 『윤리형이상학』, 577~579쪽.

5. 위의 책, 569쪽.

6. Ronald Dworkin, *Is Democracy Possible Here?: Principles for a New Political Debate*, Princeton University Press, 2006, ch.1, sec3. "The Two Dimesinons of Human Dignity" 참조.

7. 존 롤즈, 『정의론』, 황경식 옮김, 이학사, 2003, 568쪽.(John Rawls, *A Theory of Justice*, Revised Edition.)

8. 위의 책, 568쪽.

9. 위의 책, 568~569쪽.

찾아보기

가

가치를 경험하는 감각 324
'가치'의 공적 성격 67~69
가치의 면도날 91, 262, 324, 328
감각적 쾌락 108, 301, 317, 327
강박 91~93, 111
개똥철학 72
고통의 감소 65
고통이나 쾌락과 독립적으로 좋은 것 71
과정으로서의 인생 129
관계적 가치 139~140, 147, 150, 319
『광염 소나타』 82
교류의 대상
　간접적 교류 대상 175~176
　잠재적 교류 대상 175
　현재 교류하는 사람 175
교양 속물 18, 21~22, 307
구성의 오류 207
구조적 부정의 220~227, 237, 250, 252,
　257, 261, 263, 264, 283
권태 326
기꺼운 방식 127
기능적인 유용성 40~41
기분 109
기질과 능력, 여건 120

나

내용적 가치 63~78, 81~86, 90, 91, 93,
　99, 119, 121, 123, 124, 128, 129, 130,
　133, 139, 140, 144, 146, 147, 155,
　157, 160, 162, 175, 178, 225, 237,
　258, 259, 311, 371
내용적 의미 63~78, 81~86, 89, 90, 91,
　93, 99, 119, 121, 123, 124, 128, 130,
　133, 144, 175, 259, 371

다

도덕 속물 21~22
도덕주의자 106
독단 39, 41, 42, 45, 55, 63, 72, 84, 102,
　145, 177, 218, 278, 280, 281, 323, 342
독미나리 사고 실험 339~343

마

마음에 대한 폭정 125, 249
매개적 만족 108~110, 112
목적을 최대화하는 삶 127~129
무의미의 논증 33, 34, 56~58, 75,
미성년의 상태 227~228
민생 242~243

바

반지성주의 281~292

배경적 가치 63, 65, 76, 81~86, 90, 91,
  93, 94, 99, 107, 113, 119, 125, 128,
  129, 139, 146, 147, 155, 156, 160,
  162, 177, 178, 222, 225, 234, 236,
  237, 258, 259, 268, 301, 311

배경적 의미 63~65, 76, 81~86, 89, 90,
  91, 93, 94, 95, 99, 107, 113, 119, 125,
  128, 259, 301

부조리 191, 216, 226~227, 232,
  234~235, 268, 271~273

분업이 주는 기꺼움 257~259

비인간적인 상호작용 188

사

삶의 방향 322~324

『소설가 구보씨의 일일』 153

소셜네트워크서비스 97, 169, 289, 290

속물 근성의 세계관 15, 19, 21, 24, 26,
  32, 91, 93, 121, 127, 134, 144, 145,
  146, 149, 150, 153, 166, 174, 175,
  176, 227, 229, 232, 233, 246, 247,
  248, 305, 340, 343, 344, 348, 349

스토아 25, 146, 185, 208~209, 314,
  316~321

실존의 부담 217, 226~238, 273

실천자 53~54, 57~58, 64, 91, 121, 175,
  193, 209, 226, 237, 300, 323

아

아리스토텔레스적 원칙 267~268, 366

『아Q정전』 145, 147, 230, 375

앎 없는 확신 284, 285, 287, 292

앙가주망 237

욕구라는 그릇 112, 114

우정의 핵심 161

위계 16~26, 32, 115, 121, 124, 125,
  127, 140, 144, 147, 150, 153, 154,
  158, 179, 181, 206, 229, 230, 246,
  247, 248, 280, 307, 340, 342, 344,
  357, 358, 359, 360, 361,367

유아적인 관점 69, 83

윤리적 선택 101~104

윤리적 자의식 과잉 244, 250~251

윤리주의 245~250

의무의 언어 99, 100, 104, 105, 133

이용 행동 92, 111, 174, 304

인간 존엄성 54, 78, 157, 162, 362, 363

인간 혐오 191~194

자

자기 계발의 관점 198~211, 228, 229

자기 탐닉 197~199, 241

자기충족적 예언 270~271

자신에게 속하지 않은 것 315

자연주의의 오류 25, 43~44, 47

재귀적 행복 109, 110, 112, 115

정치적 책임 194, 217, 219~226, 234,
  236, 237, 238, 241~273, 310, 311,
  353, 368, 374

접속 98, 143, 153, 165~167, 169, 174,
  178

접촉과 소통 143, 144, 154, 162, 165,
  311, 318

좋은 것에 기여 76

지성적 태도 277~295

지향적 가치 73~74

진정성 120, 259, 319
진정한 교양 293~295

차

참여자 51~54, 57~58, 91, 121, 175,
193, 209, 226, 237, 322, 343

카

쾌락의 명료성 300~303
쾌락의 증대 70~71

타

투명한 노동 217~219

파

팡글로스 박사 230~231

하

행복 공식 112~116
허공의 의무감 15, 24, 86, 89~91, 93,
96, 98, 99, 100, 105, 107, 110, 115,
120, 127, 128, 129, 132, 133, 165,
174, 176, 232, 305, 324, 367, 368
허공의 충동 15, 24, 26, 86, 89~91, 93,
96, 97, 98, 99, 107, 110, 115, 120,
127, 128, 129, 165, 174, 176, 189,
232, 305, 324, 367, 368
허무주의 39, 44~46, 193~194, 245~246
호혜성 360
후견주의 163, 291
희생한다는 의식 251~252

인명

기번, 에드워드Gibbon, Edward 151

김동인 82

도스토옙스키, 표도르 147

드워킨, 로널드Dworkin, Ronald 162, 362

러셀, 버트런드Russel, Bertrand 190, 288,
312, 316, 318, 320, 322, 376, 377, 378

롤즈, 존Rawls, John 94, 365, 366, 378

루쉰魯迅 145, 268~271, 375

무어, G. E.Moore, G. E. 371

박태원 153

볼테르Voltaire 230

사르트르, 장폴Sartre, Jean-Paul 54, 237,
371, 374

세네카, 루키우스 안나이우스Seneca, Lu-
cius Annaeus 146, 183, 255, 258, 356,
370, 372, 374, 375, 378

쇼펜하우어, 아르투르Schopenhauer, Arthur
17, 93, 151, 167, 287, 333, 339, 348,
370, 371, 372, 377, 378

순자筍子 180~183, 189, 372, 373

슈클라, 주디스Shklar, Judith N. 192~193,
373

스캔론, 토머스Scanlon, Thomas 94, 95,
163, 371, 372

아도르노, 테오도르Adorno, Theodor W.
303, 376

에라스뮈스Erasmus 114, 285, 372, 375

에어디쉬, 폴Erdős, Paul 152

에피쿠로스Epicouros 146, 306~314,
320, 376, 377

에픽테토스Epiktētos 180, 186, 187, 208,
305, 314~317, 348, 372, 377, 378

영, 아이리스Young, Iris M. 220~221, 243,
374

오구마 에이지小熊 英二 246, 374

오컴, 윌리엄Ockham, William of 90~91

카뮈, 알베르Camus, Albert 34, 370, 371,
374

칸트, 임마누엘Kant, Immanuel 17, 151,
152, 164, 184, 228, 333, 358, 370,
372, 373, 374, 378

파인버그, 조엘Feinberg, Joel 236

피케티, 토마Piketty, Thomas 197~199

지은이 **이한(이민열)**

한국방송통신대학교 법학 교수이자 변호사이며 시민교육센터 대표이다. 서울대학교 법학과를 졸업하고, 동 대학원에서 법학박사 학위를 받았다. 「기본권 제한 심사에서 공익의 식별」, 「가치와 규범의 구별과 기본권 문제의 해결」, 「기본권 보호 의무의 구조와 보호권」, 「국가 완전주의 쟁점과 법해석」 등의 논문을 발표했다. 저서로 『인생을 바꾸는 탐구 습관』, 『철인왕은 없다』, 『중간착취자의 나라』, 『법학방법론』(공저), 『기본권 제한 심사의 법익 형량』, 『정의란 무엇인가는 틀렸다』, 『이것이 공부다』, 『너의 의무를 묻는다』, 『철학이 있는 콜버그의 호프집』, 『탈학교의 상상력』, 『학교를 넘어서』 등이 있으며, 역서로는 『자유의 법』, 『법복 입은 정의』, 『태어나지 않는 것이 낫다』, 『사치열병』, 『이반 일리히의 유언』(공역), 『포스트민주주의』, 『계급론』, 『성장을 멈춰라』 등이 있다.

삶은 왜 의미 있는가
속물 사회를 살아가는 자유인의 나침반

발행일   2016년 1월 10일(초판 1쇄)
           2024년 10월 30일(초판 7쇄)

지은이   이한(이민열)
펴낸이   이지열
펴낸곳   미지북스
           서울시 마포구 잔다리로 111(서교동 468-3) 401호
           우편 번호 04003
           전화 070-7533-1848   팩스 02-713-1848
           mizibooks@naver.com
           출판 등록 2008년 2월 13일 제313-2008-000029호
책임 편집 권순범
출력   상지출력센터
인쇄 제본 한영문화사

ISBN   978-89-94142-50-0 03190
값 16,000원

• 블로그 http://mizibooks.tistory.com
• 트위터 @mizibooks
• 페이스북 http://facebook.com/pub.mizibooks